◎ 公共关系书系 ◎

NEW THEORY ON MODERN
potential development

现代潜能开发新论

谭昆智　杨爱民　吴建华　刘少廷 ◎ 主编

首都经济贸易大学出版社
Capital University of Economics and Business Press
·北京·

图书在版编目（CIP）数据

现代潜能开发新论 / 谭昆智等主编. -- 北京 : 首都经济贸易大学出版社，2024. 8. -- ISBN 978-7-5638-3751-9

Ⅰ. C963

中国国家版本馆 CIP 数据核字第 20240DB932 号

现代潜能开发新论
XIANDAI QIANNENG KAIFA XINLUN

谭昆智　杨爱民　吴建华　刘少廷　主编

责任编辑	彭伽佳
封面设计	砚祥志远·激光照排　TEL：010-65976483
出版发行	首都经济贸易大学出版社
地　　址	北京市朝阳区红庙（邮编 100026）
电　　话	（010）65976483　65065761　65071505（传真）
网　　址	http://www.sjmcb.com
E - mail	publish@cueb.edu.cn
经　　销	全国新华书店
照　　排	北京砚祥志远激光照排技术有限公司
印　　刷	北京九州迅驰传媒文化有限公司
成品尺寸	170 毫米×240 毫米　1/16
字　　数	397 千字
印　　张	20.25
版　　次	2024 年 8 月第 1 版　2024 年 8 月第 1 次印刷
书　　号	ISBN 978-7-5638-3751-9
定　　价	69.00 元

图书印装若有质量问题，本社负责调换

版权所有　侵权必究

谭昆智，中山大学政治与公共事务管理学院副教授、公共关系学专业硕士研究生导师、中山大学传播研究所研究员、中山大学新华学院公共治理学院副院长。

兼任广东社会学学会潜能开发研究专业委员会名誉主任、中国国际公共关系协会第四届学术委员会委员、中国高等教育学会公共关系教育专业委员会常务理事。

主要从事公共关系学、政府公共关系、人际关系学、市场营销学、组织文化等方面的教学、研究与开发工作。在公开学术刊物发表论文 59 篇，撰写著作和教材 12 本，主编著作和教材 9 本，参编著作和教材 11 本。

杨爱民，广州中山大学计算机应用专业学士，广州中山大学管理学院工商管理硕士。现任广东社会学学会潜能开发研究专业委员会副主任、学术研究员，并任广州博学园教育咨询有限公司负责人。

吴建华，高级政工师，广州市属中学高级教师，现任广东社会学学会潜能开发研究专业委员会常务副主任、中山大学新华学院校外导师。

2011 年参加编写《潜能开发指南》（清华大学出版社）、2016 年参与主编《创新潜能开发研究》（中山大学出版社）。

曾获省市优秀教师奖、广东社会学学会与广东精神文明学会 30 年理论与实践探索优秀工作者奖。

刘少廷，现职警官，一级警长。"岭南标杆警务室"社区民警，兼职教官、心理专家、谈判专家。曾荣获个人三等功、首届"岭南百佳社区民警"和广州如意平安骑队"发起人奖"、荔湾区"经济发展特别贡献奖"。中央电视台、人民日报、长安和半月谈等媒体对其作过报道。

首批国家心理咨询师、高级家庭教育指导师。专攻东方家学、心学、笔迹学、书画篆刻。

参著有《潜能开发指南》《创新潜能开发研究》《青少年心理解惑》《情绪分析入门》等。

《现代潜能开发新论》作者合照（由左到右）：

第一排：尹凤霞、张缦莉、吴建华、杨爱民、谭昆智、李新昇、刘少廷、卢桂珍

第二排：黄海涛、梁姬莉、黄海欣、高俊、何志翔、陈秋芸、叶娟、薛爱晶、林成智

编委会

主　编：谭昆智　杨爱民　吴建华　刘少廷
编　委：（以章节先后排列）
　　　　　尹凤霞　林成智　卢桂珍　焦梦扬　邝　源　杨爱民　史春鸣
　　　　　李新异　周瑾雯　刘少廷　罗永坚　黄海欣　高　俊　许一峰
　　　　　何德胜　许丽华　梁姬莉　谭昆智　吴建华　吴少华　何志翔
　　　　　薛爱晶　陈秋芸　叶　娟　张缦莉　邓妙音　黄海涛　陈向平

编委简介

尹凤霞
广东省电子商务技师学院高级讲师，本科，研究方向：青少年心理健康发展。

林成智
广州四启明学教育咨询有限公司总经理、广州市绿盈新能源汽车服务有限公司董事拓展部总经理、中国科学家论坛理事思维解码导师培训中心总监、潜能开发研究专业委员会实验基地负责人。

卢桂珍
广州市第六批骨干教师，广州市天河区心理课题负责人，天河区心理教研中心组成员，天河区第六心理片区教研组长，从事20多年学生心理教育研究。

焦梦扬
"阳光少年高效学习研习营"创始人，"阳光父母高效辅导实践工作坊"创始人，国家专业人才认证全脑潜能开发师，青少年心智成长导师，中国脑力锦标赛记忆教练，思维导图、快速阅读讲师。

邝源
世界记忆大师教练、全脑思维高级导师、新浪网客座嘉宾、世界记忆运动理事会认证记忆大师、聚才商学院院长。

史春鸣
力凡中心主任心理咨询师、职业规划师、高级沙盘游戏咨询师、绘画分析师、青少年成长指导师、家庭教育指导师。

李新昇
国学研究推广中心主任、易经应用心理学研究院院长，家庭与亲子关系康复疗愈专家、中国生命关怀协会理事、中国生命关怀协会心理健康专业委员会专家，广东省生命之光癌症康复协会心理咨询专家，世界易经高峰论坛名誉主席，潜专会学术研究员。著有《了凡四训译解》《棋与道》等。

周瑾雯
法律硕士，中国生命关怀协会心理健康专业委员会专家，国家二级心理咨询师、中和教育讲师，高级家庭教育指导师，2018年荣获国际易学联合会颁发"世界易经新星奖"。

罗永坚
中国工艺美术学会香文化艺术委员会委员、中国沉香博物馆国香书院高级讲师、广州市沉香协会副会长、广州城市职业学院国学香道讲师、第三届"全国十大香艺师大赛"评委。

黄海欣
国家职业健身教练、专业健身教练培训导师、心理咨询师、功能性训练师、营养与体重控制教练、专项体能教练、少儿体适能教练、产前产后训练康复师、沙盘游戏咨询师。

高俊
亚洲普拉提协会理事、广东康复协会理事、美式整脊（中国台湾）认证讲师、原动徒手柔式整形创始人、广医徒手康复学讲师、华师大创业讲师、广大创业讲师。

许一峰
转业军官，曾在广东边防部队服役二十年。广东十大尤克里里演奏家，广州尤克爸爸文化科技公司、广州音悦乐旅行社有限公司、广州明都物业管理有限公司董事长，广东省自驾游协会荔湾分会执行会长；熟悉七种乐器，任广州毛毛虫乐队、小警察乐队导师。

何德胜

毕业于中山大学管理学院酒店管理专业，广东省广播电视台魔术师、全国魔术大赛金奖获得者。中山大学新华学院校外导师，把魔术引入高校课程的全国第一人。广东社会学学会潜能开发专业委员会副主任，参与撰写《创新潜能开发研究》一书中专著的"魔术与潜能开发"内容（中山大学出版社2016年出版）。

许丽华

广东省东莞莞慧教育总经理、国际City&Guilds认证高级服务礼仪咨询师。曾获广东省百强训练师、金牌讲师、讲师金话筒、演讲大赛冠军。

梁姬莉

烘焙导师（教学、活动策划），英国皇家大师证，英国皇家翻糖、糖霜、糖花证书。曾任职美国洛杉矶烘焙店，与100多家企业合作（如K—11、酷狗、广州地铁Newbalance等），大粤网、杂志、香港报纸等对其均有报道。

吴少华

职业培训师、全科中医师、健康管理师、国学讲师，广东省中药研究所副研究员、国际易学联合会易学与养生专业委员会会员、中国养生保健专业委员会理事、广东省中医药学会音乐治疗专业委员会委员。

何志翔

黄氏中医（祖传）传承人、启翔明智五色管理健康创始人、仲景经方研究员、中医康复治疗师、广州启翔电子科技有限公司董事长。

薛爱晶

中医药膳营养师、制作技师、高级轻医美皮肤管理师，德国莱茵TUV认证精油健康调理师、中医药联合会高级植物精油疗法师、中医药文化传播进校园志愿讲师，自主健康管理的实践者与倡导者。

叶娟

高级针灸医师。践行中医十几年，整合了一套生命潜能开发的食养调脏腑、体养通经络、乐养调情志的"三养"方法。《广州广播电视台 G4 栏目》《羊城地铁报》《新快报》等媒体对其均有报道。个人崇尚：个人健康是美德、助人健康是功德。

陈秋芸

广东博学教育研究院负责人、世界华人优势分析协会理事。

张缦莉

力凡中心创始人、首席咨询师，华南地区心理界年轻资深专家，广东社会学学会潜能开发研究专业委员会心理潜能开发研究所所长。

陈向平

广东社会学学会理事、潜能开发专业委员会教育部长，太虚拳俱乐部理事长。合编出版《形体与形象塑造》《形象美姿塑造》等书。

邓妙音

高级评茶师、茶艺技师、茶叶加工师，广州广播电视台嘉宾主持、花城 FM 妙音请饮茶主播、广州城市职业学院国学院客座讲师。

黄海涛

广东社会学学会潜能开发研究专业委员会研究部部长。

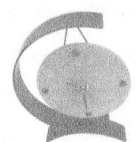 # 前 言

1994年，中山大学在设置公关本科专业的同时，在行政管理专业硕士点招收公共关系研究方向的研究生。中山大学政务公关研究生的培养获得成功，其毕业生表现不俗，不少人已脱颖而出，成为各自领域的精英。规范的公共关系学方向硕士培养计划的推行，揭开了中国大陆高层次公共关系教育的序幕。

2004年中山大学政治与公共事务管理学院开始培养公共关系学方向研究生。特别值得一提的是，2005年设置了公共关系硕士专业，标志着中国大陆高层次公关教育进入了一个新的发展阶段。

2005年"公共关系学"课程被评为中山大学校级精品课程，并被评为广东省省级精品课程。2006年"公共关系学"课程被评为2006年度国家级精品课程。

2012年，中山大学新华学院开设了公共关系学专业。其定位与思路是：培养服务地方经济发展，具有扎实的公共关系专业理论知识，具备调查研究、策划咨询、传播沟通、文案写作等能力，创新意识强、善策划、懂管理、会传播的高级复合型应用人才。

设置公共关系学专业的目的是培养和训练学生的好奇心和想象力。只有这样，才能产生创新能力。而创意策划，就是手段！它体现在：坐下来能够写、站起来能够讲，跑出去能够干。

公共关系是组织为改善与社会公众的关系，促进公众对组织的认识、理解及支持，达到树立良好组织形象、促进商品销售的目的的一系列公共活动。它的本意是社会组织、集体或个人必须与其周围的各种内部、外部公众建立良好的关系。它也是一种状态，任何一个企业或个人都处于某种公共关系状态之中。

潜能是个体存在的潜在的能量或能力。潜能开发是指通过训练把这些潜在的能量或能力变成显性的能量或能力的活动，对于人的成长与发展具有重要的作用与意义。

潜能开发是公共关系教育的核心目标。每个人都是独特的个体，都带有自己特殊的使命来到这个世界，每个人都有其独特的价值和意义。发现并找到自己的

天赋属性，充分发展自身特有的潜能，为国家和社会的发展做出自己应有的贡献，是我们每个人发展的终极目标。公共关系应该以提高学生的综合素质为宗旨和目的，以注重开发学生的潜能、促进学生德智体全面发展为基本特征。公共关系要唤醒每个人潜在的各种能量，让人的天赋能够自由发展。我们不仅仅要传授给学生专业的知识与技能，更应该引导学生正确认识自身存在的各种天赋和潜在的能力，并提供各种锻炼与发展的平台，让他们有充分的机会发现自己的潜能、锻炼自己的能力、发展自己的特长、完善自己的人格。

所以，公共关系学与潜能开发是密切联系的。潜能开发就是用有效的方式、释放自身内在的潜力。潜能的动力深藏在我们的深层意识当中，是我们的潜意识，也就是人类原本具备却忘了使用的能力。

人的潜能及其价值与社会环境是一种内因和外因的关系。潜能是主导因素，环境是限制或促进潜能发展的条件。环境的作用归根到底是允许人和帮助人实现自己的潜能，因此，对自身潜能和价值的认知和自我意识具有重要的意义，它有助于克服自身的弱点，使自己的道德意识变得更强。人的潜能和社会价值并无本质矛盾。人的需求等级越高，必然自私也越少。现代社会的主要职能在于促进人的潜能的发挥。潜能是价值的基础，潜能的发挥是自然的倾向，且决定价值，潜能的发挥就是价值的实现。经过科学的开发，人能够认识到自身的潜能和价值，并主动实现自身的价值。

潜能蕴含着经验与真知。学习潜能，不仅仅是为了掌握一门学问，更不是只为获得展示儒雅、炫耀渊博的一种资本，更重要的是为了充实自己的头脑，开发自己的潜能，把握今天，创造明天，汲取宝贵的人生经验。作为公共关系学专业的系列丛书，本书的撰写目的是：

1. 提升"潜专会"[①] 的学术理论水平

广东社会学学会潜能开发研究专业委员会已经走过了25年的历程，在学术研究和实际操作上取得了很大的成绩，研究人员不断成长，活动成果不断涌现，社会影响不断提升。所以，我们应该把"潜专会"25年的研究成果，体现在学术研究的整理和提炼上，撰写出一本潜能开发专著。对此，我们抓住了两个切入点：潜能分类与选择撰写书稿的专家。

（1）潜能分类的依据。按照亚里士多德关于潜能与现实关系的看法，任何

[①] "潜专会"是广东社会学学会潜能开发研究专业委员会的简称，成立于1999年3月22日，是广东省社会学学会的下设分支机构，是国内首家研究人类潜能开发的学术性社会团体。"潜专会"的宗旨是：研究、探索和传播国内外关于潜能开发的最新成果，为开发人的潜能，启迪人的智慧，助长人的进步，提高人的素质等提供理论依据和方法技巧。

一个现实的东西，其背后都有着相应的潜能存在。例如，一块美丽的玉雕，就是玉石所固有的美丽特点，即潜能的显现，而一块普通的石头，由于没有什么固有的诱人特点，所以即使经过能工巧匠之手，也是不能成为诱人的玉雕的。人也是现实的存在物，其背后自然亦有着相应的潜能，可以说，任何一个人身心的生长发育，从自然人转化为社会人，都是其潜能逐步获得实现的结果。从这个意义上说，人与玉是类似的，即人的潜能犹如玉石，现实的人则犹如玉雕。也正因为如此，我国古代的思想家、教育家总爱将人比作玉。将人的学习、接受教育比作对玉的琢磨。古人言："玉不琢，不成器；人不学，不知道。"[①] 人生来固有的本质，同玉石一样，是美好的，但必须通过学习才能将其美好的东西显现出来，成为美好的现实中的人。正如一块玉石，只有经过琢磨才能成为漂亮的玉器，否则，玉石不能为玉器，人也就不能成为完人。

综合古今中外对人的潜能开发的研究，无论人的潜能种类多么繁多，但总可以一分为四，即教育潜能、心理潜能、艺术潜能与健康潜能。

（2）选择28位专家合力撰写。"榜样的力量是无穷的"，要提高"潜专会"的学术理论，必须从骨干开始。为此，我把"潜专会"的专家召集起来，结合"潜专会"专家从2015年开始已为中山大学新华学院12、13、14、15、16、17、18、19、20级公共关系学专业学生开设《潜能开发原理与实务》课程后，就想到专家们可以将多年的教学经验作一个总结，撰写出自己负责的那一部分，并结集成书稿，出版教材《现代潜能开发新论》，大家"一拍即合"，经过8年的双向沟通和思想碰撞，我们28位撰稿者终于撰写好了这一本聚集体智慧结晶的读物。

值得一提的是：中山大学新华学院是中国公共关系学专业中第一个将《潜能开发理论与实务》课程引入高校教学的。在中山大学新华学院开设《潜能开发理论与实务》课程的教学经验告诉同学们：潜能开发就在我们身边，它让我们的专业学习更加丰富多彩。

本书主编：谭昆智、杨爱民、刘少廷、吴建华。撰稿具体分工如下（以章节顺序为序）：第一章 公共关系意境下的潜能开发，谭昆智；第二章 教育潜能，第一节 尹凤霞 第二节 林成智、第三节 卢桂珍、第四节 焦梦扬、第五节 邝源、第六节 杨爱民；第三章 心理潜能，第一节 史春鸣、第二节 李新异、第三节 周瑾雯、第四节 刘少廷、第五节 罗永坚；第四章 艺术潜能，第一节 黄海欣、第二节 高俊、第三节 许一峰、第四节 何德胜、第五节 许丽华、第六节 梁姬莉、第七节

---

① 谌艳珩. 玉不琢，不成器；人不学，不知道——读"礼记·学记"有感 [J]. 作文成功之路，2020(31)：69.

谭昆智；第五章 健康潜能，第一节 吴建华、第二节 何志翔、第三节 薛爱晶、第四节 叶娟、第五节 张缦莉。

谭昆智设计了全书的框架与体系，并负责全书的统稿工作。何德胜、吴建华、杨爱民组织撰稿人员深入企事业单位调研，开天窗，接地气，为此书能够顺利出版付出了辛勤的汗水。

本书的传播理念是：人有无限的潜能，我们要开拓潜能，就不能怀疑自己的能力。天下没有不存在的方法，只是我们缺乏发掘的眼光；天下没有蠢笨平庸的人，只有自认为蠢笨平庸的人。世上每个人都是不同的个体，而在每个人的身上也都蕴藏着一份特殊的才能，这份特殊的才能便是潜能。只要我们能将它充分发挥出来，奇迹便会出现。

本书从一个新的角度，指导我们从自身的潜力着眼，从自己的心灵、观念和日常行为中寻求成功的途径，告诉人们如何改变自己的生活习惯，改变亲朋同事间的关系和自己的价值观，如何控制自己的情绪、解决内心的冲突和矛盾。管理学上有句名言："没有无用的人才，只有无能的管理者。"它精辟地概括了管理者在管理过程中"育人、用人"的思想和经验。本书强调两大内容：创新潜能和健康潜能。

2. 创新潜能以强烈渴望为核心

我们如果经常重复或头脑中闪现"日复一日，我会在各方面干得越来越好"这句话，则无疑会加强这句话在自己头脑中的印象，调动身体的活力来激发自身的潜能，为未来事业的成功做好准备。对潜能的强烈渴望是一种力量，不论情况多么恶劣，障碍多难克服，你内心的渴望都会告诉你，其中必有解决之道。

对潜能产生强烈渴望的前提是，必须知道自己具备潜能这一点。很多人情绪低迷，不能适应环境，关键是没有对自己的潜能产生强烈的信心和渴望。我们如果持有因循守旧的观念，原地踏步地生活，认定自己目前的状态就是永久的状态，便会阻碍我们对自身潜能的挖掘。但是，如果我们相信自己拥有巨大的潜能，希望自己的潜能得到激发，再通过不断努力，便能够改变现状，从而获得成功。

纵观浩瀚的人类历史长河，那些创造出成功事迹的成功人士都有一个共同的特点，那就是对潜能抱着强烈的信心和渴望，认定自己有着巨大的潜能，并努力去激发它，由此激发出的强大力量促成了他们取得非凡的成绩。如果我们也想获得成功，就一定要对潜能抱有强烈的信心和渴望，这是激发潜能并成功的前提。

3. 撰写本书目的是"抛砖引玉"

用眼睛去观察、用心灵去感知，用头脑去思考，用双手去实践。本书创新之处在于：研究了创新潜能开发的四大内容——教育潜能、心理潜能、艺术潜能、健康潜能。我们撰写本书的目的是"抛砖引玉",除了要告诉读者潜能开发的信息外,我们还希望广东潜专会的专家和研究者将沉淀沉于自己心底的各种研究心得和成果更多地分享出来,更好地提高潜能开发的理论和实践研究水平,也让我们的研究成果得到社会认同。

事物的发展是无限的,人类的认识也是无限的,要敢于发现新问题,不断认识新知识,善于应用新成果。实践永远是检验真理的标准,坚持一分为二的分析方法,凡事不可轻易地绝对肯定或绝对否定之,一定要看到事物的两重性,特别是对自己不理解、不认识的现象,更要慎重。在探索新现象时,要善于从失败中看到成功的因素,从成功中找出隐藏着的容易导致失败的因素。潜能科学的进步有可能引发一场改变整个世界的革命。

在这本书即将付梓之际,请允许我们向广东社会学学会原会长范英教授、会长董玉整教授、广东社会学学会潜能开发研究专业委员会原主任陈月明研究员献上最诚挚的谢意,是他们长期的关心和指导,才使我们产生创作上的灵感。我们还要感谢广东社会学学会潜能开发研究专业委员会的专家、学者以及每一位爽快地接受了我们采访的会员。由于编者水平有限,加之时间仓促,疏误之处在所难免,敬请潜能学界同行及各界读者批评指正。

我们衷心希望本书能够得到广大潜能学爱好者、研究者以及社会各界有识之士的指正和建议,共同来探索人体潜能开发之奥秘。我们有理由相信,潜能学这个现代边缘科学的瑰宝在新世纪的舞台上,定会绽放出更加绚丽多彩的光芒。

谭昆智

2024 年 4 月 7 日于中山大学

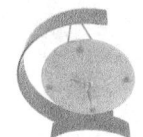

目 录

第一章 公共关系意境下的潜能开发 / 1
 第一节 现代潜能的理论与现实意义 / 2
 第二节 潜能的内涵与概念 / 6
 第三节 潜能开发理论与方法 / 17
 结语 / 30

第二章 教育潜能 / 33
 第一节 人类大脑与潜能开发 / 34
 结语 / 45
 第二节 成功方程式 / 46
 结语 / 54
 第三节 生命潜能价值开发 / 55
 结语 / 64
 第四节 视觉笔记艺术潜能 / 65
 结语 / 74
 第五节 激发潜能，高效记忆 / 75
 结语 / 86
 第六节 学习潜能的研究与实践 / 87
 结语 / 94

第三章 心理潜能 / 97
 第一节 高效沟通与潜能开发 / 98
 结语 / 109

第二节　开发亲子关系的心理潜能　/ 110

结语　/ 119

第三节　父母因材施爱有妙招——《易经》心理实战应用　/ 120

结语　/ 134

第四节　笔迹修炼处方　/ 135

结语　/ 148

第五节　香气与情绪开发　/ 149

结语　/ 161

第四章　艺术潜能　/ 163

第一节　运动与潜能开发　/ 164

结语　/ 174

第二节　运动康复　/ 175

结语　/ 189

第三节　音乐潜能开发让我们成长　/ 190

结语　/ 197

第四节　魔术与潜能开发　/ 198

结语　/ 211

第五节　荣耀登台　潜能启航　/ 212

结语　/ 221

第六节　烘焙艺术的潜能创新　/ 223

结语　/ 232

第七节　策划艺术潜能开发　/ 233

结语　/ 243

第五章　健康潜能　/ 245

第一节　中医文化与生命潜能开发　/ 246

结语　/ 251

第二节　《黄帝内经》之实用针灸祖传疗法　/ 253

结语　/ 262

第三节　观脸知健康　芳香疗身心　　/ 263
结语　/ 273
第四节　中医文化与钢琴艺术　　/ 274
结语　/ 281
第五节　华丽转身——职业规划之优势测评　　/ 282
结语　/ 293

后　记　/ 295
参考文献　/ 299

第一章

公共关系意境下的潜能开发

公共关系作为一门实践性很强的应用学科,从理论上讲它是一门科学,从实际运作来看它是一门艺术,艺术需要的是不断开拓创新。因此,在教学中培养学生的创新能力,提高学生的综合素质,就显得尤为重要。我们在多年的公共关系教学中,经过理论的探索与试验,认为在公共关系系列课程中增加"潜能开发理论与实务"课程是非常必要的。潜能开发课程是使传统的概念教学转变为以学生为中心、以学生主体实践活动为主、以培养创新素质特别是创新精神和创新能力为基本价值取向的一种优秀的教学方式。

现代人应清楚地认识到创新是时代的需要,创新推动时代发展。人类社会进入 21 世纪最大的特征之一就是在各个领域、各个方面、各个层次不断地进行创新。[1] 本章主要阐述的是潜能和潜能开发的概念,其中包括潜能概述、潜能分类和潜能开发的方法,主要是在观点上能够给予人们启发,丰富人们对潜能概念的认识,同人们一起对这一具有广泛影响的概念进行哲学的反思,从而更好地提升读者对开发潜能的实践理性水平和责任意识。

第一节 现代潜能的理论与现实意义

创新有其自身的规律和特点,从事创新活动者必须遵循其规律和特性,发挥创新潜能的主体性品质。这一主体性品质的特征为:敢于承担风险的勇气,不怕失败的韧性,追求真理的热情,忍受孤独的耐心以及自由思考的快乐。这一主体性品质及创新个性的形成,对于个体创新思维的形成、发展以及创新的实现,具有十分重要的意义。[2]

一、创新——人类进步的灵魂

处于伟大变革的时代,我们最需要创造力和创造精神。然而,以往的传统教育已难以担负起为改革开放这一"伟大变革的时代"培养富于"创造力和创造精神"的人才的历史重任。而今,在教育改革与发展的道路上,虽然创造教育早已成为全面推进素质教育的题中之意,但要真正将"创造"作为一种意识和精神植入人心,还必须牢固地树立起四种观念:创造的价值观、动态的知识观、踏实的实践观、个性的人才观。

---

[1] 李志军. 挖掘创新潜能 培养创新意识 [J]. 甘肃教育, 2008 (9): 18.
[2] 申永贞. 创新:人类进步的灵魂 [J]. 安徽电力职工大学学报, 2003 (2): 54.

（一）创造教育之观念先导

推进中华优秀传统文化的创造性转化和创新性发展是当代中国文化建设的重要任务，对加强民族文化自信、建成社会主义文化强国具有重大意义。习近平总书记不仅从理论上提出了创造性转化和创新性发展的指导原则和基本方法，也在实践中对推进中华优秀传统文化的创造性转化和创新性发展做出了巨大贡献。[①] 而创造教育就是推进中华优秀传统文化的创造性转化的一部分。

1. 树立创造的价值观

"文明的历史，基本上乃是人类创造能力的记载。"实施创造教育，首先要使教育者和受教育者充分认识"创造力和创造精神"之于人类文明的伟大意义——创造是人类文明得以繁衍壮大的汩汩源泉，更是人类历史绵延发展的不竭动力。

创造是人类个体树立人生理想的内驱，更是人类个体实现自身价值的基石。总之，创造力和创造精神是人类智慧中最耀眼的火花。

2. 树立动态的知识观

"知识就是力量。"对于一个人的创造力和创造精神来说，它却存在既可以成为动力也可能成为阻力的矛盾的两个侧面。如果把知识看作一成不变的真理，用僵化的、教条的、绝对的观念对待知识，则难免为其所囿，为其所误，成为创造力和创造精神的发展的羁绊。

创造教育要求施教者动态地呈现知识，活化地运用知识，辩证地传授知识；创造教育要求受教者全面地接受知识，灵活地运用知识，融汇地深化知识。[②] 这样的动态的知识观，才能使知识在内化中得到提升，成为创造力发展的引擎。

[①] 冯颜利．习近平对推进中华优秀传统文化创造性转化和创新性发展的贡献 [J]．贵州省党校学报，2021（05）：13.

[②] 杨亚楠．知识就是力量培根新知识观研究 [D]．成都：西南大学，2021.

3. 树立踏实的实践观

人的创造性唯有在创造性的实践中方能得以形成与发展。实践出真知,实践又是检验真理的唯一标准。创造力和创造精神通过丰富的实践得到培养与校正。

青少年时期最富创造潜能,而创造不仅需要丰富的书本知识,更需要广泛的实践活动,鼓励青少年在实践中独立思考,大胆质疑,标新立异,勇为人先,为他们开辟广阔的想象空间与作为空间,使他们的创造力、潜能、天赋、个性得以尽情发挥,将他们从以往的"吸收—储存—再现"的学习过程中解脱出来,转而投入"探索—转化—创造"的认知模式中,这也是培养具有良好综合素质的跨世纪人才的必由之路。

4. 树立个性的人才观

世界是千差万别的,人的个性也是千差万别。人类个性的差异不但使合作成为必要,也使合作成为可能。说到底,是人类千差万别的个性组合在一起构成了社会文明的多姿多彩和社会经济的昌盛繁荣。个性,即人类个体的整个精神世界的核心——主体性与创造性。不唯书,长于思考;不唯上,富于独立意识;不迷信权威,尊重自己的判断;不满足于现状,勇于探索创新,这便是创造型人才的个性表征。

树立个性的人才观,就是要倡导从观念的高度尊重个性、扶持个性,通过对受教育者个体的创造意识、创造思维、创造美感、创造技能等的挖掘与塑造,实现为社会培养创造型人才的最终目的。创造教育是实施素质教育的核心,新世纪呼唤人的创造精神和创造能力的培养,让我们为之奋斗。

(二)激活学生的创新潜能

人类对创造力的认识经历了漫长的过程,关于创造力,迄今为止并没有一个统一的说法。有的关注创造者本身的特点,有的强调创造过程,有的着眼于创造结果。我们认为,创造力主要的判断标准有新颖性与适宜性。

"新"是创造力的基本特点,但是对"新"的理解又是智者见智、仁者见仁的。有的人把"新"放到历史和世界的高度,也有的人仅仅针对个体自身。[①] 心

---

① 楼连娣,庞维国. 知识基础对大学生创新思维的影响[J]. 华东师范大学学报(教育科学版),2014,32(04):47.

理学家加德纳和理查德将创造力分为"特殊领域创造力"和"日常生活创造力"。"特殊领域创造力"是指影响人类文明或文化的创造，是十分罕见的突破，往往只能见诸爱因斯坦、毕加索等杰出人物身上。下面我们重点介绍的是"日常生活创造力"。

1. 日常生活的创造力

日常生活的创造力是所有人都能在日常生活中表现出来的。为了实现知识创造的理想，我们需要培养特殊领域的创造力。为了增进个体应用知识的能力，提升生活品质，解决日常生活和工作问题，我们需要培养每个人日常生活的创造力，即实现人人可以创造的目标。即使在特殊领域表现得很有创意的专家，也需要培养生活中的创造力，即自我实现的创意。

创造力不是少数头脑聪明学生的专利，而是每个学生都具有的，只不过其表现形式因人而异。创造力是潜在的能力，只有通过培养和激发才能发展，才会显示出来并发挥作用。

2. 创造的内容

学生从对具体形象材料的加工发展到对语词抽象材料的加工，经过模仿过渡阶段，慢慢发展他们的独创性，在学习中不断发展着创造性。创造力具有思维的逻辑性、深刻性、发散性、经济性、流畅性和新颖性等特点。

在解决各类问题的过程中逐步追求新颖、独特且有意义的倾向；提问并思考，从事作品制作，解题和作文，都可以产生创造性，但灵感尚处于萌芽状态，独创性正在迅速地发展，这时可以借助一些心理测试的手段加以评估。例如，可以通过作品分析法、量表法、问题解决法以及问卷调查法等来评价学生的创新思维。

3. 在观念、制度和行为上引导

当前基础教育的众多问题集中到一点，就是从观念、制度和行为上漠视或忽视了对这些创新素养的保护、培养和引导。学生创新素养培养的主要目标应放在"创新心理素质"上，这是他们日后创新意识和创新能力得以产生和发展的基础，[1] 这个基础就是好奇心、求知欲、认识的独立性、自由思考、怀疑的精神等。

学生的好奇心和想象力需要教育滋养，为此应有目的、有计划地进一步丰富和完善学生的学习、生活实践，为学生创新能力的发展搭建平台，为学生日后成为创新人才打下重要基础。

---

[1] 马卫红. 观念、制度与繁荣：深圳经济特区的发展经验与启示 [J]. 深圳社会科学, 2020 (05): 21.

二、创新求发展，潜能促和谐

想象力是创新潜能的动力，是人们探索活动和创新活动的基础，一切创新活动都是从创新性想象开始的。我们要通过激发学生的创新性想象来提高其感悟能力。

（一）创新潜能是智慧性的创造劳动

创新投入多、风险大、周期长、见效慢，因而创新并非是每个社会组织主体的自觉行动，它要强大的动力支持。这就意味着，要实施创新驱动发展战略，就需要全面深化改革，破除束缚创新创造的桎梏，革除制约创新的体制机制弊端，形成鼓励创新创造的政策环境和制度环境，让一切创新的源泉充分涌流，让一切创造的潜能充分释放，从而为经济发展增添持久动力。

（二）创新潜能根本上要靠人才驱动

没有强大的人才队伍做后盾，创新创造就会成为无源之水、无本之木。因此，要把着力点放在培养人才、用好人才、吸引人才上，在创新实践中发现人才、在创新活动中培育人才、在创新事业中凝聚人才，加快建设一支规模宏大、富有创新精神、敢于承担风险的创新人才队伍。在此过程中，传播和普及潜能理论知识和实际操作知识，尤为重要。

（三）创新潜能是富国强民的战略举措

潜能促和谐，创新潜能是促进大众创业、万众创新、富国强民的战略举措。这需要从强化创新驱动、加速成熟科技成果产业化步伐、规划建设好创新平台、大力推动科技体制机制创新着手，需要从加大政策支持、搭建创业平台、优化创业环境着手，需要从更大力度上实施人才强民战略，推出一系列针对性、系统性、操作性强的举措着手，让创业、创新的活力在祖国大地竞相迸发。

第二节　潜能的内涵与概念

潜能是人的内在能量，在现代自然科学对其还没有普遍、充分注意的情况下，它更是有待社会人文科学切实关注的现象。人的内在潜能也是本节要阐述的问题。

一、潜能的内涵

潜能就是潜在的能量。每个人的潜能是无限的，必须循序渐进才能不断挖掘潜能，它是人类本来即具有却没有被开发的能力。① 要开发潜能，必须认识什么是潜能，因此首先要明白潜能的表述和定义。

（一）人人都拥有巨大潜能

潜能（potency），顾名思义，就是潜在的能力或能量。根据能量守恒定律，能量既不会消灭，也不会创生，它只会从一种形式转化为另一种形式，或者从一个物体转移到另一个物体，在转化和转移过程中能量是守恒的。

科学家认为，任何一个大脑健康的人与伟大科学家之间并没有不可跨越的鸿沟，他们的差别只是使用大脑的程度与方式的不同，而这个鸿沟可以填平，也可以超越，因为从理论上讲，人脑的潜能几乎是无穷无尽的。

一个人要实现自己的职业生涯目标，干出一番惊天动地的事业，必须在树立自信、明确目标的基础上，进一步调整心态，开发潜能，这一点是极为重要的。科学研究发现，人具有巨大的潜能，若是一个人能够发挥一半的大脑功能，就可以轻易学会40种语言、背诵整本百科全书、拿12个博士学位。

奥托·兰克②指出，一个人所发挥出来的能力只占其全部能力的4%。也就是说，人类还有96%的能力尚未发挥出来。普通人只开发出了他们蕴藏能力的10%，与应当取得的成就相比，人们不过是半醒着的。人们只利用了自我身心资源的很细微分量的一部分。控制论的创始人、美国著名数学家诺伯特·维纳（Norbert Wiener，1894—1964）说："我可以完全有把握地说，每个人即便他是做出了辉煌成就的人，在他的一生中利用他自己的大脑潜能还不到百亿分之一。"③

以上说法也许有点夸张，但人具有很大的潜能是无可否认的。这种潜能可用冰山理论来形容。海面上漂浮着一座冰山，阳光之下，其色皑皑，颇为壮观。其

---

① 林绿洋，冯伊．激发同伴潜在能量 打造自信德育品牌［J］．中国德育，2019（15）：65．
② 奥托·兰克（Otto Rank），奥地利著名心理学家，精神分析学派最早和最有影响的学者之一。
③ 陶理．控制论之父：诺伯特·维纳的故事［M］．广州：广东教育出版社，2004：56．

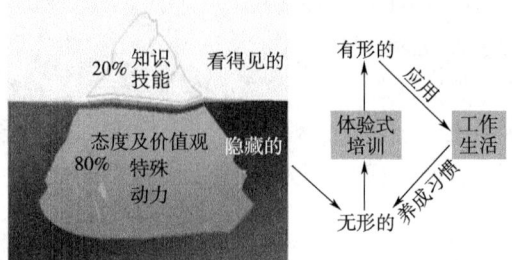

The Iceberg Model of Competence
冰山理论

实真正壮观的景色不在海面之上，而在海面之下，与浮出水面的那部分相比，沉在海面下的部分则是它的五倍、十倍，甚至上百倍。这个比喻中，浮在海面上的部分说的是人的显能（显在的能力），即已经知道的能力，占20%；沉在海面以下的部分是人的潜能（潜在的能力），即有待开发的能力，占80%，包括态度及价值观、特性和动力。可见，人的潜在能力大大超过显在能力。

诺伯特·维纳

为什么人们没有意识到自己潜能的存在呢？为什么人的潜能没有得到充分的发挥呢？其主要原因是没有进行潜能开发训练，使人的潜能没有得到应有的发挥。任何一个平凡的人都存在巨大的潜能，只要人的潜能得到发挥，就可以干出一番事业。研究发现，那些被世人称为天才者，为人类做出突出贡献者，只不过是开发了他们的潜能而已。例如，爱因斯坦死后，生理科学家对他的大脑进行了研究。结果表明，他的大脑无论是体积、重量、构造或细胞组织，与同龄的其他人一样，没有什么区

阿尔伯特·爱因斯坦

别。这说明，爱因斯坦事业的成功并不在于他的大脑与众不同，而在于他开发了自己的潜能。

其实，人不仅具有巨大的心脑潜能，还有巨大的潜在体能有待开发。勤奋

思考，勤奋实践，是开发潜能的前提。突发性事件的刺激是发挥潜能的极好机遇。

（二）潜能是意志的体现

潜能是客观存在的，也是无形的，就像空气一样，看不见，摸不着。也许有人要问，什么样的人身上存在潜能，怎样才能发挥潜能，取得成功呢？

潜能是意志的体现，就像一个人想喝水时，就会想着在地面上挖一口井，可是当挖到5米至6米深还是没有看到水源，有人会在这时候因耐心耗尽而放弃，这个时候如果真的放弃了，那么就挖不到水了。可是如果坚持下去，或者再往下挖多1米，就会看到水。这说明：人如果相信自己的潜能的存在并不断开发，事业就会成功。

潜能的存在就在于那一瞬间的坚持之中，那是一种意志的体现，把个人的坚强意志发挥出来，那就是潜能。从这个意义上来说，每一个人的身上都存在潜能，无论是老年人，还是孩童，无论是富人，还是乞丐，潜能都存在于他们身上。潜能在个人的人生历程中发挥着巨大的作用，这种作用要不要发挥，完全是由个人控制的，即由个人的意志控制的。

随着科学的发展，人们对自己的身体机能的了解越来越透彻，越来越深刻。据科学分析，当人处于某种危险或者兴奋中，或者受其他情绪刺激的时候，身体会分泌更多的肾上腺素，能发挥出连当事人自身都意识不到的潜能。所以说潜能存在于每一个人身上，只要经过特殊的训练，就能发挥巨大的潜力，这种潜力甚至能发挥出类似核武器的能量。

潜能理论来源于伟大学者弗洛伊德，他发现人不仅有意识，而且有潜意识。潜意识是一种不知不觉的、处于不清醒状态下的思维情感的显现。心理学家研究发现，人的潜能与潜意识有关。由此可见，要开发人的潜能，必须对人的潜意识有所了解。

弗洛伊德与他的妻子玛莎·贝尔奈斯

二、潜能的来源

人类具有其他自然物所不可比拟的几乎是无限的潜能，那么，这样的潜能是从哪里来的呢？我们认为，人的潜能主要来源于自然进化的浓缩、社会发展的积淀、祖先基因的遗传。

（一）自然进化的浓缩

大自然经过一系列运动，从机械运动到物理运动、到化学运动、再到生命运动，最后才进化出生命。迄今为止，人们发现只有地球上才有生机勃勃的生命。相对于整个宇宙而言，生命的出现是一个极为短暂的瞬间。即使如此，生命在地球上也已经有了40亿年的历史。从提供生命基础、产生最初的生物分子、作为生命起源的化学时代开始，中间经过原细胞时代、单细胞时代、多细胞时代，最后才进入产生人和人类社会的现在正处于其中的心智时代。①

1. 人体最复杂的是大脑

有人做过比较，仅人脑的网络结构系统就比北美洲全部的电话、电报、通信网络还要复杂。有人统计，一个人大约有140亿个神经元，有9000万个辅助细胞，其组合的密度为人体任何其他组织所不及。大脑每天能记录86000000条信息，人的一生可以储存1000万亿个信息单位。但只有1%被大脑分析处理，另外99%的信息则被筛除。可见，人脑的相当大的一部分潜力未被发挥出来，着实令人遗憾。人类大脑左右脑的功能可归纳为表1。

表1　左右脑的功能归纳

	右脑（表现知觉、形象思维中区）	左脑（抽象思维中区）
1	图像化机能（企划力、创造力、想象力）	知识、知性
2	与宇宙共振鸣机能（第六感念力、透视力、直觉力、灵感梦境）	思考、判断、理解
3	超高速自动演算能力（心算、数学）	推理、语言、抑制
4	超高速大量记忆（速读 记忆力）	五官（视、听、嗅、触）

2. 人体有巨大潜能

人体及其大脑是自然界长期发展和进化的产物，是自然进化的浓缩，是最复杂的，它不仅是生命现象和精神意识现象，还包含着化学运动和物理运动。可以说，整个宇宙的运动形式都能在人体及其大脑中完全地体现出来。正因为如此，它才具有巨大的潜能。

现代科学证明，人体和大脑都包含着化学运动和物理运动。有一种名叫三磷腺苷的化学物质，好像微型电池一样，平时分布在人体的每一个细胞里，不肯轻易抛头露面。但每到危急关头，它就像闪电一样集结起来，在一种酶的作用下迅

---

① 克里斯蒂安·德迪夫. 生机勃勃的尘埃 [M]. 王玉山, 译. 上海：上海科技教育出版社，1999：37.

速释放出一种巨大的能量,形成一种超能力,使人做出平时根本做不到的事。这就是"使不可能变成可能"。例如,救火时,为了抢救财物,一个人可以将平时需要几个人才能搬走的东西抢救出来,但事后面对同样的东西却再也搬不动了。又如,鏖战中的战士往往负伤而不觉,中弹而不倒。其中虽然包含了个人的信念、意志和心理作用等因素,但人体中三磷腺苷的化学作用也是不能忽视的。①

3. 人体具有自然界的所有运动形式

人类是化学的、分子的生命,同时也是物理的、电子的生命。电脉冲每时每刻都在人的神经中枢里"弹琴、唱歌",生物电流时刻在人的体内通过,只不过电压极小而已,一般人是感觉不到的。② 人还能够像蚂蚁那样扛起比自身重量要重得多的物体,能够自行恢复体力和精力、自行修复创伤、自行避开危险,这说明人除了具有化学潜能、物理潜能外,还具有机械潜能和生命潜能等多方面的能量。

人体和大脑具有自然界所具有的所有运动形式,无论是机械运动、物理运动、化学运动还是生命运动,人无疑是大自然的一个缩影、是自然进化的浓缩。也正因为这样,人才能与大自然中的各种运动形式发生相互作用和全面的关系,并且能够做到如荀子所说的"善假于物"③,从而具有广泛、巨大、深刻的机械潜能、物理潜能、化学潜能和生命潜能。

(二) 社会发展的积淀

自然的进化是形成人的潜能的一个重要来源,而仅靠自然的进化还不能形成人之为人的全部潜能。马克思指出:"人的眼睛和原始的、非人的眼睛得到的享受不同,人的耳朵和原始的耳朵得到的享受不同,如此等等。"马克思还说:"只有音乐才能激起人的音乐感;对于没有音乐感的耳朵说来,最美的音乐也毫无意义,不是对象,因为我的对象只能是我的一种本质力量的确

马克思

证,也就是说,它只能像我的本质力量作为一种主体能力自为地存在着那样对我存在,因为任何一个对象对我的意义,都以我的感觉所及的程度为限。所以,社会的人的感觉不同于非社会的人的感觉。"

---

① 李哲良. 潜能与人格 [M]. 上海:上海文化出版社,1989:18.
② 李哲良. 潜能与人格 [M]. 上海:上海文化出版社.1989:22-23.
③ 安继民. 荀子 [M]. 郑州:中州古籍出版社,2006:97.

1. 社会实践对人的潜能的决定作用

人的潜能与动物的潜能是不同的，人有感受形式美的眼睛、有感受音乐美的耳朵。为什么人会形成区别于其他动物同时又高于其他动物的潜能呢？这是由于实践以及以实践为基础的社会历史的发展。从客观方面来说，其产生并发展了对象化的世界和社会历史客体；从主观方面来说，其形成并发展了人的本质力量，使人获得了越来越丰富的潜能。正如马克思所说："五官感觉的形成是以往全部世界历史的产物。一方面为了使人的感觉成为人的，另一方面为了创造同人的本质和自然界的本质的全部丰富性相适应的人的感觉，无论从理论方面还是从实践方面来说，人的本质的对象化都是必要的。"[1] 这说明，社会历史实践对人的潜能的形成具有十分重要的基础作用和决定作用。

社会历史的积淀是人的潜能的一个十分重要的来源。马克思说："已经产生的社会，创造着具有人的本质的这种全部丰富性的人，创造着具有丰富的、全面而深刻的感觉的人作为这个社会的恒久的现实。"[2] 人的感觉、感受性，人的本质力量及其对象化，只有在一定的社会和文化环境中，在社会和文化的历史运动中才能形成和实现；也只有在这个基础上，感觉和感受性才真正变成了人的感觉、人的感受性，变成了人的具有社会的、文化的性质和内涵的活动和享受。"整个所谓世界历史不外是人通过人的劳动而诞生的过程，所以，关于他通过自身而诞生、关于他的产生过程，他有直观的、无可辩驳的证明。"[3] 人是如何产生的？人是怎样形成自己的丰富的本质力量和全面而深刻的感觉的？换句话说，人是如何形成自己本身的潜能？对此马克思的深刻解答是：人是劳动的结果、实践的结果，人类组成社会，是社会发展的结果。

2. 人的潜能存在于生命的有机体中

劳动创造了人的本身。同时，人的潜能不仅形成于社会性的劳动过程中，而且还会随着社会历史的发展而发展。这些潜能会通过需要反映出来，又通过需要的满足而得以实现。

人是社会、文化和历史塑造的产物，正是社会、文化和历史的塑造，使人成为具有实体的需要、能力、特性和本质的现实的人，成为具有质的规定性的人。人当然是以历史发展为前提的，所以，人不同于一般动物，而是超越于其他动物的，这是社会历史发展的结果。

---

[1] 马克思. 马克思恩格斯全集：42卷 [M]. 北京：人民出版社. 2001：125-126.
[2] 马克思. 马克思恩格斯全集：42卷 [M]. 北京：人民出版社，2001：126-127.
[3] 马克思. 马克思恩格斯全集：42卷 [M]. 北京：人民出版社，2001：131.

3. 人类历史是人生存和发展的根据和前提

人通过自己的历史发展而获得了进一步发展的本质力量，人的意识是以"文化"的形式来体验、领悟、充实和升华自己的"精神世界"的，人的"精神世界"是以"文化"为依托、为内容而构成的"意义世界"。而"文化"既是人类以实践活动为基础、以各种方式为中介把握世界的结果，又是人作为现实的人并与世界发生现实的"归属于人性"关系的前提。人类在自己的实践活动的基础上所形成的"文化"，包括常识、宗教、艺术、伦理、科学和哲学等，这是人类对世界发生"人性"关系的"中介"，也是人类把握世界的"基本方式"。

这些基本方式最直接地为人类提供了丰富多彩的、日新月异的"世界图景"，即常识的、宗教的、艺术的、伦理的、科学的和哲学的"世界图景"。语言是"文化的水库"，它保存着历史的文化积淀；反过来，历史的文化积淀又通过语言去占有世世代代的个人。[1]

语言是掌握文化的手段之一，语言与文化具有全息关系，语言包含着文化的信息，是文化的产物、文化的载体，甚至一种语言就是一种文化模型，包含着一种独特的世界观。

掌握语言的能力可以遗传，并通过遗传存在于大脑皮层的语言中枢中以及操作发声器官的运动中枢里，而语言本身又积淀了历史文化、反映着社会的进化，那么，很显然，以语言能力为重要代表的人的潜能也就是社会历史发展在人那里的凝结和积淀。[2] 所以，一个人的潜能，涉及以往人类历史发展的结果和产物。

（三）祖先基因的遗传

人的潜能从自然的进化和社会历史的发展中不断获得自身的内容。那么，为什么说别人的祖先具有的能力甚至别人具有的能力从根本上说"我"也具有呢？[3] 这就是马克思最喜爱的一句格言："人所具有的我都具有。"人传递和获得自身潜能的根本途径或通道是什么？在人那里潜能是以什么方式存在？下面谈三点看法。

1. 人的潜能通过人类祖先基因遗传获得

人类通过婚姻这种社会形式、家庭这一社会细胞对基因进行整合、重组，并把获得的基因一代又一代地传下去，从而使后代具有一代超越一代的潜能。可以说，基因就是人的潜能的存在方式。我们认为，才智一方面与遗传有关、离不开产生它的遗传基础，另一方面与环境、教育也密切不可分，而且在一定环境刺激和教育影响下所形成的才智又具有一定的遗传性。大量事实证明，才智尤其是特

---

[1] 孙正聿. 超越意识 [M]. 长春：吉林教育出版社，2001：13-16.
[2] 钱冠连. 语言全息论 [M]. 北京：商务印书馆，2002：280.
[3] 瓦·奇金. 马克思的自白 [M]. 北京：中国青年出版社，1982：201.

殊才能，是有家族倾向的，也就是说，聪明才智与遗传有关。

人类遗传学认为，人的特殊才能都是由于某些基因偶然组合到某一个人身上的。例如，爱好音乐者总是喜欢选择音乐爱好者作终身伴侣，由此使得有关音乐才能的基因凑巧集合在一起，从而出现家族性的倾向。这就是说，聪明才智的遗传是一种多因子、多基因的遗传。

2. 人的遗传基因所起的作用

遗传学家指出，基因上所写的信息量远远超出了人类的想象，人类的能力预先都被写在基因上了，表现出来的才智只是其中很少的一部分，因为受到多种多样内部和外部环境因素的影响和制约。实际上，每个人都有一个范围相当广的智慧的潜力，这个范围的上限和下限是由遗传决定的。换句话说，遗传基因规定了人的智力的可能性空间，"没有写在基因上的事就无法去做"，甚至"奇迹也是基因的程序之一。我们大家生下来就都具有创造奇迹的可能性"。[1]

基因是指生命的设计图，从父母到子女、从子女到孙子，这种代代相传的生命之本就是"基因"。生命的基本单位是细胞。基因存在于细胞核中，是一种被称为DNA（脱氧核糖核酸，即基因）的物质。而DNA是由构造简单的物质糖（S）和磷酸（P）相互连结的，形状像两根长长的锁链。两根锁链呈向右卷起的螺旋状，就像梯子一样，人们称它为"双螺旋"，在相当于梯子踏板的部分，用四个化学符号A、T、C、G（即四个碱基）写着生物的所有遗传信息。在细胞核内的基因上，拥有由A、T、C、G构成的30亿个庞大的遗传信息，虽然大部分处于睡眠状态。人类的基因密码就是用这30亿个化学文字来表示的，这些密码全被写在1/2000亿克重、1/50万毫厘宽的超微小的一条带子上。

遗传信息以密码形式存在于DNA中，而遗传密码由碱基组成。DNA把它们带有的遗传信息通过密码系统发送到细胞质中。细胞质中的有关结构接收到密码后，即确定合成那种蛋白质。DNA中是以三个字母（碱基）组成一个密码的，叫作三联体密码。每个三联体在信使RNA上的副本称为一个密码子。一个密码子决定一种氨基酸，有时几个不同的密码子决定同一种氨基酸。

3. 人的基因信息库蕴含着全部潜能

科学家们惊叹于作为生命设计图的基因的复杂、精妙、奇特，生命的密码全部被写到细胞中的DNA即基因中了。没有写在基因上的事就无法去做，人类的能力预先都被写在基因上了，而基因上所写的信息量远远超出了人类的想象。这一基因有点类似于莱布尼茨所说的"单子"，它就是生命生长发育、繁衍不止的

---

[1] 村上和雄. 生命的暗号：人体基因密码译解 [M]. 李平，等，译. 北京：中国人民大学出版社，1999：46-49.

14

根本。人的潜能可以说是全部存在于此。如果说人是小宇宙的话，那么，细胞核内的基因就是小宇宙中的小宇宙。

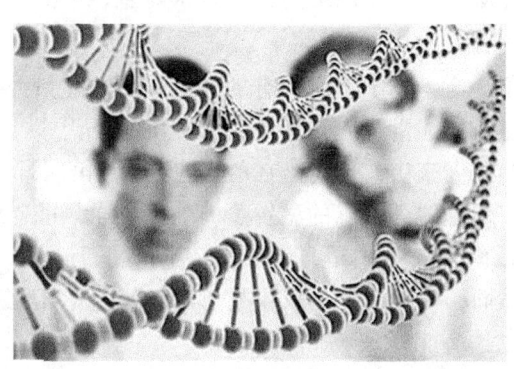

基因密码并不是上帝或神仙赋予的，而是人类通过自然历史过程与社会历史进程相统一的人类活动史、劳动史、实践史写上去的，是逐渐形成并不断得到改进和丰富的，是人类历代祖先通过婚姻家庭而代代相传的整合性、累积性遗传下来的，这使人获得了全面而丰富的潜能。家庭的生育功能实际上就成为人的潜能得以传递和获得的一个途径。人的基因信息库中几乎蕴含着人的全部潜能，从其内容来看，它实际上就是自然进化的浓缩、社会发展的积淀。基因密码实际上就是人的全面发展内在本质的根据，它是一个隐秘的机体，它为人的发展规定了全方位的广阔空间。同时，这里也是一个自由的、广阔的可能性空间。

独辟蹊径才能创造出伟大的业绩。在街道上挤来挤去不会有所作为的。
——威·布莱克

三、潜能理念

理念是古希腊哲学家的用语，在当今社会已被普遍使用。它是指抽象事物的理性的客观存在。人类的潜能理念是指人类的左脑和右脑的潜在功能。潜能是多种多样的，各有各的功能。

以下结合潜能的度量问题，分析潜能的动力、潜能的能力和潜能的定义。潜能是深藏在人们的深层意识当中的能力，它是未能意识到而客观存在的能量。

（一）潜能表述

人的潜能，是每一个人除了自身拥有的已经显示的能量外，还有比这多得多的自身拥有但尚未显露的能量，它是蕴藏的，深沉的，尚未为人意识到却能够运用的能量。从广义的角度来讲，任何潜在的、未意识到的都属于心理潜能。对于心理潜能，一般狭隘地理解为意志的激发。的确，意志最能够体现人的意识能动性，这就是"有志者事竟成"的道理。一个有恒心、有毅力、有信心的人，能够做到事情成功。然而，心理潜能不仅仅指意志，还包括相当多没有被挖掘出来的能量。一言以蔽之，潜能即是未显露的能量。

1. 潜能动力

潜意识内聚集了人类数百万年来的遗传基因层面的资讯，它囊括了人类生存最重要的本能与自主神经系统的功能与宇宙法则，即人类过去所得到的所有最好的生存情报都蕴藏在潜意识里，只要懂得开发这股与生来俱有的能力，就几乎没有实现不了的愿望。第一次提出人类具有潜在意识学说的人，是奥地利学者弗洛伊德。

同时，信任能够充分调动一个人的积极性、创造性，[①] 让人感受到自身的价值和意义，从而激发出潜能和热情，尽自己最大努力完成好工作。

2. 潜在能力

潜能是以往遗留、沉淀、储备的能量。例如，人一生下来就要学走路，并且每天都在走路，到了18岁，就是一个人到他18岁那年的脚走路的潜能是他自从学走路以来所沉淀下来的能量的升华。曾经有过这样的报道，有一个人面临着生死关头，在逃命时，一跃而过了4米宽的悬崖，这说明了在某种紧迫的环境下，人的潜能会发挥出意想不到的情景。

特异功能属于潜能的一部分，它并不神奇，只是在必需的场合的合理发挥。俗话说："男女配对，干活不累"，"哪儿有爱情，重活就变轻"。这说明爱情的力量是无穷的。

（二）潜能价值

潜能具有未显性和可以诱发性。潜能一旦外化，与活动联系起来并产生活动效果，就变成显在的能力。

[①] 孙晋升，辛奇峰. 信任激发潜能［N］. 解放军报，2021-11-09（3）.

正是因为潜能的隐蔽性，许多人并不能够有效地认识和开发自己的潜能。潜能埋藏在人们的深层意识当中，也就是潜意识。潜能蕴含了人类数百万年来遗传基因层次的资讯，包括生存本能和自主神经系统。生理学专家经研究后说，就算是爱因斯坦和爱迪生这类的超级天才，他们一生所使用的潜能也不到2%。潜能价值是以人为本，旨在激发潜在创造力与想象力。我们应从实际出发，充分利用学习者向上、向善、可塑性强的特点，通过正面的、积极的、合适的教育，在知、情、意、行上培养、开发、挖掘学生的潜能修养力、潜能实践力和潜能影响力，促进学习者潜能提升的过程。

第三节　潜能开发理论与方法

人类最大的悲剧不是天灾人祸，而是千千万万的人们活着然后死去，却从未意识到存在于他们自身的未开发的巨大潜力。开发人的潜能已成为当今的热点之一。本节将向人们揭示了潜能显现、发现、激发与诱发的规律，论述潜能开发的具体方法及如何克服潜能开发的障碍等。

一、潜能开发理论

目前，国内对"潜能开发"进行系统研究的是广东社会学学会潜能开发研究专业委员会。本课程的开设就是以中山大学新华学院学生为切入点的。本书经过了8年的教学总结。之前我们还出版了两本教材，分别是谭昆智、陈家义主编的《潜能开发指南》（清华大学出版社2011年版），谭昆智、韩诚、吴建华、刘少廷主编的《创新潜能开发研究》（中山大学出版社2016年版）。应该说，《潜能开发理论与实务》是一本厚积而薄发的学术作品。

教育的任务在于促进学生的自我活动和内在本质力量的发展，挖掘学生内在生命的潜力。在教学中我们逐渐发现，具有某方面潜力的学生若不对其作适当的开发，则这种潜能便不能展现甚至会衰减，因此我国越来越重视学生的潜能开发。[1] 本节着重分析潜能开发的重要理论与思想。

（一）潜能开发的概念

前面介绍了人的能力和潜能的本质，本节主要是明确潜能开发及其方向和目标。潜能开发可简单归结为两大方面：一是学会做人，二是学会学习。这两方面

---

[1] 张澄宇. 认识"五行"[J]. 小学生学习指导, 2021（26）：15.

是密切联系在一起的，在学会做人中体现学习的规律，在学会学习中领悟做人的道理。

1. 潜能开发的含义

任何生物体能力的发挥，都会受到其所处环境的影响和制约，因此其所具有的能力不可能得到充分的发挥。所以，潜能的开发就显现得尤为重要。

潜能开发是一个宽泛的课题。潜能开发对于任何生物都是有可能实施的，区别只是在于着眼点和方法的不同而已。例如，狗通过训练可以直立、倒立，甚至照看老人、孩子，收报纸、买东西；蔬菜可以在特定声波的作用下提高抗病能力和产量；等等。虽然狗和蔬菜不具有像人那样的思维，但是通过开发、训练或受刺激，却能够完成它们平时没有这方面能力的行为。对于人来说，那就更是显而易见的了，前面已列举大量事例，这里不必赘言。

潜能开发具有极其庞大的空间。人的所有活动都是由各自的神经系统活动所左右和支配的，而人的神经系统（尤其是人类的大脑）却有99%以上都是处于未开发的休眠状态的，人的能力大小、智愚的区别，很大的程度上与人的神经系统开发了多少有关。

2. 开发潜能，人人能行

开发潜能是人人都能做得到的事，但是，对开发潜能的人来说，通过合理的心理护理和保健才能充分利用人脑的优势。

（1）人脑的优势。人脑从生理学来说是一个十分复杂的系统，要发挥人脑的优势，就涉及许多问题。比如，做学问是一种高强度的心智脑力劳动，它不仅需要精博的专业知识，而且需要良好的心理品质和身体素质，这样才能保证充分开发人脑潜能的优势。

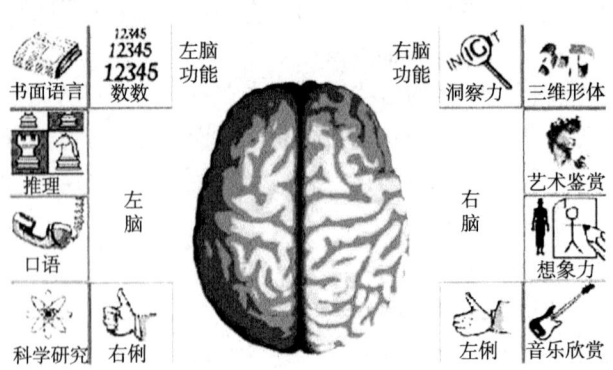

人脑的优势

第一章　公共关系意境下的潜能开发

人脑由 200 亿个脑细胞组成，每个脑细胞可生长出 2 万个树枝状的树突，用来计算信息。人脑这个"计算机"远远超过世界上最强大的计算机。人脑内部可以分为灰质层和白质层两个部分，灰质层包含脑细胞和神经细胞，负责处理信息；白质层包含神经纤维，负责发出化学信号并帮助细胞间交换信息。人类的一切行为、思考都为它所支配。

人脑可储存 50 亿本书的信息，相当于世界上藏书最多的美国国会图书馆（1000 万册）的 500 倍。人脑神经细胞功能间每秒可完成信息传递和交换次数达 1000 亿次。处于激活状态下的人脑，每天可以记住 4 本书的全部内容。人类对于大脑的研究有 2500 年的历史，然而，科学家估计，人类对自身大脑的开发和利用程度仅有 10%。所以说，人类对自身大脑的开发利用还大有可为，而且是无限的。

（2）人眼的优势。眼睛是心灵的窗口，从这一说法便可以知道眼睛的重要性以及它的优势。按中医理论，眼睛犹如日月："天有日月，人有双目。"中医认为，人之精气在两目。在《黄帝内经》中有天人合一之说。古人认为："天之精气宿于星目，人之精气在两目。"不仅如此，《灵枢·大惑》有云："五脏六腑之精气，皆上注于目，而为之睛，睛之窠为眼。"这说明了眼睛和人体精气的盛衰有着密切关系，可见人眼的优势。现代生理学更是着重说明人眼的优势。

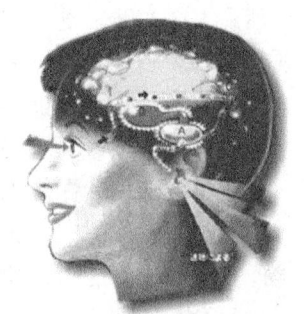

人眼的优势

人的每只眼睛都有 1.3 亿个光接收器，每个光接收器每秒可吸收 5 个光子（光能量束），可区分 1000 多万种颜色。人眼通过协调动作，其中的光接收器可以在不到 1 秒钟的时间内，以超级精度对一幅含有 10 亿个信息的景物进行解码。

要建造一台与人眼相同的"机器人眼"，科学家预计将花费 6800 万美元，并且这台"机器人眼"的体积有一幢楼房那么大！总之，人眼的潜能是无穷的，有着无限的优势。

眼睛和大脑联系密切，相互作用，互补优势。眼神通常被用于传递信息，强调词语或短语或增加语言的说服力。在非语言信息的传递中，目光具有特殊的作用。人们往往通过目光去判断一个人的性情、志向、心地、态度。

激活脑、眼潜能，可培养人的阅读直接把视觉器官感知的文字符号转换成意义，消除头脑中潜在的发音现象，越过由发声到理解意义的过程，形成眼、脑直映式的阅读方式，实现阅读提速的飞跃。由于人眼、人脑的器质优势，只要通过训练，激活潜能，从一目一行过渡到一目十行就不是难事。"眼脑直映"是当今科学发展无限广度的重要体现。

科学研究表明：在低等动物中，动物的器质结构差异决定了某些动物即使通过训练也不会具备某些技能，就如家犬很难被训练成优秀的猎犬一样；但作为高级动物的人，其器质结构的先天差异是十分微小的，这就好比一个工人和一个学者，工人成不了学者并不是先天决定之不可能，而是后天之不训练。这也表明开发潜能，前途无限量。

如果潜能不开发，显能又不使用，则可能退化。例如，1957年，有个教师被打成"右派分子"，被逼从事体力劳动，拉大板车为生。20年后，平反复职，他原有的知识退化了，连拿粉笔板书也有困难。潜能开发就是这样，不进则退。

（二）潜能开发的根基

创新是一个民族进步的灵魂，是国家兴旺发达的不竭动力。创新不是口号，它在理论上、实践上都有非常具体的内容。创新是马克思主义的生命力所在，创新观念加创新思维等于创新的学问和创新的成功。创新思维与开发潜能有直接关系，创新思维是开发潜能的根基。

1. 创新思维的创造性想象

创新思维的创造性想象是针对创建新事业、创造新生活方面而言的。每个人每时每刻都在运用想象力，拥有积极心态的人能够充分开发自己的潜能并运用它来发挥自己的创新能力，使自己走上成功之路。

（1）创建新事业和创造新生活。一个人来到世间，从启蒙学习开始，其目的就是齐家立业。没有事业的人，生活就没有来源，精神也没有寄托，更谈不上什么快乐、幸福。一个人有没有创造性的想象力，决定了其对客观世界的态度。大千世界，万紫千红，令人眼花缭乱，有许多相同的景致，由于人们不同的世界观、人生观、价值观，看同样的景致，却得出不同的结论，这里面就体现了想象力的效应。

（2）心态决定自己的人生轨迹。每个人都生于尘世，不可避免要经历凄风苦雨，面对艰难困苦，在身处逆境的时候保持一种什么样的心态，将直接决定其人生轨迹。人生在世界上的一百几十年，对历史长河来说只是弹指一挥间。于是有人说，人生如"梦"，人生如"戏"，人生如"途"，即是说人生就好像旅途中的匆匆过客。人的一生是一场梦、一出戏、一个旅途。梦也好，戏也好，旅途也好，都只是一个过程。在这个过程，人人都得"表演"，面对风花雪月、凄风苦雨都要表态。当处在顺境的时候，不要飞扬跋扈，忘乎所以，这是历史的教训。

人生在世，不论是做人还是做事，都应把握好人品的八个标准：厚道、善良、守信、宽容、诚实、谦虚、正直、执着，只有不断提高自己的修养，才能达到人生的最高境界。

2. 创新思维营造和谐人际关系

人际关系是为人处世的老话题，加入创新思维后，这个老话题便能够与时俱进。在现代社会中，人际关系的各个方面因为经济体制改革、社会结构转型，出现了许多新矛盾、新问题。

(1) 建立积极健康的人际关系。潜能开发是为了了解健康人际关系的基本表现，坚持正确的人际交往准则，努力建立组织健康的人际关系，以增进组织的团结友谊，增强组织的凝聚力。同时，我们也应认识到，建立积极健康的人际关系是双向的，但主要还是自己。只有自爱和自信，才有可能爱他人和信任他人。只有自重的人，才能在行动中无私助人，乐于奉献，珍惜和尊重他人的价值。

(2) 在创新思维中自信"我是强者"。与强者相辅相成的是智者、仁者。强者的底气是博大，博大是能让对手心悦诚服地拥戴和情不自禁地敬仰；智者的底气是聪慧；仁者的底气是善良，善良是能容下无端的伤害和浅陋的狂妄，把谦逊融入忍耐之中，使虚怀若谷嵌入于慈悲之间。强者、智者、仁者的共同点是谦虚。谦虚者，因为看得透，而不骄躁；因为想得开，而不狂妄；因为站得高，而不傲慢；因为行得正，而不畏惧。谦虚前程万里，骄傲日暮途穷。

(3) 以"移情"为基础建立信任的人际关系。"移情"是将心比心，换位思考，设身处地为对方着想，体谅对方的处境。这种关系适用于恋爱、交友、职业等方面。两个人相处需要真诚、需要真情，要做到这点，是需要审慎、时间和耐性的。

(4) 社会关系最可贵的是真诚。猜疑和嫉妒之心是破坏人与人之间关系的腐蚀剂，它会给社会关系带来极大的不幸。但是，要做一个真实的自我又是难上之难之事。我们必须牢记，做人，就要做一个真实的人，做一个有安全感、乐观、有爱心、尊重他人、乐善好施、慷慨、灵活、移情、有创造性和豁达大度的人。

二、潜能开发方法

世界上一些优秀的科学家正在积极研究人类潜能的因素以及如何发挥人的潜能的问题。如何有效地开发人的潜能，对此目前尚无系统答案，但在现有条件下，每个人都可以掌握一些基本的方法。以下简单谈谈潜能开发的结构与方法。

（一）潜能开发结构

促进人的潜能充分发展是人的全面发展的重要内容，也是教育改革的热点与难点。开发学生学习潜能,要着重提升大脑的使用潜力,重视教育环境的优化,充分运用现代教育技术实施差异教学,精准指导,精准评价。

1. 高度的自信

心想事成,"心想"是高度自信,"事成"是指事业成功。有了高度自信心的"想",事业才有可能成功。有人说:"自信是进入成功之门的钥匙。"这话不假。如果缺乏自信,事业就很难成功。坚定的自信心会使人在事业上成功,不断进取,达到预期目标,也会使人在性格上不断重塑自我,增添开发的潜力,使事业有更大的成功。事业成功是人生的幸福所在。

(1)幸福人生源自于高度的自信。广义地讲,自信本身就是一种积极性,自信就是在自我评价上的积极态度。自信是发自内心的自我肯定,在此意义上,相信自己是一种信念。这种信念力量无穷。狭义地讲,自信是人对自身力量的确信,深信自己一定能做成某件事,实现所追求的目标,这种自信是对自身能力一种客观性的肯定和认可。而幸福快乐的人生既简单又复杂,谁能在这种人生中拥有自信,谁就能事业有成。不论其身居何处,最终一定会获得幸福人生。

尼采

(2)学会认识自我。"认识你自己"这句镌刻在古希腊德尔斐城阿波罗神殿里唯一的碑铭,犹如一把千年不熄的火炬,表达了人类与生俱来的内在要求和至高无上的思考命题。德国哲学家尼采曾说:"聪明的人只要能认识自己,便什么也不会失去。"[①] 在当今充满严峻竞争的社会中,人们对于自我的认识尤为重要。只要拥有自信、自尊、自爱和自强,这样的人就一定能够在自己的人生中展出应有的风采。自信是潜意识能量的精髓和灵魂,没有自信,将一事无成。

2. 坚定的意志

意志是决定达到某种目标而产生的心理状态,意志就是坚定的决心。大多数事业失败的原因,都是由软弱的意志造成的。坚定的意志是事业出成效的一个重要因素。这是一种很奇妙、无法触摸,却非常真实的特殊能量,它与人类潜意识深层次的力量有着非常紧密的联系,当潜意识的这种神奇的力量被激发出来时,

---

① 林越. 每个孩子都是第一名 [N]. 广州日报, 2010-04-03: 3.

通常是意志——强烈的愿望在起作用。一个人在其梦想、雄心、目标、表现、行为和工作中显现的精力、能量、意志、决心、毅力和持久的努力的程度主要是由"想"和"想要"某件事的程度来决定。

3. 强烈的愿望

任何人做任何事都少不了强烈的愿望。当人强烈渴望某个事物，尤其当这种渴望的强烈程度已深入影响潜意识时，他们便会求助于潜意识中的意志和智慧的力量，这些力量在愿望的推动和刺激下会表现出不同寻常的超人力量，实现人们的愿望。

（二）潜能开发渠道

潜能开发就是用有效的方式开发、放开自身的内在潜力。潜能的动力深藏在我们的深层意识当中。也就是我们的潜意识当中。也就是说，人类原本具备却忘了使用的能力，这种能力我们称为"潜力"。[①] 潜能开发是给大脑丰富而充足的刺激，诱发脑部激活各项功能，使其随着大脑发展的进程更为完整。

1. 智能区块互动

人类的大脑可区分成前庭平衡、语言、视觉、听觉、触觉运动等智能区块，每个智能区块都有不同的任务，所具有的功能及特性也不相同，而潜能开发就是利用这些智能区块互动的过程，以激活学习者的各种智能并促进其发展。人脑接受信息的方式分为有意识接收和无意识接收这两种，我们每天都会受到不同程度有形或无形的刺激，引起我们的注意而产生不同程度的反应。有意识接收是人脑对事物的刺激有知觉地接收；无意识接收是人脑对周边事物的刺激不知不觉地接收，这就是潜意识。

2. 潜能开发的方法

潜能来源于潜意识，从某种意义上来说，潜能就是潜意识。开发潜能的力量就是诱发潜意识的力量。潜能开发是直接作用于潜意识层面的一种心理技术，而催眠是唤醒潜意识最有效的技术。潜能开发的渠道有多种，这里主要介绍以下三种：一是听觉刺激法，二是视觉刺激法，三是观想刺激法。

（1）听觉刺激法。听觉是声波作用于听觉器官，使其感受细胞兴奋并引起听神经的冲动发放传入信息，经各级听觉中枢分析后引起的感觉。外界声波通过介质传到外耳道，再传到鼓膜。鼓膜振动，通过听觉小骨传到内耳，刺激耳蜗内的纤毛细胞而产生神经冲动。神经冲动沿着听神经传到大脑皮层的听觉中枢，形成听觉。

---

① 陈春萍. 高校人力资源管理的伦理分析 [J]. 载《华中师范大学学报, 2003 (05): 38.

（2）视觉刺激法。视觉是一个生理学词汇。光作用于视觉器官，使其感受细胞兴奋，其信息经视觉神经系统加工后便产生视觉（vision）。通过视觉，人和其他动物能够感知外界物体的大小、明暗、颜色、动静，获得对机体生存具有重要意义的各种信息，至少有80%以上的外界信息经视觉获得，视觉是人和其他动物最重要的感觉。光线→角膜→瞳孔→晶状体（折射光线）→玻璃体（固定眼球）→视网膜（形成物像）→视神经（传导视觉信息）→大脑视觉中枢（形成视觉）的感知。视觉刺激法可以是这样，在自己的房间建立一个梦想板，把自己的目标画成图片剪下来贴在梦想板上天天看，可以天天刺激潜意识，达到开发潜能的目标、方法和梦想。

（3）观想刺激法。观想刺激法表现在集中心念所观想的某一对象而产生联想的刺激。观想刺激可以有正面刺激和反面刺激。正面刺激是通过努力进入正面的享受，负面刺激是贪欲的妄念。利用潜意识不分真假的原理，在大脑中引导出所希望的正面成功场景，从而达到替换潜意识中负面刺激的目的，通过反复的观想暗示，可以改变自我意象，树立正确成功的信念，并使自我产生积极的行动，达到预期的正确目标。

3. 学习与借鉴

潜能学是研究潜在的能量，表示意识以内的潜能，每个人的潜能都是无限的，必须循序渐进才能不断挖掘潜能。心理学是研究人的心理现象的发生、发展和变化的过程，并在此基础上解释人的心理活动规律的一门科学。其实，心理学的很多理论和观点，潜能学都可以学习与借鉴。

心理学流派大致有行为主义心理学、精神分析心理学、存在主义心理学、人本主义心理学、格式塔心理学、认知心理学、功能主义心理学、结构主义心理学等。这些流派着重于心理学本质的探索，是其基本理论部分。目前在学术界，心理学有三种流派是学者们探讨最多的，这就是行为主义心理学、精神分析心理学和人本主义心理学。

（三）潜能多元智能开发

多元智能、全脑教育和潜能开发是三大先进的幼教理念。[①] 多元智能理论虽然属于心理学的范畴，但是它的有关理论可用于潜能开发的研究、学习和借鉴。

1. 多元智能性质结构

多元智能理论由美国哈佛大学教育研究院的心理发展学家霍华德·加德纳（Howard Gardner）于1983年提出。他认为，流行于世界的智商测试已经远远落

---

① 噜噜熊儿童潜能开发中心. 幼儿创造性思维训练［M］. 北京：北京理工大学出版社，2013：17.

后于时代,由于人的智能特点不同,开发儿童的多元智能,将使具有特长的孩子及早摆脱传统教育的束缚。人类各个领域杰出人物的诞生,正在于不同智能的开发。

对于儿童艺术潜能的重视,是发现天才的最佳途径。[①] 多元智能的基本性质是多元的:不是一种能力而是一组能力;其基本结构也是多元的:各种能力不是以整合的形式存在而是以相对独立的形式存在的。现代社会是需要各种人才的时代,这就要求教育必须促进每个人各种智力的全面发展,让个性得到充分的发展和完善,多元智能的性质和结构也正符合潜能开发的指导思想。

2. 多元智能研究的内容

以多元智能理论为基础,将潜能开发应用于教学设计,探究如何促进学生智能的多元化发展,培养全面型人才。我们可以看到,融入多元智能理论实施的教学设计在潜能开发中效果显著。

(1) 语言智力。对外语的听、说、读、写的能力,表现为个人能够顺利而高效地利用语言描述事件、表达思想并与人交流的能力。

(2) 节奏智力。感受、辨别、记忆、改变和表达音乐的能力,具体表现为个人对音乐美感反映出的包含节奏、音准、音色和旋律在内的感知度,以及通过作曲、演奏和歌唱等表达音乐的能力。

(3) 逻辑智力。运算和推理的能力,表现为对事物间各种关系如类比、对比、因果和逻辑等关系的敏感,以及通过数理运算和逻辑推理等进行思维的能力。它是一种对于理性逻辑思维而言比较显著的智力体现。

(4) 空间智力。感受、辨别、记忆、改变物体的空间关系并借此表达思想和情感的能力,表现为对线条、形状、结构、色彩和空间关系的敏感,以及对宇宙、时空、维度空间及方向等领域的掌握和理解,是更高一层智力的体现,是有相当的理性思维基础习惯为依托的前提的。

(5) 动觉智力。运用四肢和躯干的能力,表现为能够较好地控制自己的身体,对事件能够做出恰当的身体反应,以及善于利用身体语言表达自己的思想和情感的能力。

(6) 自省智力。认识洞察和反省自身的能力,表现为能够正确地意识和评价自身的情感、动机、欲望、个性、意志,并在正确的自我意识和自我评价的基础上形成自尊、自律和自制的能力。

(7) 交流智力。与人相处和交往的能力,表现为觉察、体验他人情绪、情

---

① 加德纳,沈致隆. 多元智能 [M]. 北京:新华出版社,1999:21.

感和意图，并据此做出适宜反应的能力。交流智力也是情商的最好展现。

三、潜能开发实操

潜能开发就是人们把自己本身有但目前还没有使用的能力开发出来。我们可以通过科学、专业和系统的指导和训练，消除潜意识中的负面情结，建立潜意识中的正面情结，提高大脑皮层活动的协调性，以积极的心态来开发潜能。

（一）创造性思维

创造性思维是在一定的条件和基础上产生的一种具有多种要素和技巧的、唯一能够产生创造成果的心理活动。创造性思维技能训练如下：

1. 发散思维技能

发散思维又称扩散思维、辐射思维或求异思维，它是从各个方面力求新答案的心理活动。科学家提出可以通过种种技巧进行发散思维，常用的发散技巧有：

（1）缺乏发散。即对一事物找出缺点，再一一列举，寻求改进方案。李政道博士就是通过这种方法提出了一种新的孤子理论。

（2）愿望发散。即对某一事物列举种种愿望，提出种种方案。例如，给定了"抱瓮灌圃"的材料，要求确定中心，写篇议论文，这时便可通过思维发散确定立论角度。

经考虑，可以确定这样几种思考角度：①习惯势力是可怕的；②思想改革应为改革之先；③守旧不是美德；④墨守成规阻碍生产力发展；⑤捷径并非不可走。然后加以对比，便可选择①或④，这样便得到了最佳写作角度，从而也就确定了中心。

（3）求异思考。即采取灵活多变的思维战术，从与常规不同的方向来思考，寻求新的解决途径或答案。

（4）分解交合法。即先把与问题有关的事物分解为种种信息因素，然后依次交合，从而得到种种答案。如问"红砖有多少用途?"可先把"砖"分解为长度、宽度、颜色、直线等信息因素，然后与现实生活中的各个方面，如工、农、商、学、兵等因素交合，多种答案便出来了。

2. 组合思维技能

组合思维，又称综合思维，指的是把分散的诸因素综合起来的思维。综合过去的知识经验，寻求新方法去发现、解决问题的思维便是组合思维。常见的组合思维的方法有：

（1）抓特征下判断，即根据已知材料，抓住事物的特征，下准确的判断。如对"防护林"下定义，可以先从培植方法、培植目的等方面下定义，然后再将这些定义加以综合，便得到了准确定义。

（2）用"线索"结构材料。许多文章（如《白杨礼赞》《记一辆纺车》）便是靠一条线索把文章贯穿起来的。

（3）找出众多事物的相同元素，归纳其功能。如找出《冯婉贞》文中含有文言虚词"以"的句子，然后分析"以"的含义和功能，便是一种综合思维。

（4）分割组合，即根据某一准备将材料分开然后加以排列，形成某种结构。19世纪俄国化学家德米特里·门捷列夫便是把氢、氧、铜等元素的特点书写在卡片上，将它们掺合起来，再以原子价为标准重新排列而制成元素周期表的。

3. 集中思维技能

集中思维又称聚敛思维、辐合思维、求同思维，即从已知的种种信息产生一个结论，从现成众多的材料中寻找一个答案。常见的集中思维的方法有：

（1）图示法。图示包括图像、图表、文字示意等。利用图文，通过分析、比较，便可以寻找到一定的答案，或者能使内容简明，思维清晰。

（2）分析法。既先将整体分解为若干部分，然后再鉴别、评价，最后做出正确选择。如求六边形的内角之和时，可根据三角形的内角和是180°的原理，先把它分作四个三角形，它们的内角之和就是问题的答案。

（3）比较法。即通过异同鉴别得出结论。创造性思维能力的提高，有赖于必要的训练。常见的行之有效的训练方法主要有：多角度寻求正确答案，通过新角度、新方式表达，等等。

（二）想象力向导

想象力是人在已有形象的基础上，在头脑中创造出新形象的能力。想象一般是在掌握一定的知识面的基础上完成的，想象力是在我们头脑中创造一个念头或思想画面的能力。

1. 想象力是潜能开发的翅膀

想象是思维的翅膀，它能让学生徜徉于真实与幻想之间，追逐智慧的火花；想象是创造力的源泉，它能激发学生强烈的好奇心和学习的热情，促进学生智力的发展。

潜能开发中的观察力、记忆力、思维力在学习中的作用主要是获取知识。通过观察力、记忆力、思维力获取的知识信息、事实以及一系列的推论设想其本身都是死的东西，是想象力赋予了它们生命。有人认为，事实好比空气，想象力就好比翅膀，只有两方面结合，智力才能如矫健的雄鹰，一飞冲天，翱翔万里，以探索的目光巡视广阔无垠的世界，搜索一切奇珍异宝。想象力的作用主要是创造新知识，它是潜能开发的翅膀，能使学习者的智力活动展翅高飞，鸟瞰全球，观看古今，展望未来。想象力可以使人认识到无法直接感知到的事物与形象，使人看到宏观世界和微观世界。

《文心雕龙》的作者刘勰把想象称做神思，[①] 认为通过它，一个人就可以任意驰骋。没有想象力，智力是奔放、飞腾不起来的。当然，在奔放的想象中捕捉到的模糊想法必须化为具体命题和假说，才能使智力发挥出有益的作用。

2. 利用想象力开发潜能

在我们头脑中曾经认为不可能的事情，如果我们想象自己以某种方式行事，实际上差不多也是如此行事。心理实践可以帮助我们使行为臻于完美。

心理实验证明，心理练习对改进投篮技巧确有效果：第一组学生在20天内每天练习实际投篮，把第一天和最后一天的成绩记录下来。第二组学生也记录下第一天和最后一天的成绩，但在此期间不做任何实地练习。第三组学生记录第一天的成绩，然后每天花20分钟进行想象性投篮。如果投篮不中，他们便在想象中做相应的纠正。结果是：第一组每天实际练习20分钟，进球率增加了24%。第二组因为没有练习，也就毫无进步。第三组经过想象练习，进球率增加了23%！

（三）心理暗示

心理暗示，是指人接受外界或他人的愿望、观念、情绪、判断、态度影响的心理特点。心理暗示是人们日常生活中最常见的心理现象，它是人或环境以非常自然的方式向个体发出信息，个体无意中接受这种信息，从而做出相应的反应的一种心理现现象。

1. 心理暗示的特点

心理学家巴甫洛夫认为，暗示是人类最简单、最典型的条件反射。从心理机制上讲，它是一种被主观意愿肯定的假设，不一定有根据，但由于主观上已肯定了它的存在，心理上便竭力趋向于这项内容。我们在生活中无时不在接收着外界的暗示。

心理暗示是人在漫长的进化过程中形成的一种无意识的自我保护能力和学习能力：当人处于陌生、危险的境地时，人会根据以往形成的经验捕捉环境中的蛛丝马迹，并迅速做出判断；当人处于一个新的环境中时，会无时无刻不被这个环境所"同化"，因为环境给其的心理暗示使之在不知不觉中学习。

心理暗示有强弱之分，但是心理暗示效果的好坏（正负）无法由人的显

[①] 孙蓉蓉. 刘勰《文心雕龙》考论［M］. 北京：中华书局，2011：45.

意识控制，也就是不论你愿不愿意，不论你觉得这对你好不好，你都已经受到心理暗示了，而且无时无刻不在接受心理暗示，它是人的一种本能。动物的各种行为的学习、危险的躲避习惯等也都是由于心理暗示的作用才得以实现。

人们为了追求成功和逃避痛苦，会不自觉地使用各种自我暗示——自己对自己进行的心理暗示——的方法，比如遇到困难时，人们会安慰自己："快过去了，快过去了"，从而减少忍耐的痛苦。人们在追求成功时，会设想目标实现时非常美好、激动人心的情景，这个美景就对人构成自我暗示，它为人们提供动力，增强挫折耐受能力，保持积极向上的精神状态。

2. 心理暗示与气质类型

每个人的心理特点与神经类型是不同的，对暗示的感受程度和结果也不相同。人从气质可分为胆汁质、神经质、多血质和黏液质四种，大多数人同时具备这四种气质类型中的几种类型。

胆汁质型的人最容易接受心理暗示，而黏液质型的人对心理暗示的反应较慢。大多数女性比男性更容易接受心理暗示，老年人和儿童比青年人更容易接受心理暗示。出人意料的是，一个人的智力水平与文化程度在其能否接受心理暗示方面并无决定性的作用。不同的人都不同程度地受着心理暗示的影响。

3. 消极与积极的心理暗示

我们每天接受大量信息，应充分利用各种适当的时机，应用心理暗示。心理暗示有消极心理暗示和积极心理暗示两种。

（1）消极心理暗示对人的情绪、智力、生理都能产生不良的影响。潜能学知识告诉我们，消极心理暗示的积累最终会造成难以扭转的悲观情绪，而事实上，这种情绪体验往往是不真实的。内心极度痛苦的人很多时候并没有真正面临生存危机，是情绪失控致使其对所受到的负面刺激缺乏合理的认知，主观上夸大了该刺激的强度。这种夸大同时也反映出个人应对能力的匮乏，最终导致意志力的瓦解。

（2）积极心理暗示是指来自外界和他人的有利于激发被暗示者自我定位和自我发展的心理暗示。积极的心理暗示对人的情绪、智力、生理都能产生良好的影响，帮助人树立信心，调动内在潜能。因此，管理者要注意引导被管理者变消极心理暗示为积极心理暗示，同时克服消极心理暗示对其产生不良影响。例如，教师在考试心理的调整中要引导学生变"我一点没底，我恐怕要考砸"为"别人行，我也行"。

心理暗示的效果很大程度上取决于暗示者在被暗示者心目中的威信，这就要求暗示的实施者应具有较高的威望，要具有令人信服的人格力量。心理暗示可以发掘人的记忆潜力。有人做过实验,分别让两组学生朗读同一首诗。第一组在朗读前,主试告诉他们这是著名诗人的诗,这就是一种暗示。对第二组,主试不告诉他们这是谁写的诗。朗读后立即让学生默写。结果第一组的记忆率为56.6%;第二组的记忆率为30.1%。这说明权威的暗示对学生的记忆力有更大的影响。

另外,暗示愈含蓄,效果愈好。在心理咨询和教育中,最好尽量少用命令方式提出要求。若能用含蓄巧妙的方法去引导,能获得更好的效果。

暗示应具有艺术性。教师要力求为学生的活动配上适当的艺术形式,如趣味性的故事、竞争性的游戏等,借助形式、色彩、韵律和节奏,通过非理性直觉直接诉诸人的情感,使学生在积极的氛围中接受教育,促进学生产生积极的心理倾向。

结　语

公共关系意境下学生要有这样的概念:由被动接受转为主动学习,激发创新意识。在潜能开发教学中,我们要尽量把时间让给学生,鼓励学生更多的提出问题以及寻找解决问题的办法。潜能开发教学提倡实行"四个自由开放",即自由设疑的开放、自由思维的开放、自由讨论的开放、自由选择的开放,创造一个宽松和谐的教学情境,使每一位同学主动参与!积极思维!激发创新!

潜能的开发是一门艺术,是理性与感性的思想碰撞。我们生活在一个信息爆炸的时代,我们不能超越时代,但是也不能落后这个时代,我们要跟上这个时代,潜能开发就是一个重要的切入点。潜能开发的本质在于:培养自我意识,突破思维的瓶颈,释放本身所具有的智慧以及人性的升华。

人的心脑潜能的开发不仅是人自身的学习记忆能力、创造能力或其他精神文化素质的提高,其更伟大之处在于人可以借助各种外在的能量,借助开发潜能的一切成果,不断创造新的奇迹,创造新的世界。同时,我们应该认识到:每个普通人都有创新潜能。我们的人才观要改变,不能将眼睛总是盯在高端人才身上,每一个普通学生身上都有创新的潜能。创新不神秘,你的思维模式稍微变一变可能就有意想不到的创新。那些无名小卒,无名的创客,他们也是人才,他们身上蕴藏着极大的创新创业能力。要打开心灵,尽可能使自己处在自由和谐的心灵状态之中,机遇等着大家,要学会去发现。

本章通过从潜能理论和潜能开发方法两方面展开分析。潜能理论阐述了潜能的概念、创新思维是开发潜能的根基。而潜能开发方法阐述了潜能开发价值、潜意识能量渠道、潜能开发实操等。我们以科学的态度阐明了潜意识的存在,并言简意赅地列举了许多潜能开发方法的实例,以说明潜意识的影响力。同时,我们还介绍了一些简单而有效的练习方式。通过这些练习,我们将学会如何获得事业的成功,如何建立和谐的人际关系,如何经营美满的婚姻家庭,如何战胜内心的恐惧,如何在思想上永葆青春,如何追寻幸福的人生。

? 思考题

1. 简述创新是人类进步的灵魂。
2. 简述创新求发展,潜能促和谐。
3. 简述潜能理念。
4. 简述潜能开发理论。
5. 简述创造性思维。
6. 简述想象力向导。
7. 简述心理暗示。
8. 论述潜能开发方法。
9. 谈谈在公共关系意境下学生应具有的观念和在潜能开发教学中提倡实行的"四个自由开放"。

第二章
教育潜能

当今，公共关系教育越来越关注学生的发展。要实现学生的全面发展，离不开潜能开发这个课题。学生潜能开发已逐渐得到教育者的重视，公共关系教育也将促进学生潜能的全面开发作为教育的一个重要目标。但关于潜能开发的一些困惑，长期困扰着广大教育工作者，使公共关系教学工作受到很大的束缚。本章在以往学生潜能开发研究的基础上，结合当前公共关系教学改革中的具体问题，对公共关系教育中的学生潜能开发问题作了研究，并提出改革的建议。

教育潜能是通过一系列科学系统的潜能开发方法，促进学生大脑的生长发育，构建信息传递的快速通路，从而将学生天生具有却还未开发的潜能引导出来，激发学生记忆力、专注力、观察力、思维力、想象力、理解力、行为力、创新力、感知力等各项智力潜能。所以说，教育潜能是素质的教育，是提高智商情商的教育，是促进思维转变的教育。教育潜能的开发使学生变得思维活跃、求知欲高，好动脑筋，学习悟性好，养成良好的学习习惯，自主学习的能力强，创新思维能力强，行为情绪控制能力强，智商高、情商好。

对受教育者来说，教育潜能可以让受教育者进一步提升接受教育的可能性，包括可以开发而尚未被开发的人力资源和可能开发未被利用或未被充分利用的潜在教育资源。例如：未被开发或未被充分开发的现有的教育人员、教育经费、教育设施及设备、教育时间等。现代科学证明，各个年龄阶段的人都具有极大的教育潜力，只是由于没有科学系统的教育方法而未能得到开发。教育应该成为开发和释放人的潜能的发动机。

随着社会的发展，人们对教育潜能的关注度越来越高。如何将学习者的身心发展和科学有效的学习相结合，是教育教学中的重要问题。本章将立足教育教学实践发展及其所存在的问题，对教育潜能活动的教学形式进行研究，对教育潜能活动的应用优势加以分析，提出将教育潜能活动引入教学中的具体措施，以帮助提升教育潜能的教学质量和水平。

第一节　人类大脑与潜能开发

教学目标：
信息时代学科管理模式的变化，公共关系学科研究也做出了相应的调整，人类大脑与潜能开发的实践模式和管理方式都在推动新的脑科学系统的构建。

> 人类乃万物之灵，灵就灵在脑子上。现代脑科学研究的迅速发展使人们对自己的大脑有了更深入的了解，但尽管科学已发展到一个很高的水平，但至今未能很好地认识人类本身，更无法将人的内在的潜能有效地开发出来，人类至今也只开发了百分之一的潜能，开发潜能是人类的永恒课题。
>
> 人类大脑是一个无尽的宝藏，正确认识我们的大脑，才能更有效地开发潜能。通过本节的学习，我们能够准确解读潜能开发与大脑之间关系，认识脑科学发展的重要性，认识我国人才培养的战略意义，自觉学习专业技能，勇于参与社会实践，努力成为社会建设的栋梁之材。

引　言

过往关于人类大脑的研究显示，人类进化史就是大脑不断进化的过程：550万年前，猿人的脑容量是400立方厘米；200万年前，巧手人的脑容量是600立方厘米；170万年前，直立人的脑容量为700～1000立方厘米，开始使用火、制作劳动工具。据史料发现，于13万年前，尼安德特人的脑容量为1600立方厘米，且身体粗壮。现代人在9万年前出现，已经掌握改造自然的工艺，人脑结构极其精细，功能极其复杂，脑容量也更大。

目前最新研究发现，人类脑容量并非越大越有用，就像电脑和手机一样，经过不断优化改良，功能更强更全面，但体积变小，应用更便捷。总体而言，电脑和手机越来越智能化，我们的大脑也是越用越好用。从这个意义上，我们说潜能开发就是大脑的潜能开发，大脑无疑就是潜能开发的总司令部。

一、人脑结构与脑细胞

近代脑科学家的研究发现，人类大脑的精细化程度远超任何我们可以见到的操作系统，包括电脑操作系统、手机操作系统，甚至人工智能操作系统。

（一）人脑皮层重要功能区域图解

美国多元智能理论的提出者、哈佛大学教授霍华德·加德纳指出：多元智能同时存在于人类大脑中，且更进一步的标明大脑结构中执掌各项智能的区域：

左右前额叶：内省智能和人际智能，具有执掌人类人际沟通、目标管理和计划判断等功能。

左右额叶：逻辑推理与空间智能，具有执掌人类语言表达，逻辑分析和动作能力等功能。

左右顶叶：身体位置辨别与感觉，具有执掌人类操作组合能力与艺术欣赏能力等功能。

左右颞叶：听觉辨别与感受，具有执掌人类语言理解能力和音乐欣赏能力等功能。

左右枕叶：视觉辨别与感受，具有执掌人类观察理解能力和图像欣赏能力等功能。

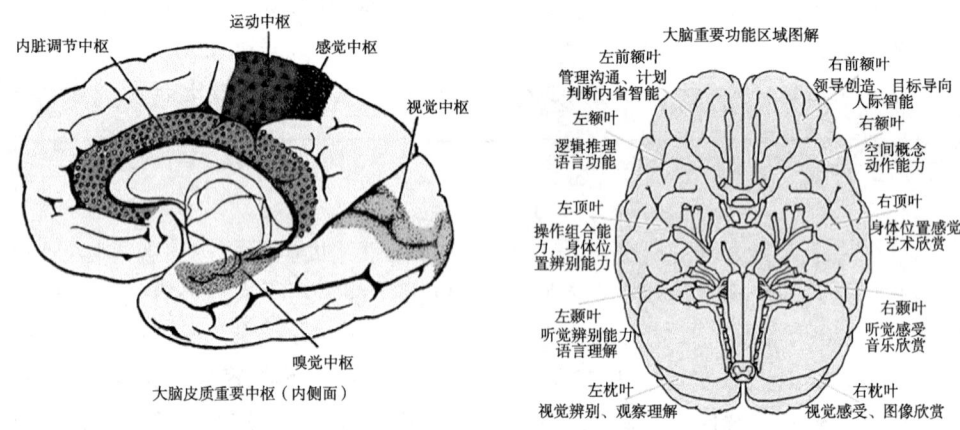

（二）大脑细胞的精密结构

我们知道，细胞是构成生物最基本的元素，人脑也是由脑细胞构成的，人的脑细胞共有140亿个，平常人只被开发利用了3%～7%，爱因斯坦也只不过利用了他大脑细胞的10%。婴儿出生的脑细胞以20万个/分的惊人速度递增，大概在7、8岁时就完成了成人脑细胞数量的发育过程。

如果你关注人类脑科学的发展，就可以感觉自己打开了一座神秘的宫殿。

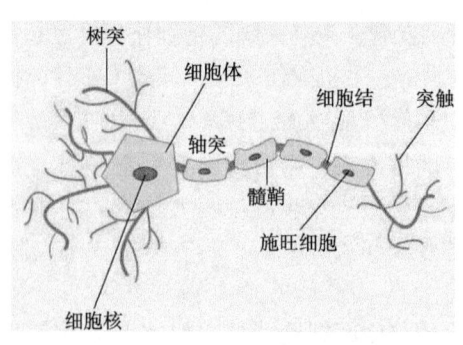

脑细胞主要包括神经元和神经胶质细胞。神经元细胞负责处理和储存与脑功能相关的信息。神经元是特异化的、具有放电功能的一种细胞类型。神经元之间由突触相互连接。神经胶质细胞起到支持作用，其已知的主要功能包括形成神经元轴突外的髓鞘，神经元养分供应和新陈代谢，参与大脑中的信号转导等工作。脑内其他的细胞类型包括形成脑血管的上皮细胞。

每个脑细胞都是有组织有秩序地、忠诚地、辛勤地、默默地工作，为我们提供源源不断的生命信息，我们身体的其他细胞与脑细胞相互配合，共同演绎我们生命的状态。

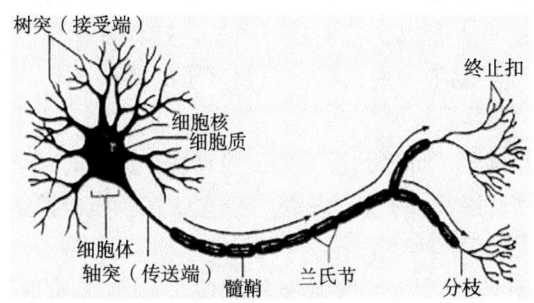

二、人脑神经元的发展原理

（一）大脑发育的黄金阶段

脑科学家经过大量研究发现，人类大脑发育经历三个黄金阶段：

第一阶段：从怀孕到出生。这个阶段是脑细胞的生长阶段，到出生时，婴儿的脑细胞数量已经接近成人。

第二阶段：出生后一岁之内。这个阶段主要是促进髓鞘的成熟，此外，脑神经细胞和胶质细胞的生长也基本完成，一般可达到成人的70%左右。

第三阶段：2岁至3岁。这个阶段主要是形成突触联系，髓鞘进一步发育，而且大脑的颅骨已经发育成熟，囟门已经闭合，所以这个阶段的大脑发育基本接近成人。此外，神经髓鞘的发育、神经细胞的发育和突触的形成为后续的大脑发育打下了坚实的基础。

（二）人脑神经元发展阶段

1. 建构期

从胚胎着床后，神经细胞便开始分化，接着产生各种神经细胞移动与突触结合。从怀孕第5、6周开始，直到第8周神经管愈合完成，但整个神经系统的发育会持续到孕期结束，甚至到婴儿出生后3年内。

2. 关键期

在 0 岁至 3 岁期间，婴幼儿通过身体不同器官的作用产生不同的反应，从而在其脑部建立完善系统的、相对应的联结。这是神经元发展最关键的阶段。如果这个阶段婴幼儿得到充足的睡眠和营养，得到充分的抚摸互动，加以适当的身体训练，比如大小肌肉训练、空间感知训练等，对其大脑神经元的发展将起到关键性的作用。

3. 强化期

孩子在 3 岁至 6 岁仍然需要充足的睡眠和玩耍，用于极大地刺激神经元的发展，这个时期，孩子的潜能井喷式发展，比如，孩子可能显现出各种艺术天赋、运动天赋、记忆天赋等。所以，特别需要家长、抚养者和学前教育工作者具有潜能开发的意识，及时发觉孩子的天赋，托起孩子的梦想。

4. 稳定发展期

处在小学阶段的孩子，神经元发展处于稳定期，这个时期的孩子同样需要充足的睡眠、营养和运动，以吸收大量的资讯，建立认知，积极探索，形成学习动机。

5. 内化期

孩子进入初中和高中阶段，大量吸收周围环境丰富的信息之后，对所学习的知识逐渐形成与社会环境相适应的职业倾向，孩子的天赋经过职业训练，变成个人优势。这个阶段的孩子不再强求知识结构的完整性，更应该注重扬长避短。

6. 实践期

随着身心发育成熟，孩子进入自主学习和探索实践阶段，逐步形成其个性化的学习风格和实践方法，孩子的职业兴趣、职业性格和职业能力得到全面发展，孩子逐渐认识自我，并努力实现自我。

人类大脑是一个宝藏，这个宝藏有不同区域、不同功能，有极其精密的发展规律，需要我们统一管理，既不能无视其巨大的价值，也不能乱开发。

三、人脑潜能开发应用

我们的大脑就是一座宝藏，拥有各种天赋，但没有后天的努力与不断的积累，这座宝藏将随着我们老去或逝世而永远被埋葬，唯有不断努力，多读书，多学习，多实践，多积累，才能激发灵感、厚积薄发。

（一）人脑潜能开发的应用方向

本书提出的现代潜能开发新论，就是探讨潜能开发在个人实践方面的应用。

1. 每个人都蕴藏着巨大潜能

有人统计,成人的大脑约有140亿个神经元细胞,每个脑细胞可生长出约2万个突触,每天能记录约8600万条信息,人的一生可以储存约1000万亿信息单位;人脑可储存约50亿本书的信息,相当于世界上藏书最多的美国国会图书馆的500倍;人脑神经细胞功能每秒可完成信息传递和交换次数达1000亿次,处于激活状态的人脑每天可记住4本书的全部内容。

人的每只眼睛有1.3亿个光接收器,每个光接收器每秒可吸收5个光子(光能量束),可区分1000多万种颜色;人体的视觉、听觉、嗅觉、味觉和触觉等都蕴藏了巨大的潜能。每个人的身体都是一个巨大的内药库,具有超强的自我疗愈的潜能,拥有自我免疫、自我防御、自我保护和自我修复等功能。事实上,现代医学科技仅仅起到了激活人体内药库的内在潜能、辅助人体疾病康复的作用。

2. 自我潜能开发的领域

我们尝试在自我潜能开发领域做一些具有教育意义和实践意义的探讨,抛砖引玉,给广大潜能开发、脑科学爱好者提供一个共同成长的天地。

(1) 从教育潜能开发研究。应用潜能开发技术,促进个人人格全面发展,塑造良好的品格,遵守道德行为规范,自觉维护道德秩序的个人素养水平。掌握科学的学习方法,提升观察力、注意力、记忆力、想象力、分析判断能力、思维能力、应变能力等,促进个人智力发展。

(2) 从心理潜能开发研究。应用潜能开发技术,认知自己并了解他人,掌握情绪调控技巧,提升个人在协调和处理自己和他人情绪与情感等方面的能力。

(3) 从健康潜能开发研究。学习潜能开发理论和技术,尊重生命,爱惜身体,养成健康生活习惯,倡导健康生活方式,增强身体素质。

(4) 从艺术潜能开发研究。充分发掘个人天赋,掌握科学的训练方法,提高个人艺术鉴赏、艺术创造创新等能力。

由于潜能开发包罗万象,我们不可能成为所有领域的天才,只能努力成为某个领域的人才。因此,在做潜能开发训练前,我们需要首先分析个人的潜能。《人民日报》于2020年3月发布一份《潜能自查表》,简单、便捷、有效,可以帮助家长快速了解孩子的天赋潜能,这份自查表,成年人也可以作为参考,从中发掘个人潜能。

(二) 从日常行为推测学生天赋

下面探讨如何从成长型思维的角度调整教师评价语体系,引导学生理解智力可变论,重视努力与天赋,从学业经验中获取动力,避免与他人的横向比较,提升学习自主性和敏感度。

1. 一张潜能自查表，让学生天赋不再被埋没

每个学生都是独一无二的，都有自己独特的优势，这就是他的天赋。① 比如，有的学生动手能力极其强，有的学生善于交际，有的学生极具绘画天赋，有的学生天生就有一副美妙的嗓子。那么，我们怎样才能发现学生的特长？通过学生的日常行为，可推测他的天赋所在：

①他在背诗和有韵律的句子时很出色；②他很注意你在愁闷或高兴时的情绪变化，并做出反应；③他常常问诸如"时间从什么时候开始""为什么小行星不会撞到地球"这样的问题；④凡是他走过一遍的地方，他很少迷路；⑤他走路的姿势很协调，随着音乐所做的动作很优美；⑥他唱歌时音阶很准；⑦他经常会问"打雷、闪电和下雨"是怎么回事；⑧你如果用词用错了，他会给你纠正；⑨他很早就会系鞋带，很早就会骑车；⑩他特别喜欢扮演什么角色或编出剧情；⑪出外旅行时，他能记住沿途标记，说：我们曾到过这里；⑫他喜欢听各种乐器，并能辨别它们发生的声音；⑬他画地图画得很好，路线清楚；⑭他善于模仿各种身体动作及面部表情；⑮他善于把各种杂乱的东西按规律分类；⑯他善于把动作和情感联系起来，譬如他说：我们做这件事兴高采烈；⑰他能精彩地讲故事；⑱他会对不同的声音发表评论；⑲他常说某某像某某；⑳对别人能完成与不能完成的事他能做出准确的评价。

2. 通过学生的日常行为行推测孩子的天赋

（1）语言天赋。在①⑧⑰条表现突出的孩子，可能具有很好的语言天赋。每个孩子的语言能力大部分都依赖这个时期的培养，父母可以及时为孩子输入大量的词汇，鼓励孩子多说话，比如请孩子描述一些对象、一件事、一个自然现象等，并根据不同年龄段给孩子提供语言天赋训练，比如参加读书活动、故事会、演讲比赛等。

（2）音乐天赋。在⑥⑫⑱条表现突出的孩子，可能具有很好的音乐才能，表明孩子在音乐方面的潜能很大。音乐节奏是孩子最好的音乐老师，孩子可能跟着音乐节奏扭动起来。当你发现孩子开始哼歌、对节奏产生明显兴趣时，就要推他们一把：在家里多播一些生动有趣、浅显易懂的儿歌童谣；抽空带着孩子看一些音乐会、音乐童话剧、音乐电影等。有位作者曾说："不论未来他们在音乐上能有多高的造诣，只要能够享受旋律、抒发情绪，让生活因为音乐而富有情调和乐趣，就足够美好。"

---

① 邱钰玲，孙连月，林汲. 成长型思维评价体系与旷课行为干预的研究［J］. 秦智，2024（02）：146.

（3）数学逻辑天赋。在③⑦⑮条表现突出的孩子，可能在数学、逻辑方面具有天赋。孩子喜爱下跳棋和象棋，并且可以很快明白一些等量关系。他可以将混乱的玩具归类。日常生活中，家长可以用一些互动小游戏来对孩子进行数学启蒙，比如，给他一堆完全混乱的玩具，和他一起来把这些玩具分门别类地归类好，稍大一些可以跟他一起做做数独，开启逻辑和规则启蒙。这类孩子也许他上学后的数学成绩并不理想，但他在这方面的潜能是不应怀疑的。因为，数学是一种思维方式，它还决定着孩子是否有创造力和规则意识，数学能力不仅仅是计算，孩子6岁前，培养他们的数学兴趣，比一切填鸭灌输和死记硬背更能激发孩子的潜能。

（4）空间天赋。在④⑪⑬条表现突出的孩子，具有很好的空间方面的才能，具有丰富的想象力，对绘画、机械组装具有浓厚的兴趣。孩子在0到6岁这个阶段有个"空间敏感期"，这是孩子自我创造，突破极限的过程。在安全的环境中，我们可以给孩子提供一个自由活动、自由玩耍的空间，多带孩子去远行，从小让孩子做画地图的游戏。也可以根据孩子的兴趣创造一个个游戏场景，让孩子有充分的空间探索条件，比如和孩子一起堆积木、投球、踢球等。

（5）运动天赋。在⑤⑨⑭条表现突出的孩子，具有很好的身体动觉才能。通常运动员和舞蹈家都有这方面的天赋。当孩子开始主动自发地踩着节奏挥舞小手，踮起小脚，或是拥有比较好的平衡能力时，说明他有成为舞蹈家和运动员的天赋。等孩子长大了，可以依照他的兴趣，有针对性地选择运动类的特长班，比如舞蹈类、武术类、体育类等，给孩子提供一个能充分发挥自己身体动觉才能的平台。

（6）内省天赋。在⑩⑯⑳条表现突出的孩子，具有很好的自我认识才能。自我认知，决定着一个人的性格特征、情绪变化、价值观、人生方向和目标。这些孩子喜欢独立思考问题，可能会成为出色的思想家、剧作家和导演。

（7）人际天赋。在②⑩⑲条表现突出的孩子，具有很好地认识他人的才能。这类孩子对自我和别人都常常不由自主地做出判断和反省，具有与人交往、沟通、组织方面的潜能。他很会照顾别人的情绪，时常会换位思考，体恤别人。如果能够给予他们足够的反馈，及时地表扬和感谢，会促进他们更好地发挥个人潜能。

请大家一定要记住，每个人都是带着独特的生命密码来到这个世界的，但每个人都是不一样的。就像有的花，几滴露水就能开得绚烂；有的花，需要漫长的时间浇灌。我们应该给孩子多接触各式各样的知识，积极地表现自己的才能，最终找到自己最擅长的事情。当然，无论做什么，我们都需要经过艰苦的刻意训练，需要坚持不懈的努力。

(三) 人脑潜能开发的特征与应用

1. 人脑潜能开发特征

（1）重复刺激。通过多次重复来刺激潜意识记忆，从而改变原有的思维定式，形成新思维模式，这也是我们以往所说的形成长时记忆的手段。

（2）不辨真假。潜意识没有能力辨别真假，所有指令照单全收。这也就产生了我们改变自己思维的方法，获得自己想要的结果。这就是"心想事成"法则。我们需要时时刻刻坚守自己的梦想，最终才能实现梦想。

（3）热衷音律。我们的潜意识喜欢有音律的东西，例如：听到别人唱或者播放一首歌时，自己也会不自觉地哼唱起来，这就是潜意识的作用。在孤独症、脑瘫等患者的干预训练中，音乐疗法被广泛应用。

（4）喜爱图画。潜能开发借助图画和色彩，因为我们的潜意识喜欢图画，喜欢有色彩的东西。绘本绘画、沙盘游戏都是非常有效的方法。

（5）情感连接。人类在任何阶段对有感情的人和事都偏爱有加，包括精神病患者、孤独症、脑瘫等人群，都具有情感需求。潜能开发更偏重感性而非理性思维模式。

（6）放松原则。在放松的时候我们最容易进入潜意识，也最容易进行潜能开发。

2. 人脑潜能开发的技术应用

（1）吸引力法则。大脑是这个世界上最强的"磁铁"，会发散出比任何东西都要强的吸力，对整个宇宙发出呼唤，把人的思维振动频率相同的东西吸过来。这就是著名的"吸引力法则"。吸引力法则认为我们的思想、情绪和信念具有磁性能量，会吸引并创造出与之相应的人、事、物或情境。这意味着，我们心中所想，会以某种形式出现在我们的生活中。运用吸引力法则的关键在于保持正面的思想和信念，持续召唤和吸引我们想要的事物。同时，信念的坚定性和明确性是实现这一法则的关键因素。

（2）α脑波。人脑中有许多神经细胞在活动着，并呈电器性的变动。这种摆动呈现在科学仪器上，看起来就像波动一样。脑中的电器性震动我们称之为脑波。用一句话来说明脑波，就是脑细胞活动的节奏。在α脑波状态下，大脑具有超强的学习能力和专注力。

（3）ESP超能力。ESP是指"超感觉"，通常用做心灵感应、透视力、触知力、预知力等的总称，也称为第六感。ESP超能力等于"右脑的五感"。正如左脑有五感一样，右脑也有五感。有人认为这只是少数特异人士才拥有的神奇力量，其实每一个人都具备这种超能力，只不过人类因为压抑潜在意识的大脑新皮质过于发达，使得 ESP 超能力被封存起来。ESP 超能力训练方法主要集中在三个方面：精神荧幕技术、三幕场景技术、精神录像技术。由于感官的定义很模糊，所以这种"超感官"的定义也很模糊。通常认为"超感官"是指现今科学还不熟悉的讯息。因此，这种超能力训练方法一直受到争议。

（4）腹式呼吸，即吸气时让腹部凸起，吐气时压缩腹部使之凹入的呼吸法。正确的腹式呼吸法为：开始吸气时全身用力，此时肺部及腹部会充满空气而鼓起，但还不能停止，仍然要使尽力气来持续吸气，不管有没有吸进空气，只管吸气再吸气。然后屏住气息 4 秒，此时身体会感到紧张，接着利用 8 秒的时间缓缓地将气吐出。吐气时宜慢且长而且不要中断。测定呼吸时的脑波，发现吸气后屏住气息的瞬间大鸣大放，而且在吐气时 α 波也持续出现。也就是说，屏住气息可以使得 α 波更容易出现，可以提升大脑活力。

（5）冥想，就是停止知性和理性的大脑皮质作用而使自律神经呈现活络状态。简单地说，就是停止意识对外的一切活动而达到"忘我之境"的一种心灵自律行为。这不是要消失意识，而是在意识十分清醒的状态下，让潜在意识的活动更加敏锐与活跃，进而与另一次元的宇宙意识波动相连接。这种方法用于修行实践中，称为禅坐、打坐。

（6）音乐疗法。音乐对于人的身心具有确实的治疗作用。研究显示，某些音乐特有的旋律与节奏能使人的血压降低，基础代谢和呼吸的速度减慢，使人在受到压力时所产生的生理反应较为温和。目前，音乐疗愈方法被广泛应用于各种心理及生理治疗领域。

（7）内心圣殿。建造内心圣殿，即营造一个适宜的心理环境，以便我们随时都可以进入其中。内心圣殿是我们的心灵家园，是放松、宁静、安逸的理想场所。我们完全能够根据自己的想象，按照自己希望去创造自己的内心圣殿。

（8）镜子技巧。这是由美国心理学家布里斯托总结而成的，这一方法简单有效，可以使人充满信心，强化激情。因为镜子是我们的日用工具，请你笔直地站立在镜子前，后跟靠拢，收腹、挺胸、昂首，再做三四次深呼吸，直到对自己的能力和决心有一种感受。然后凝视眼睛深处，告诉自己会得到所要的东西，大声说出它的名字。每天至少早晚做两次，还可以用肥皂或颜料笔等将喜欢的口号、精彩的格言写在镜面上，只要它们确实代表你曾设想并希望实现的事情，就可以发挥神奇的力量。

（9）潜能咨询。这是一门新兴的学科，具有交叉性、边缘性，集心理学、教育学、行为学等学科于一体。潜能咨询可以帮助人们挖掘和使用自己的深层心理能量。潜能咨询属于深层心理咨询范畴，心理咨询属于一般心理问题的咨询范畴。潜能咨询的核心技术是催眠技术，通过催眠技术提升人的信念潜能、自信潜能、记忆力潜能、抵御挫折潜能、情感潜能等。主要应用领域有：婴幼儿早教，学习能力提升，教育咨询，亲子咨询，职业潜能开发，自信培养，自我激励，人际关系的潜能开发，心理康复等。

（10）催眠激发潜能。在体力潜能开发方面的应用大致包括三个方面，即消除疲劳、挖掘潜能和调整状态。疲劳包括身体疲劳和心理疲劳。需要强调的是，在许多情况下，身体疲劳是由心理疲劳所引发或加重的。经由心理暗示可以直接消除心理疲劳；经由心理暗示的调节作用，也可以消除身体上的疲劳。这种方法近年来也被运用到因赛事体力不支、压力过大影响运动水平发挥的运动员身上，效果很好。借助催眠的力量来消除疲劳也可以应用于自我催眠，那些被紧张的工作折磨得疲惫不堪的人，经过十几分钟的自我催眠后又变得精力充沛起来。

同时，我们还要认识到：人有各种潜能，包括人的学习记忆认识潜能，人的思维创意潜能，人的运动潜能，以及其他各种潜能，所有这些都是人脑潜能的具体表现。因为人的一切行为都由大脑支配，大脑对智力发展起着重要作用。生物化学研究表明，任何学习和训练都能引起脑神经的生物化学变化，而这些生化物质对人的智力活动有着重要的影响。我国心理学家认为，"智力是观察力、记忆力、想象力、思维能力等各种认识能力的综合表现"。其中，思维能力是智力发展的核心，情感、动机、注意对智力来说是非智力因素，但对智力发展有较大的影响。

国外有专家把人的智力分成七种基本能力：计算能力、推理能力、记忆能力、词汇流畅能力、理解能力、空间能力和知觉速度能力。在这些能力中，后三种能力的发展都与右脑的功能关，说明智力的发展不仅与左脑潜能有关，也与右脑潜能有关。人脑潜能开发与智力潜能的开发是有关的，开发长期"沉睡"的右脑功能对人的智力的提高将产生极其重要的作用。

人脑的先天遗传性和后天可塑性促进人脑的发展和智力水平的提高。许多研究证明，先天因素并不是人智能发展的决定性因素。如果后天通过良好的生活环境与较好的训练影响，一些先天条件一般的儿童在原有智力水平上得到了提高，甚至能发挥出超人的能力。如数学家华罗庚在读中学时曾因数学不及格而被学校勒令退学，可是以后他发奋攻读，却偏偏在数学上取得了巨大的成就；小时候被人视为"迟钝的孩子"，高中时被老师骂成"永远不会成才"的"笨蛋"爱因斯坦，后来却成为伟大的物理学家等。

结　语

在公共关系学专业课程中，教育潜能活动已得到开展运用，特别是教育潜能中蕴含的人类大脑与潜能开发机制需要得到了关注和探讨。教育中蕴含着独特的人脑潜能开发活动，这类潜能活动带有游戏色彩，而且可以拉开心理距离，能够调动参与者全神贯注地投入，在打开心扉的同时愉快地创造，在创造过程中交流、感悟和学习，因此有利于营造自身学习的文化生态情境，促使学生在积极的学习中开发人脑潜能。而且教育潜能接近生态的特殊情境，可以成为人脑潜能发展研究的一条途径。

目前，通过人脑潜能开发，引导左脑逻辑和右脑图像性记忆，平衡左右脑的使用，达到左右脑信息的高速传输，从而提高学习效率，更好地发挥大脑的潜在能力；通过人脑潜能开发，提高我们的智力，在易速阅读能力、想象能力、创造能力等方面取得极大成就；通过人脑潜能开发训练，提高我们的想象力和创造力，左右脑的平衡使用，加强左右脑信息的沟通，让理性思考与感性思维平衡发展，逐步改变我们的情绪化行为，促进自信心、共情能力和融合能力的发展，在群体中容易形成和谐的人际关系，可以体会到别人的想法和感受，轻松地与他人相处；通过潜能开发，提高我们的逻辑思维能力，对身边发生的事情能够快速分析、判断，冷静处理。另外，潜能开发技术还广泛应用于医学、科技等领域，成为人类发展的重要课题。

我们坚信，每个人都是一座极其珍贵的宝藏，经过辛勤努力，我们种下潜能开发的种子，这些种子播撒到社会各个领域，必将生根发芽，开花结果，为社会和谐奉献力量。

思考题

1. 人脑由哪几个部分构成？
2. 大脑皮层重要区域的主要功能有哪些？
3. 潜能开发理论的提出和实践有哪些重要意义？
4. 潜能开发应用的领域有哪几方面？
5. 分析个人的天赋以及潜能开发的方向。
6. 论述在公共关系学专业课程中，教育潜能活动已得到开展运用，特别是教育潜能中蕴含的人类大脑与潜能开发机制需要得到了关注和探讨。

第二节　成功方程式

教学目的：
　　成功与有效的公共关系运作有着密切联系。从公共关系学视角来看，成功有四个主要原因：其一，强烈的公共关系主体意识是成功的前提；其二，适合的公共关系客体塑造模式是成功的基础；其三，完备而高效的公共关系传播手段是成功的关键；其四，以责任和信任为核心的公共关系伦理是引导走向成功的旗帜。从公共关系视角剖析成功的原因，有利于推动公关事业的发展，对潜能开发的运作亦有借鉴价值。
　　成功是每个人的梦想，梦想总是美好的，但是否能实现，决定的因素是多元的。在这里我们共同探讨个人相对容易把握的因素，这些因素也是人为可控因素。比如生活中，你在打扑克牌、打球、打麻将时，会发觉赢的情况经常连续发生在同一个人身上，如同进入了方程式一样。那如何能让自己也进入这个好运不断的方程式呢？能让自己成功不断，这是个许多人都想了解的课题，成功方程式就是与大家共同探讨成功的标准、目标与期望值。

引　言

　　因为原生家庭的影响、成长经历的不同等诸多外在因素的影响，每个人对于成功的定义，都有自己独特的见解，不存在谁对谁错。

一、成功的定义

　　成功标准每个人都不同，但拥有美好生活的基础是大多数人认为成功的标志之一。那拥有美好的生活基础是什么？住得好？吃得好？有自己的事业？有自己喜欢的人？有自由？还是有健康？在众多的选择中，每个人的选择先后与选择的内容不同，因而形成了多个行业与众多的故事。这些故事有先甜后苦的，有先苦后甜的，更多的是时苦时甜，大多数取决于你的心念、目标、期望值。成功不一定就是要去做出一些惊天动地的事，也不一定是资本运营得风生水起，成功在每个国家、民族、个人的眼中都有不同的标准。我认为，平凡中的成功更让人触手可及：如通过努力成功考入了自己喜欢的学校；成功地与家人团聚；成功地进入自己喜欢的行业、成功地登上了山顶等。

很多时候成功的身边不难看到潜能影子，潜能的开发总在成功的路上起着关键的作用，每一次的突破都会离成功近一点。广东社会学学会潜能开发研究专业委员会在这方面引领着一众有梦想、爱成功、爱突破、开发潜能、热爱生活的达人为社会做出贡献。

二、成功目标

成功是完成自己所定的目标。[1] 目标可以很大，也可以很小。如何能做到成功多而失败少并形成方程式的扩展呢？这里需要我们不断地学习。下面我分享一下我的人生小故事，希望从中给大家一些启发。

（一）成功一次方，潜能初启

第一个成功："快乐的童年"这几个字对于我来讲只是一个词语而已。我的童年经历是一次又一次的磨难，经历的这些磨难促使我成长，让我思考，让我领悟。但当时年纪小，没学会看通人性、感恩等成功的要素。那时候总是认为一切只要自己不断努力，再努力，才能得到成功，旁人只是点缀，从而形成自我的过度自信，轻视困难，种下了不良的思维习惯，为日后出现的第一次大败设下了因。

"把帽子还给我！把书包还给我！"马路边上一个腿脚不便行走的瘦弱小男孩挥舞着手，怒睁着眼，额角的青筋随着呼吸的粗气一鼓一张。怒火在他胸中翻腾，如同压力过大马上就要爆炸的锅炉一样，这个被欺负的小男孩就是我。这是我童年时候经常在上学与回家的路上上演的情节。那时候是70年代，当时可能大人没有空闲去搭理孩子，孩子们处于放养状态，也没什么其他好玩的，于是找一些身体有残疾或者弱小的人来欺负为乐。我是在2岁时被传染得了小儿麻痹症，不能正常行走，再加上我的二姐总喜欢在路上怒视别人，引发别人的负面情绪。

不知为什么，总会引来不同的人前来追打我们姐弟三人。在我走路都成问题的时候出现这种情况，跑又不能跑，更不用讲打回去。30分钟单程的上学路每天我要经历四次，每次不少于两次被打或被抢，我的书包没几天就要补背带。那个时候父母很忙，没时间去管我们，天天加班，吃的都是自己回家煮。而我父亲是一个以自我为中心的人，不合他意就只会用上一代传统的做法"打"来对待我们。母亲在父亲的强压下没什么地位，所以一直都不敢告诉她，只能自己去

---

[1] 石君玉. 浅谈成功机制在教育教学中的运用［J］. 广西教育，2003（22）：13.

面对。

　　刚开始几年还好些,还有大姐保护我。我大姐大我五年,二姐大我三年。她们上初中去后,留下战场后续全给我了。每天被打被抢没完没了,身上的伤就没停过,旧伤才好,又来新伤。记得有一次,在海珠广场英雄纪念像旁,因被大孩子抢了自己的帽子,在撕扯中,我被推到一个铁物旁,眼角被撞到而流血,后来留下疤痕。到现在疤痕犹在,一直无声地提醒着我。在这次流血后不久,家中同住的年轻的六叔,唯一能帮我的六叔,也因家族遗传的心脏病睡死过去了。望着这个安详逝去的年轻的六叔的脸,我肝肠寸断。他不仅是我的六叔,更在某种意义相当于是我父亲般的存在。怎么办?没人能帮忙,无助、恐惧整天占据着我的大脑,我也在不停地问自己为什么会遇到这种事?不敢也不会讲所谓的公平,行走时脚都会痛。(右脚大腿变形,脚底不能着地,只有连大脚趾骨一点支撑整个身体的重量,就像一个圆规,鞋底总是由于一个脚趾骨的支撑点而特别快坏掉,穿一个洞而废掉)。现在回想起当年,非常庆幸的一点就是我没有怕难,做出了正确的选择,愿意面对困难想尽办法去解决,正是这种精神支持着我去直面以后经历中的种种困难,才有今天的美好生活。

　　有一天,我放学经过工地,面对着工地上那一堆堆的石头沙子,突然发现了救星——"五号石"(工地建筑石子大小的规格)。"五号石"就是我的救星,"五号石"成了我的武器,就像歌曲《我的祖国》中所唱:"朋友来了有好酒,若是那豺狼来了,迎接它的有猎枪。"谁过来对我不利,就可以用五号石头"接待"他。这一决定改变了命运。我先在书包里每天备满了"五号石",并努力勤练投石的准确度。当我练习到丢石子在五米内的投掷命中率为九成后,开始了自护行动。

　　第一天,当要欺负我的人来时,我打到对手大叫,他们人多但没准备好,有些人被石子丢哭了。第二天进入了大战,他们人多,而我投得准,双方都被投中。后为减轻背石的重量和确保充足的"子弹",我想出了在每棵树下都放石子的方法,使每棵树都成了我的保护神,一有危险就跑到树边。就这样,用了一个月的时间,改变了3年一直被打的局面,爱打人的大哥们遇到我时,双方都紧张地对视,隔开数米的安全距离。这个故事完了吗?当然,这只是一个转折点,多年被追打,以当时自己小小年纪的修为,哪有这么大量讲算了。

　　又过了一个半月平安日子后,复仇的思想在一个晚上萌生出来了,我开始了新一轮的武器升级,自制弹弓练习。经几个月的苦练,大人们惊奇地发现黑黑的厨房墙上贴着一只只死了的蟑螂(70年代广州都是以燃烧木柴和煤为主,蟑螂藏在煤里面很多,厨房的墙壁都被烟熏得黑黑的)。酒杯形弹弓是最后研制出来的精准武器,能百分百六步内命中灯绳(70年代开灯是用拉动式的,所以会有灯绳），还有动态中的蟑螂。

等这一天的到来真的不容易，建筑在别人身上痛苦的快乐在阳光灿烂的海珠广场宽阔的草地上逆转，角色转换了，但没有了笑声，而增加了怪叫声。在酒杯形弹弓飞出的小石粒没有打他们的眼睛，左耳右耳成了靶心，最后是人体最有肉的地方，看着酒杯弓中飞出的小石粒，听着叫声很解恨，但心知以后出入需更加小心。

门前一脚是一位前辈给我的启示，她以出书而出名，但我觉得我一生如做到最理想的可能只是出书，那不是我想希望的结果。有努力就会有成果成了我的指引大师。当时去过治疗这类病最有名的医院治疗，但效果一般，在医院看到一些病人被用铁穿过小腿骨踝关节，后在床尾用铁砝码加重吊上拉着脚，防止其筋收缩，这更不是我想要的经历，我要出院，只能靠自己了，这声音一直在我内心循环。

小儿麻痹症能自行修复成功，这没有什么先例给我学习，只能靠自己理解完成。经2年多不怕流血的自我刻苦训练，不断摸索康复方法，我成功地完成了第一个目标——能走；因还要上学，康复训练只能安排自己每天早上5点15分起床学走；没人会叫起床，也没人会伴我前行。还记得那段拼命的日子，每天静静如猫似的轻轻起床，闹钟还没到点就已被我按下，走了也没人知道。

自我训练时不分春夏秋冬，不分晴天下雨天，每天都按时训练。每天清晨都觉得是那么的珍贵，每天以汗水与血水迎接阳光（脚掌每天都会拉开3厘米的血口）。又过了一年后，我追加目标——学跑，从海珠桥跑过河南，从人民桥跑回河北。随着能走到会跑，我在成功的自我肯定下又订立了下一个目标——能游，并以满分的体育成绩完了这个心愿。不怕困难、克服困难这种良好的思维习惯也是在这几年里建构了基本形态，点亮了生命价值潜能的明灯，为日后在各领域中都能勇于向前取得成功开启了大门。在坚持中进步，在进步中步入成功。

成功与困难是双胞胎兄弟，经常结伴而来。与困难面对、建交、友好，成功也会跟着来。我从不能正常行动到能跑，在这自我完成的训练历程里面包含着血、汗、喜悦。第一次的成功不单只是外表基本上能正常行动，也带来了丰盛的收获，增添了不少实战装备，在与困难结伴过程中学会了心理调整方法、安全的训练方法、自愈力的应用、骨骼经络的调整修复方法、心脏的训练方法。在这些经历中，更重要的是我认识到不要盲目相信一些定论，如专家指出我不能多走，因骨变形会伤了骨，但我不单多走了，还爱上了长跑，而骨骼经络并没受伤，还修复生长起来，这是因为医院没有这种记录，所以没提供有效的方法。

（二）成功二次方，潜能生长

相信才可以成功。记得在2017年的一个青少年长高研究训练营快要结束时，收到一位求帮忙的学员，家长是听说我们四启明学训练营中经常会出现各种各样的自愈奇迹，可能会有希望帮助到他家孩子，根据推荐找上门来了。当时我们只知孩子有抽动症，因接案经验不丰富，出于爱心和研究心态，希望能帮助到每一位需要帮助的人，能使他重新步入正常生活，因此在还不知他抽动程度的情况下就接下来了。

出于研究，我们并没有加收学员学费，就算只有一个学员，我们也开营了。训练营中导师的配备一般是10个学员配一个导师，而一见这位学员，发现这人抽动症状并不轻，约5秒抽动一下，这学员瘦到皮包骨，已经吃了六年的药。为了提高工作效率，必须增加人手，于是马上配上6位助教陪同训练，这是一次企业负收益的训练营，但我们相信学习成果会是我们最大的收获。

以学代医是我们训练营中的训练修复方法，一边先帮学员树立起对自己的病能有机会康复的自信心，再一边研究他吃了六年的药品，一天吃三次，他讲最多一次要吃十多粒，如吃饭一样，听到都怕，直径约十五厘米的圆形药格盆中装满了多种颜色的药粒。每天除了拿起手机时有些精神的几小时外，大多数时间只能蜷缩挂在椅上。没错，身体很薄，如一条大毛巾挂在椅上，随时可以睡着。有一次早上刚训练完回来，要求他冲洗完再休息，他刚冲洗完衣服都没穿上就挂在椅子上睡着了。

不怕困难，首先是从自己开始，决心大小决定了成功的脚步。这次我们遇到的困难有几个，一是第一次遇到这么严重的抽动症，以前遇到过只是眼睛等局部的抽动症，他在省团校教师饭堂打自助餐时，走两步因为抽动退一步，因不定时的抽动，把托盘中的食物洒了一半；学员的身体素质很差，开始时每天只能训练与学习15分钟。二是这位学员脾气很大。有一天，正值炎炎夏日，午睡后三点，大家一起陪伴着他走去下午训练的地方，一推开门，一股热气迎面而来，太阳似火球一般炙烤着大地，空气闷热，地面滚烫滚烫的。旁边路上的树木无精打采地站在那里，小花小草也像做错事似的弯着腰，耷拉着脑袋。走着走着，他突然不知想起了哪些不如意的事，把水杯用力摔到地上，接着把挡着烈日的伞也摔到地上，还不解恨，还要狠狠地踏上几脚，还没完，一趟趟在40多度高温的地面上打滚大哭，发作得如此突然，如此莫名其妙，如此让人不知所措，助教们都看傻了眼。

我在后面慢慢走到前面看着他，经过观察分析知道他在向我们发起进攻了，前些天只是身体素质没跟上来，没精力与我们斗，现在开始有了些力气就上演家中惯用手法。我不动声色，看着他，大家也在看着他，本来还有一位助教好心地用伞帮他挡着烈日，我叫不用挡了。这位学员的算盘打错了，以为我会如他家人一样马上跑过去照顾他并询问他的需求。而我太多谢那高温的地面与烈日，帮助我教育这位任性的学员，没等多久他觉得难受，只好站起身来不吭声了。这时我用与严肃的语气跟他说："一是请把摔在地上的东西自己捡起！"他在我严肃的态度中感觉会得不到好处，只好听从。当他捡好摔在地上的东西后，我又说："二是水瓶、雨伞被你摔坏了，训练期间不能再叫父母购买。日后的训练里他只能每天偷偷走在助教们的旁边挡一下太阳，回来才能喝到水。三是需要承担超出预算的费用。"

经过12天的精准学练，学员不用吃药还比来时精神状态好，从5秒一抽动到25分钟一抽动，抽动的幅度比来时小了很多，证明我们的学训方法很有效，证明我们又一次创造了奇迹，证明成功总会跟在努力的后面。

这次的成功必须由几方面的决心组成，一是学员的家长，他们的信任与决心；二是学员，他能放下自我，虽然有些时候会搞对抗，但总体能配合相信我们；三是我们团队人员的决心，有了决心才会有斗志面对难题；四是由于有了一次方成功过程中学到的自愈力知识与训练经验，成就了这次的二次方成功。

（三）成功三次方，潜能发挥

高龄老人一摔伤不过三月，意思是讲超过70岁的长者如摔倒多数活不过三个月。母亲在旧居摔断了大腿骨，到了医院手术后，医生讲最快都要半年才能下床，因医保规定，在一间医院只能住十五天，所以我们进入了出院、入院、找院的奔波中，病人也一样不得安稳，而我母这时已是86岁的高龄，转到第四间医院后，母亲有些受不了，再加上同住的一位病人晚晚在叫疼，让母亲不能入睡，康复也不顺利。我出差回来了解到这问题，决定将母亲接回家，接手治疗恢复。医院开始是不同意的，因为母亲已开始发烧，需要观察；且刚入院才两天，医保局可能不批；母亲年龄高又行动不便，大小便都需要专业人员照顾。但我还是顶着医院的压力，也顶着如照顾不好两位姐姐会埋怨问责的压力，签了医院开出的告知书。

我很相信个人的气场，母亲见到我，听到我的决定，精神也为之一振，硬接回家后，母亲当晚就能安睡，告诉我睡得很安心，第二天也不发烧了。经我每天的指引训练，母亲回家一个月就能下床行走，看到她比年轻人修复得还快，复诊医生很是惊奇。

医院也提供了高年段修复的数据给我，以往都是研究青少年成长中遇到的各项问题，现在长者也有了康复数据，为2020年成功帮助了几位长者提供了学术与信心的支撑。

（四）成功四次方，潜能延续

教育潜能是通过培育和思维的传授，以现有的经验、学识传授于人，为其解释潜能现象、问题或行为，让事物得以接近最根本的存在，感性地理解其思维的方向。[①] 这就涉及心理效应。心理效应是社会生活当中较常见的心理现象

[①] 谭昆智，韩诚，吴健华，刘少廷. 创新潜能开发研究［M］. 广州：中山大学出版社，2016：63.

和规律，是某种人物或事物的行为或作用引起其他人物或事物产生相应变化的因果反应或连锁反应。① 心理效应既有积极的作用，也有消极的作用，我们应重视心理效应在教育教学中的应用并努力发挥其积极的方面。本节所介绍的成功方程还可形成多向扩展式的方程式。

1. 事业

我现在拥有两个自己的企业：广州市绿盈新能源汽车服务有限公司、广州四启明学教育咨询有限公司，两个企业都获得过科技奖，其中一个已获国家资金奖励，另一个也在申请中。我还成立了一个思维解码导师训练中心，该中心在研究用自愈力修复各项心理、神经系统等身体修复技术。

2. 家庭

家庭是指婚姻关系、血缘关系或收养关系基础上产生的，以情感为纽带，亲属之间所构成的社会生活单位。家庭是幸福生活的一种存在。家庭有广义和狭义之分，狭义的家庭是指两人结婚构成的社会单元；广义的家庭则泛指人类进化不同阶段上的各种家庭利益集团，即家族。我的家庭有了一对可爱的接班人。

3. 个人

经50多年的自我训练修复，虽然已修复了90%，正常人能做的我都能做，但右脚还是比左脚短了些，脚掌也短些，希望能抽多点时间训练，带我进入能飞跑的世界。

4. 梦想

梦想，是对未来的一种期望，是心中努力想要实现的目标，诸如事业与爱情等。我的梦想是：带上家人好友听着故事，走遍美丽的祖国大地。

三、成功启迪

我在从事过三十多个行业后，总结出一些与困难共舞迎来成功的方法，做什么事情都先把心情放松，就像选择一次旅游一样，之后按步骤实行完成。

（一）方向选定

不是原则性问题不改变初衷，如常变换方向，容易一事无成。如我要看海那一定是会向南方走，要玩雪就向北方行一样的原理。

（二）设定可行目标

设定可行目标、可接受的范围。目标是设计在大方向没问题后的选点，如去看海选点在广州市，那只能看珠江了；如选点在珠海，您会如愿看到海与海鸥；

---

① 黄小清. 心理效应在教育潜能生中的作用初探［J］. 当代教育论坛，2019（01）：56.

如坐标到了台湾,那您还要考虑如何渡过海峡。可接受的范围是指您去实现目标过程中愿承担的时间、费用与风险。

(三) 不受他人影响

不受他人影响,乐于接受他人意见。前去目标的途中有人走得会比你快,有人会比你慢,不需因看到行得比你快的人就加快自己的速度,看到比自己行得慢的人就取笑,这都会打乱自己已定的步骤,直接影响成功到达的概率。

(四) 接受过程中的孤独

如长跑一样,当你的目标设定距离越,能伴随的人越来越少,能与你同步同行的人也会越来越少,跑三公里时会有一大堆人共同完成,跑五公里时会比跑三公里时的人少一部分,跑十公里时你会发觉人数锐减,跑三十公里可以约上的人没几个,同跑时由于跑速不一,在跑几公里后你会发觉队员有些只看到背影,有些停下来喝水时才能追上,目标越大同行人会越少,需要有这种心理准备。

(五) 阳光心

不论在途中发生什么事,都要保持良好的心境面对,这也是克服困难的心法,只有心里的阳光每天高照,身体才有动力,也会吸引更多的人愿意与你同行。

失败是正常的,在成功之前你会见到的是失败,我也不例外,试过投资合作亏大本,试过老板扣巨款不发关闭企业,也试过亲人冷面不认识,但都没有挡住我前行的脚步,没有因此而放弃梦想,大自然的阳光如休息,自己也会升起心里面的太阳前行。

所谓"心有阳光,脚下生风",正如我最喜欢的习近平总书记这句话,它常常提醒我,温暖我,支持我:"青年的人生之路很长,前进途中,有平川也有高山,有缓流也有险滩,有丽日也有风雨,有喜悦也有哀伤。心中有阳光,脚下有力量,为了理想能坚持、不懈怠,才能创造无愧于时代的人生。"

(六) 体能储备

前面我的小故事分享中提到过我自我训练到能走会跑后的体育满分,这就是体能储备。没有强有力的身体素质行不远,有了良好的身体素质,就如有了充足的燃料,会为日后能在各领域中前行提供有力平稳的支持。

我的第一份工作是每天晨早在6点前运送面包到市内各个卖点(那时没有面包屋,有面包吃已是不错了),一辆车一个司机两个送货人,不再配其他人手,长年没有休息,每天早上必须5点前到达面包房点包上车后出车,两年多的工作过程中从没生过病请过假,回报是工资比几个家人加起来还多。

(七) 不怕多付出

不怕多付出,勤实而不劳。在工作上不怕多做,做得越多学的东西也越多,

53

如做每件事情都盘算过利益多少才去做，会影响你前行的脚步。但这里不是指盲目的服从。如我在单位里工作时常常会自己加班，但没上报过一次，从没领过加班费，我加班是为了把工作做得更好，了解理解更多，表面上是亏本给老板了，有些同事和家里人会讲我傻瓜，但我从中学了不少东西。

在身体康复训练时，我曾经因过度训练倒在家中，后经及时急救捡回生命，这警示了我做事不能过度，工作也一样，可以勤劳务实，但不能过度劳累。把握好尺度，人生是一次长跑，不急于一时，有身体才有一切。

（八）永不放弃

放弃很容易，坚持需勇气；放弃想的是困难，找的是别人的错；坚持想的是努力，找的是各种方法；失败的理由很多，成功的道理只有一个。想的是失败，必然向着失败的路上走，想的是成功，成功会在路上等着你。静心能生智，勤练能生巧。不放弃不是伟大，而是拥有面对困难的勇气。这是1993年我第一投资失败后的总结，因有了这总结，让我在日后的日子里在多方面迎来多次的成功。

结　语

公共关系意境中潜存着多方面的成功教育。在潜能开发教学里，通过其中的多种隐性教育，对学生的道德情操、社交能力、形象意识、语言能力以及求职就业能力等都大有益处。

成功没有捷径，努力才是通往成功的光明大道。做好自己的事业要做好三件事，分别是：思维方式、热情和能力。哲学思想所讲的人生方程式也称为成功方程式，即：人生/事业的结果＝思维方式×热情×能力。思维方式来自人的灵魂，可称为生存态度。人是否能持有正确的人生态度，直接决定了人生的结果。热情也可以称为努力，人与人之间存在差别，有的人完全没有干劲，有的人则对事业和人生充满热情，不断努力，热情是由个人意志所决定的。所以，思维方式与信念决定了经营的底色和质地；努力是比战略、商业模式更重要的要素；要重视经营意识和经营能力的提升。①

成功不断，潜能常伴。当你拥有以上心法，能力会不断提升，潜能会不断开发，并形成良性循环，一个个成功会在路上等着你。在选择了正确方向后，无须理会别人的看法、讲法；当您开启潜能后，会创造出很多可能性，会有明确目标

---

① 姚凤鹏．经营之圣的成功方程式［J］．宁波经济，2020（02）：58.

让您有动能，活力充足，在体能充足时年龄已不是障碍，这时只需要您倾注全力，相信才会去做去试，人人都可以迎来成功，拥抱成功。人的潜能无限，若安于现状，将会一点点会被淘汰。活着就是敢于走出自己的舒适区，尝试不断地突破自我，自我突破带来的不单是成功，更是一步步的成长。未来可期，加油！

思考题

1. 放弃时想的是什么？
2. 如何开启成功大门？
3. 如何判断自己的身体体能状态？
4. 论述成功启迪。
5. 谈谈公共关系意境中潜存着多方面的成功教育的感悟。

第三节 生命潜能价值开发

教学目标：

公共关系沟通传播服务于公共领域，在社会组织之间的资源整合中发挥了重要作用。沟通的核心是认同，各种认同理论支撑着认同的形成，而认同的核心是建立认知共同体。同理，公共关系认知共同体也是认知共同体在公共关系教与学方面的统一。

教育潜能要阐述的是：我们可能利用而未被利用或未被充分利用的潜在的教育资源。当今是一个重视人的主体地位的时代，尤其是对个体生命的关注和发展。教育是一项直面生命和提高生命价值的事业。教育的对象是人，人是具有世界上最大丰富性和主动性，具有多种需求、能力，具有无限发展可能性的生命。

通过本节课程，让学生了解生命价值的本质，明确自己的价值，找到自己的价值，是人将进入社会的转折时期极其重要的一环，对以后的学习、生活、工作起到指明灯的作用。[1]

---

[1] 谭昆智，韩诚，吴健华，刘少廷. 创新潜能开发研究［M］. 广州：中山大学出版社，2016：54.

引 言

保尔·柯察金曾说过："人最宝贵的是生命，生命每个人只有一次。"[①] 我们说生命的形成就是幸运。每个人都是带着幸运来到这个世界的，在亿万精子中最幸运的那一颗，因为亿万之一的偶然才让我们拥有了现在的生命，让我们有机会体悟生命的价值是什么？如何体现自身价值？如何开发生命价值潜能？

一、生命价值的内涵

价值属于关系范畴，从认识论上来说，是指客体能够满足主体需要的效益关系，是表示客体的属性和功能与主体需要间的一种效用、效益或效应关系的哲学范畴。价值作为哲学范畴具有最高的普遍性和概括性。关于价值，你眼中的价值是什么？也许是金钱，也许是人脉，也许是健康，也许是信仰，等等。

（一）生命价值的公式

古罗马先哲说："了解生命价值的人，可以使短促的生命延长。"可何为生命价值呢？这是个古老且深奥的哲学命题，古往今来每个思考者都见仁见智。

如果从数学角度来讲，我们可以尝试用价值公式来呈现：

$$生命价值 = 父母支出 + 社会支出 + 创造价值$$

（二）生命价值的诠释

怀揣新的梦想、新的希望。过去的已过去，逝去的不会再回来，不要犹豫不要叹息，用青春和热情，用智慧和努力去拥抱生命，演绎生命的奇迹，诠释生命的意义，体现生命的价值，为人生书写更加华丽的诗篇。我们要如何理解这个生命价值的公式？

1. 父母支出

生命本身便是一种价值，每个人的生命都凝聚了父母的精心付出。从我们来到这个世界的那一刻起，父母就开始了无怨无悔的付出。父母为我们点滴的成长开心不已，为我们身体微小的不适而提心吊胆，细心地呵护着我们成长。父母努力去工作，是为了给我们创造更好的生长环境，还要在工作之余付出时间、精力和金钱，陪伴着我们学习，希望我们成为一个对社会有用的人。每一个孩子的成长过程，都离不开父母点滴无私的付出过程。在会计原理中，这属于实际成本，实际成本直接影响产品的价格。

[①] 这段文字出自小说《钢铁是怎样炼成的》，主人公保尔在老水手朱赫来的启发和引导下走上了革命道路。

2. 社会支出

免受战火硝烟的离乱之苦、和平安稳、丰衣足食是我们能安然快乐地生活在这个世界上的现代写照。教育、交通、医疗卫生、文化娱乐、社会保障等公共服务资源等，都属有形的价值，也是直接构成成本，影响产品的价格。

3. 创造价值

创造价值就是为家庭、为社会的贡献总量。如创造价值>父母支出+社会支出时，您是有正数价值，如创造价值<父母支出+社会支出时，您是负数价值。

由此可得，"生命价值=父母支出+社会支出+创造价值"这个等式中右边会有正数、负数或等数的出现，正数出现的数值越大，生命价值就越大。

我们在享受社会给予的一些光亮的同时，也应该尽可能地把它回馈社会，尽可能地像社会给予我们的这个过程一样，感恩社会、回报社会。我想这也是生命价值的核心内容。

我们知道生命的价值可以从两方面剖析。一方面是有形的价值，包括父母支出+社会支出，统称为"原价值"。创造价值体现为社会给予的各种资源和所从事的事业。事业可以是文天祥似的民族英雄，可以是钱学森似的科学家，可以是钟南山似的院士，也可以是无私奉献的环卫工人，还可以是市场上的商贩。

（三）生命价值的无形性

除了以上有形的价值外，生命价值还有一方面是精神上无形的价值。正因为有了无形价值的反衬，才凸显出其存在的意义。如我国的先贤圣人孔子，司马迁（汉代历史学家、文学家）评价他说："高山仰止，景行行止。虽不能至，然心向往之。"又如孟子，朱熹在《读唐志》中评价道："孟轲氏没，圣学失传，天下之士，背本趋末。"这些先贤圣人的精神价值是无价的。

1. 启迪智慧和希望

除了先贤圣人，我们身边还有一些普通人，虽然没有健全的身体，可仍能为身边的人解说困惑，启迪智慧和希望，创造了无形的精神价值。比如：澳大利亚的尼克·胡哲[1]天生就得了一种病，无手无脚，连自杀都不可能，他12岁以前一直在抱怨，觉得老天不公。突然有一天他意识到一件事，既然上帝给了他生命，一定是有深意的。当他改变想法之后，开始积极面对生活，寻找生命的价值，他居然成了一个非常幸福的人，后来他的生活态度激励了很多人重新面对生命，燃起了希望，现在他成了一个演讲大师，也是全世界出场费最贵的激励大师。

当你能激励别人的信心和希望，不但能帮助自己，还能帮助别人。这种激励

---

[1] 东方晓. 尼克·胡哲：我和世界不一样[M]. 哈尔滨：哈尔滨出版社，2013：178.

人心的精神就是一种无形价值，是一种创造价值。当创造价值>父母支出+社会支出时，他创造的价值是正增长的。如果当年他没有转变自己的看法，仍继续抱怨，一个没有手脚的人，心情还很糟糕，性情暴躁，那他这辈子过得得多悲惨。他也不会去创造任何价值。

2. 成为正增长价值的人

无独有偶，像这样创造无形价值，使自己成为正增长价值的人还有 Zion[①]。Zion 一出生就没有下半身，他患有尾部退化综合征，被 7 个收养家庭放弃。小时候，曾经许多人嘲笑他："你什么也做不了。"但他偏偏要挑战不公的命运，证明自己：我有手，我什么都能做到！于是他不断锻炼，成为明星运动员，除了摔跤训练外，他还忙于励志演讲和公益活动。2021 年 2 月，他创造了一项世界纪录震惊全球。他上半身悬空，双手撑地，迅速向前奔跑，像飞一样。20 米，4.78 秒，他用手创造了世界奇迹。

一个没有下半身的男人，成了世界上用手跑步最快的人。这样的他，不仅能跑步，还能摔跤、健身、跳高……这样的他，拥有经济管理学位，在比赛中获奖无数，是纪录片男主角……他说："我要向有残疾或正常的孩子传达的信息是——虽然艰难，但如果你有决心，你就能得到你想要的东西。"他的演讲和视频鼓励了很多青年人以及孩子们。这也是一个创造价值>父母支出+社会支出的实例。

当今社会还有许许多多这样身残志坚的人。例如：前段时间，央视的《朗读者》节目邀请到一位嘉宾感动了千万网友，他是清华大学研究生矣晓沅[②]。矣晓沅 6 岁患上类风湿性关节炎，11 岁并发双侧股骨头坏死，这个病被称为"不死癌症"，他永远无法站立，但他没有自怨自艾，没有放弃自我。他拿到了学校的特等奖学金，这是清华学生的最高荣誉，他的梦想不止于清华园。

矣晓沅说他是幸运的，因为他还能用双手编写程序代码，这足以支撑起他的梦想：用人工智能改变残疾人的生活。他希望有一天能够用自己学到的知识、自己手中诞生出来的技术，去帮助更多的人，尤其是像他一样身体有困难的残疾人。虽然此时矣晓沅的生命价值也许还是负数。但假以时日，他继续完成他心中的梦想造福社会，回馈社会，取得一定成果，帮助到更多残疾人的时候，就是他的创造价值>父母支出+社会支出时，这个时候，他创造的价值是正增长的。

3. 失德的行为价值呈现为负数

以上举例的三人皆是自强不息、创造价值、已经或将要进入正增长的过程。也许有人会问，那有无负增长的实例。下面让我们来分享一些负增长的实例。比

[①] 锡安·克拉克. 我的生活没有借口 [J]. 刘一恒，编译. 三月风，2019 (08)：2.

[②] 吴漫，矣晓沅. 从轮椅上重新站立 [J]. 三月风，2018 (10)：4.

如，众所周知的女明星某爽"代孕弃养"事件，吴某凡"选妃"事件，钢琴家李某迪嫖娼事件。违法失德艺人一个个社会性死亡。固然，在前期也许他们的生命价值在创造价值方面，他们的才艺有目共睹，获得大众的认可，带来了一定的影响，由此也获得了许多有形的金钱资产。从这方面来讲，似乎是生命价值的正增长。但是没有限度的一步步试探法律的边缘，殊不知已经深入谷底且不能自拔。在吴某凡事件中，居然有粉丝呐喊要去劫狱，因为粉丝对自己的偶像严重双标，认为这只是偶像的真性情，犯一点点错是可以被原谅的。

青少年本来就处于叛逆期，追星是青少年自我认知的需要。艺人是公众人物，自带明星耀眼光芒，他们的受众面非常广，影响力也非常大。上至老人下至青少年，如果艺人出现违法失德现象，影响的是整个社会，特别是极大影响青少年人生观和价值观的正确树立。所以对失德艺人是零容忍，如果代入生命价值公式当中，创造的价值会出现负数。

(四) 生命价值的多元性

1. 生命价值选择变化呈现正增长

生命是流动的，生命价值公式也是随着本人的选择变化而呈现正增长、平衡、负增长三种情形。如广州好人赵广军[①]，他曾经是一名边缘少年，打架、逃学、离家出走。这时候，他的生命价值呈现的是负增长的状态。

赵广军读完初中上了技工学校，后来跟朋友做生意赚了点钱，这个时候他的生命价值开始走向平衡。就在他几乎选定自己的人生路时，好朋友猝然离世，让赵广军开始思考自己的路。生命如此脆弱，价值何在？不久，他加入了志愿者协会。当时有三个目的：一是为自己、为好朋友的过去赎罪，二是减肥，三是找女朋友。女朋友找到了，但因为没时间陪伴又分开了；身材是越减越肥；最令他欣慰的是，他终于找到了自己的路。

在 22 年时间里，赵广军耐心细致地帮教了 3000 多名问题青少年，其中有近百位青少年在思想转变后随他一起走上了志愿服务的道路。在做志愿服务的过程中，赵广军敏锐地认识到，在社会转型中人们的思想意识和心理问题会逐渐增多，他于 2004 年底自费开通"生命热线"，专门为生活中遭遇不幸和承受压力的人减压。

他通过"生命热线"，坚持"用心灵影响心灵，用生命挽救生命"，成功地挽救了数百名轻生者，使那些游走在生命边缘的心灵重新获得追求梦想的勇气。这时候，他的创造价值已经超越原价值，呈现正增长趋势。

---

① 胡保平. 广州市志愿者：赵广军 [J]. 健康必读，2008 (05)：2.

2. 对生命价值的思考

我们再用生命价值公式代入另一个真实事例。一个出身农村的女医生小 A 靠苦读上了大学，做了接生医生。刚工作几年，小 A 比较拼命，后来发现自己患癌。她怕家里人承受不了，瞒着单位跑去北京做手术。手术后也没怎么休息就回去单位上班。在帮人接生过程中晕倒后，才被发现身体情况恶化极为严重，急需社会众筹捐钱进行后续治疗，工作的医院也不收她的治疗费用，单位后来还评选她为先进工作者。

在这个事例当中，我们怎么看待生命价值？她产生的价值是负还是正呢？年纪轻轻，工作没几年，父母的支出及社会的给予还未来得及回馈，显然是负增长。关键患癌后，也没有通知单位和家人，而是选择一个人承担。做了大手术后，没有好好地休息，导致病情急速恶化。固然，从工作角度，她是一个尽职尽忠的好员工。但是对于家里人来说，对于单位来说，知情人给予的支持理解会对本人、对社会会更好，也许就不会出现后来病情恶化到难以收拾的局面。

回顾这个经历，小 A 在求学苦读期间可能就已经透支了自己的身体而不自知，进而在工作中一再透支身体直至患癌。这个例子带给我们一些如何看待生命价值的思考方向：如何处理好学习、工作、家庭的度的问题。

每个人都只被赋予了一次生命，有些人轻视生命，像新闻报道出现了许多想不开的例子，如留学海外的学霸高才生由于找不到自己的价值感、归属感而自杀，抛下了陪伴他学习成长的爸爸。诸如此类等等，这里不再赘述。一辈子轻飘飘的就过去了，这些人的生命价值甚至是负的。有些人隐忍、坚强，实现了自己的梦想，活出了精彩，他们的生命价值是正增长的。生命的价值取决于你怎么样看待它，它可以因为你而有自己的光芒，也可以因为你而变得黯淡无光，但只要你努力过，生命之花就会为你绽放，命运的光环也会为你点亮。

二、正确体现生命价值

通过以上事例，对比生命价值公式，我们发现，凡是处于正增长趋势的成功人士抑或是普通人士，他们的共同点就是在身心健康的基础上才有一切的。那生命价值具体体现在哪些地方呢？

（一）珍爱生命，没生命没一切

如果尼克·胡哲只顾抱怨上天不公，如果 Zion 因为父母抛弃他而自暴自弃，如果牟晓沉没有梦想的支撑，那他们就没有之后的一切。扛在他们身上与正常人不是同一起跑线。身体健康就是人生的第一桶金。

1. 不言轻生

当一个人沉溺在极其低落情绪里，就像陷在泥沼一样，越陷越深，不可自拔。要想跳脱出来，首先要明白：死亡不能解决问题，死亡是更多问题的开始。佛法认为：人身难得。我们这个身体是用来还报和还愿的。还报是要报答那些于我们有恩的人；还愿则是要完成我们来到这世上希望达成的心愿。所以我们应该要珍惜、感激我们有一个身体，我们没有权力杀死自己。[①]

2. 转化招数

若你发现自己内心近期有较大的波动，甚至有一些不好的念头产生，可以尝试使用以下两个转化招数：

（1）"自助"。当我们被某些事件困扰，我们可以尝试离开这个情景，转移我们的注意力；也可以深呼吸，让自己的负面感受随着呼吸慢慢被呼出来，先照顾情绪，再处理事情，这样我们就不会在极端情绪中做出自我伤害的事情。每天坚持运动，会让你分泌多巴胺，一种让你觉得轻松幸福的物质。

（2）"外求"。有的人希望自己一个人面对、解决所有的事情，但其实这个过程是很不容易的。只靠自己一个人，有时候会陷在纠结里苦苦挣扎，剪不断理还乱。在必要的时刻求助也是坚强的表现，可以找到身边陪伴你、帮助你的人，承认需要帮助。这也是有大智慧、高情商的表现。

好好养护自己的身体。身体发肤受之父母，不敢毁伤，孝之始也。你的身体不但是你一个人的，生命剩余的电量要健康地用。身体是革命的资本，健康是最大的本钱，只有保持健康的身体，你的电池才会蓄电，你的人生才会有无限的可能。

（二）感恩善意，贡献社会

1. 感恩身边善意的人

感恩父母、师长及身边每个善意的人。在生命价值公式当中，父母给予你生命，社会给予你公共资源，你也回报社会。今天的我们，每时每刻都接受着来自社会各种形式的帮助及其资源，接受来自社会的善意、暖意和爱意。

2. 做对社会有益的事情

奥斯特洛夫斯基曾说过："人最宝贵的是生命，生命属于人只有一次……为人类的解放而奋斗。"[②] 这句话深刻地阐释出生命的价值，并将其视为一种大价值。其实，对普通人而言，做好自己的本职工作便是对生命价值的最好体现。

社会就像一个大机器，每一个人都是机器上的一个齿轮，每个齿轮的松动都会引起其他齿轮的非正常运转，进而影响整个机器的正常运行。对于一个国家、

---

① 陆树程，朱晨静. 敬畏生命与生命价值观 [J]. 社会科学，2008（02）：7.
② 尼古拉·阿列克谢耶维奇·奥斯特洛夫斯基（1904—1936年），苏联著名无产阶级革命家、作家、布尔什维克战士。1904年9月29日出生于工人家庭，因家境贫寒，11岁便开始当童工，15岁上战场，16岁在战斗中不幸身受重伤，23岁双目失明，25岁身体瘫痪，1936年12月22日去世，年仅32岁。

一个社会是如此，对于一个公司、一个部门或个人，亦是如此。

三、生命价值潜能开发

人不仅是作为实体而存在，更是具有生命价值的存在。在新时代的背景下，不少人逐渐丧失了支撑其个体生命的价值，个体生命价值被物化。教育的主要目的是不断丰富人的精神世界，拓展人的实践领域，从而使个体实现其价值。长期以来，教育并没有过多地关注人的个体生命价值。个体生命价值的探究对当前的教育具有重要的启示意义。对比生命价值公式，生命价值潜能如何开发？

（一）最大限度地减少耗用社会公共资源

有这样一则新闻：重庆有一女子为了让前男友来见自己，在网上谎称自杀。民警找来开锁匠撬开锁后，发现女子竟淡定地躺在床上玩手机……毋庸置疑，网上"直播"自杀只是一出闹剧，但是对警方而言，自然会将其视为一次"警情"，第一时间出动警力。问题是，网上谎称自杀的行为类似虚报、谎报警情，严重干扰警方正常调度，造成警方人力、财力、物力的浪费，是对公共资源的严重浪费。

无独有偶，2011年10月至2015年2月，陈某已经在北京京煤集团总医院骨科病房住了近三年半时间。因其认为医院诊疗不当，多年来一直拒绝出院。医院无奈起诉至法院要求其腾退病床，法院判决后陈某依然拒不执行。想想在住院治疗"一床难求"的现实背景之下，在医院赖床三年半的"病人"，已将多少病人拒之门外？

近些年，有人为了表达个人诉求，各类极端行为轮番上演，一些人选择"拦停火车"，一些人选择利用漏洞反制其身。比如，在银行"让柜员一元一元地存钱"。更有一些人硬是坚持一条道死磕到黑，在医院赖床三年半的"病人"或许就是认的这个理。高速应急车道被堵，要救治的人出不去。以及为丈夫拦住一辆高铁……这些荒唐现象的出现，根本原因在于一些人心目中没有"浪费公共资源有罪"的概念。正是因为存在这样一种心理，才使得"110""119""120"这些有限的公共应急资源屡遭骚扰甚至浪费。

火车、银行、医院等属于公共资源，它们服务的对象是社会公众。与公共资源方发生矛盾与冲突，无论谁都不该将公众利益置之脑后，不能疏忽广大公众的感受，无视他人权益而恶意扰乱公共秩序，甚至无限度地浪费公共资源，不但损害公众利益，还将对自身造成二次伤害。

（二）科学地延长自身对社会的贡献时间

年轻人是社会财富的主要创造者，离开年轻人，社会就失去了活力，年轻人的重要性不仅仅针对社会而言,对于家庭来讲更是如此。

1. 年轻人是支柱与基石

年轻人是家庭的支柱,是社会的基石。但是现在有越来越多的年轻人猝死,最引人关注的有几点:一是年轻,年龄段在十几岁、二十几、三十多、四十来岁;二是职业,医生、IT行业、警察、大中学生;三是猝死报道的大都是男性,女性并不是没有,只是相对较少。十几岁就糖尿病、高血压,正当年轻就已经腰椎间盘突出,老人病年轻化。为什么这样?除了环境污染、学业压力、工作节奏这些原因外,其实就是没有好好养护自己的身体,没有珍惜自己的生命,没有活在当下每分每秒。日常生活中的不良习惯就是威胁生命健康的隐形杀手。

2. 睡眠不合理关乎寿命

睡眠不合理关乎人的寿命,中青年人每天睡觉骤减2小时,死亡风险增加20%,因睡眠严重不足造成的疾病风险更是高起。长期睡眠时间不足六个小时等于慢性自杀。

吸烟损害健康。大量统计学数据表明,80%的下肢动脉硬化闭塞症病人有长期吸烟的习惯,90%以上的血栓闭塞性脉管炎病人有长期吸烟史,香烟通过使动脉壁产生结构损伤,使人类血管老化过程提前10年。

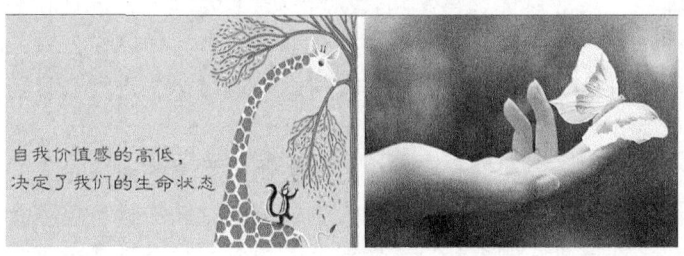

长期使用手机、电脑等电子设备使人失眠、免疫力下降。女性的内分泌紊乱会增加乳癌的患病机会、易患白血病、癌症甚至流产。其主要原因是显示器产生相当多的电磁辐射。

3. 长期缺乏运动与不吃早餐

(1) 长期缺乏运动,血液中的废物排不出去,多余的脂肪、胆固醇、糖分等就会囤积在血液里,使血液变得浓稠,在血管中形成粥样硬化斑块等"不定时炸弹"。

(2) 长期不吃早餐,会造成营养不良、贫血、抵抗力降低,并会产生胰、胆结石。长此以往,细胞分泌黏液的正常功能会被破坏,很容易造成胃溃疡及十二指肠溃疡等消化系统疾病。

诚然,节奏快、压力大成了现代都市人不得不面对和承受的现实,每个人似乎忙得连松口气的时间都没有了,看得见的、看不见的规则约束着我们;有形的、无形的鞭子驱赶着我们。我们马不停蹄追求事业、爱情、地位、财富,似乎自己慢一拍就会被这个世界抛弃,但没有了健康,没有了生命,就没有一切。[①]

结　语

公共关系作为一门应用科学和社会管理科学,理念较为先进且能够与时俱进,具有普遍的指导意义,应用价值尤为显著。其中,生命潜能价值开发也是一种公共关系,基于公共关系视角,生命潜能价值开发关乎和谐校园与和谐社会的构建,当然,也可以更好地推进素质教育展开,有利于促进教学效率提升。

教育的有效施行应当遵循教育对象的认知规律,结合学生的认知心理和接受心理,使教育更加有艺术性地得以贯彻落实,提高课程的亲和力和感召性,实现对大学生的正向思想引领。学生的思想认知呈现出"概念识记—情感认同—价值评价—行为选择"这一认知逻辑模式,对待教育有较强的自主性特点,表现为有一定的独立性、批判性,也具备较为深刻的思辨能力。为此,公共关系学教育应注重讲好故事、讨论思辨、紧跟热点,润物无声地对学生进行教育与职业行为的引导。

教育是一项直面生命和提高生命价值的事业,教育的对象是人,是具有世界上最大丰富性和主动性的生命,是处于人生最重要时期的具有奠基意义的发展中的人,是具有多种需要、能力和具有发展可能的人。当今是一个重视人的主体地位的时代,对个体生命的关注是教育不容忽视的价值取向。因此,教育必须重视生命价值,开发生命潜能。一个真正懂得珍爱生命价值的人,在享受现实生活的给予的同时,更会积极地为他人、为社会做出自己的贡献。一个人的能力有大小,但是只要能为他人带来欢乐和幸福,能为社会做出贡献,他的生命就有价值。所以,我们都要科学地延长自己的生命时间,争取在有限的时间里创造和奉献更多的价值。

总之,个体生命不是作为某种自己创造出来而又压迫、占领、控制自己的

[①] 唐英. 价值・生命价值・生命价值观:概念辨析 [J]. 求索,2010 (07):3.

"异己的"力量的奴隶。教育潜能重视对个体内在精神世界的建构，使个体投身到社会实践当中，通过实践使自己的潜能、个性获得全面的发展，个体生命价值得到充分的实现，从而推动整个人类社会的发展。

思考题

1. 你认为您现在的生命价值是处于什么样的状态？（负？平？增？）
2. 你的生命价值体现在哪些方面？
3. 简述科学地延长自身对社会的贡献时间。
4. 简述最大限度地减少耗用社会公共资源。
5. 你的生命价值潜能如何开发更好呢？

第四节　视觉笔记艺术潜能

教学目标：

现代科学证明，各个年龄阶段的人都具有极大的教育潜能，只是由于没有相应的教育措施而未得到开发。视觉笔记就是教育潜能开发的一部分。视觉笔记是用可视化的语言，包括图形和文字，来记录大脑的思维过程并提炼知识点，更精准直观地表达观点，帮助我们梳理思路，提高思维能力和认知水平的一种视觉化的思维工具。对于运行节奏极快的当今世界，视觉笔记的概念一直都在变化。不同年代、社会发展的不同阶段，由于广泛需求趋势的变化，视觉笔记作为人的思维所具备的社会功能和职业所承担的社会角色也在随之发生着巨大的变化。在公共关系系列课程的教学中，教育潜能课程采用视觉笔记教学与课堂训练，对学生进行专业技能培养，也同样能收到良好的教学效果。

引　言

你能想象吗？通过一张图，很多之前束手无策的难题都可以迎刃而解。研究表明，人的大脑每天通过五种感官接受外部信息的比例分别为：味觉1%，触觉1.5%，嗅觉3.5%，听觉11%，视觉83%。通过听觉，能记住10%，通过文字能记住20%，经由图像，可以记住80%，人类天生就是视觉倾向动物，对于图像更加敏感。

一、有趣的"视觉笔记"

教师将视觉笔记有选择地结合课堂教学，在教学中运用一定的策略，帮助启发学生的创作，借助笔记帮助学生完善构思，能够丰富学生的学习成果，让他们感受到美术学习的乐趣和成就感。[①]

（一）图片信息的重要性

在当今互联网时代，我们在浏览社交媒体、网站……信息的时候不难发现，图片信息越来越多，说明可视化信息在人们的生活中已经占了非常重要的位置。

图片信息对我们非常重要，如果我们能够把图像融入生活、工作、学习中，就可以帮助我们更好地传递信息，呈现想法，解决问题。视觉笔记是大脑思维意识与视觉行为高度结合所呈现的一种状态，也是我们大脑能够瞬间理解和接受的一种表图像化现形式，很多用语言难以表达的内容，或者复杂的内容，都可以通过图像来呈现，可迅速让我大脑理解并能够高效的记住。视觉笔记艺术在工作和学习中可以实现"一图胜千言"奇迹。

（二）开发视觉笔记潜能

在执教的十几年生涯中，我惊讶地发现，很多被名校录取的学霸使用的都是可视化的笔记，让他们能够化繁为简，轻松学习；身边很多企业的CEO、社会精英在工作中也同样使用思维可视化的方式，以简驭繁，取得非凡的成就。不管是在工作或者学习中，通过开发并使用我们的视觉笔记潜能，在任何领域都可以让我们事半功倍。

下面我们首先了解我们的左右脑功能的原理，掌握左脑半球和右脑半球工作属性，如：左脑是人的意识脑，其功能主要有：知性、知识、理解、思考、判断、推理、语言、抑制、五感（视、听、嗅、触、味觉）。[②] 右半脑是人的图像脑、创造脑，主要负责空间形象记忆、直觉、情感、身体协调、视知觉、美术、音乐节奏、想象、灵感、顿悟等，思维方式具有无序性、跳跃性、直觉性等。只有把左右脑功能充分结合叠加，延伸到视觉笔记即可视化思维的图像应用中，把逻辑结构、色彩图形、思想感情等融入视觉笔记当中，不仅让大脑可创新、可开拓，还可与之产生思想共振、共鸣。例如：一份晦涩难懂的专业报告，全部读出来既浪费时间有枯燥无味，如用视觉笔记的方法梳理思路，用图形结

[①] 沈贞. 视觉笔记：提升小学生美术表现素养的一种好途径[J]. 少儿美术，2020（11）：45.

[②] 白灵. 从商禽之梦看台湾新诗的跨领域现象：基于左右脑与语言、非语言的关系[J]. 江汉学术，2014，33（06）：37.

构、简易图像有趣地表达出来，就可变得清晰易读。

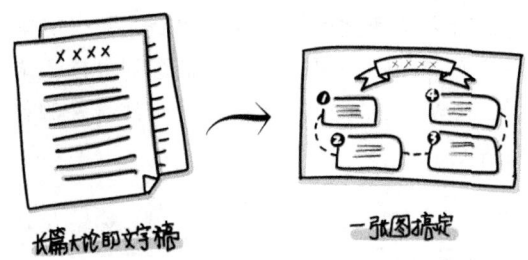

二、视觉笔记艺术概念

视觉笔记已经被越来越多的人接受，但是目前对视觉笔记还缺乏系统的了解，本节以浅显易懂的技巧辅助说明，让读者从以下3个方面学会视觉笔记。

（一）视觉笔记的定义

视觉笔记是将笔记内容与结构抽象化，以可视化的方式呈现的笔记。一些使用文字难以描述的情感和关系，通过将内容可视化，可以展示出文字背后的思考脉络，在阅读的同时也能唤起对当时的思索与对未来的想象。

视觉笔记就是在记笔记时同时使用文字和图像，让左右脑同时工作，可以快速高效的厘清思路，呈现信息，更好的理解、记忆并解决问题的高效方法。

（二）笔记领域基本函数

视觉笔记强调视觉化，其基本概念有视觉化、视觉思维、视觉化思考、视觉化表达、视觉化呈现、视觉笔记、视觉同传、视觉引导。

1. 视觉化

视觉化并不等于画画，画画只是视觉化的呈现方式之一。凡是"呈现在眼前"或者"仿佛呈现在眼前"的，都达到了视觉化的目的，比如文学作品中的视觉化：

《红楼梦》中形容贾宝玉时用"面若中秋之月，色如春晓之花"，两句话就能让我们生动地看到这个人的颜色、风韵和气质。再比如文案的视觉化：你写PPT时，阿拉斯加的鳕鱼正跃出水面；你看报表时，白马雪山的金丝猴刚好爬上树尖；你挤进地铁时，西藏的山鹰一直盘旋云端。这就是视觉化，它将非视觉性的信息加工成具体的视觉信息，人们就会理解更透、印象更深、记忆更久，这种现象叫作视觉化效应。[①] 视觉化是一个基本元素，在平面设计、广告设计、橱窗

---

① 刘金福. 论视觉笔记在视觉传达设计教育中的作用 [J]. 艺术教育, 2015 (11): 15.

设计、文学创作、电影电视等领域应用广泛。

2. 视觉思维

能进行视觉化的人就有了视觉思维，视觉化是人天生的能力。小孩子不会写字，表达不清楚，但他们能画图，只是大人被训练到太依赖语言和文字了，不相信这个原始的能力了。事实上，图像是语言文字非常需要的补充。视觉思维的训练就是为了帮我们唤醒它。

3. 视觉化思考与表达

视觉化思考（某个目标、概念、问题、情境、关系、感受）能用哪种视觉形象来表达？这就会出现视觉表达（呈现），用图像、语言、文字、肢体等方式，把视觉化思考的结果有效地呈现出来。

（三）视觉笔记的意义

视觉笔记艺术是通过具体实例，对线条在视觉笔记中的作用进行阐述，说明线条的运用对形体的表达具有重要意义。[1]

1. 提高生产力

视觉笔记训练对于视觉传达信息有着重要的作用，通过分析视觉笔记的内涵和过程，探究视觉笔记在视觉传达设计教育中的重要性，更深入地剖析了视觉笔记的独特作用，这说明坚持做视觉笔记是非常必要的。[2] 涂鸦能够帮助我们提升逻辑、分类、排序的记忆力，能够帮助我们记住更多的信息。让受测者聆听一段枯燥乏味的录音对话，结果表明，边听边涂鸦的受测者能够记住更多的人物和地点。

2. 跨越隔阂

视觉笔记是多种艺术形式相结合的综合设计体，[3] 原创视觉笔记需要源源不断的创意，培养能够妙笔生花的创意人才，视觉笔记的创新思维起到跨越隔阂的作用。

---

[1] 林伟. 亦刚亦柔亦情亦理：谈视觉笔记中线条的运用 [J]. 牡丹江大学学报，2007（08）：3.
[2] 刘金福. 论视觉笔记在视觉传达设计教育中的作用 [J]. 艺术教育，2015（11）：104.
[3] 李倩. 妙笔生花与凭空造物：视觉笔记在动画专业教学中的作用 [J]. 赤子（中旬），2013（11）：55.

举一个简单的例子，一个北方人和一个南方人坐在一起聊"地瓜"，那么他们聊的一定不是同一个东西。然而"地瓜"两个字谁不认识，不同的环境下，对同一个词的理解可能天差地别。这时候，要是两个人都拿起笔，画下自己所描述的这个"地瓜"，也许这个对话就不会牛头不对马嘴了。在工作领域，这种情况时有发生，使用涂鸦可以深潜到文字的下面，跨越理解的隔阂。

3. 全局流动

文字语言是以技术为基础的工业化时代的符号载体，而图像声讯则是后工业时代的主要媒介：信息社会给了我们许多方便，却使人们更加懒散和浮躁，东拼西贴、南抄北袭限制了我们的设计出路，视觉笔记在当今这个时代显得十分重要，它能够掌握全局，使得设计回到真正的起点，一切原创的源泉从此永不枯竭。[①]

视觉笔记的构建是系统性的，是一连串步骤的解构、再组合形成结构的笔记方法。视觉笔记有清晰的结构脉络，可以帮助我们既见树木也见森林，不陷入细枝末节中。

4. 拯救健忘

文档是用来备忘的，最重要的不是我们记录了什么，而是阅读文档时能够想起什么。当我们在写很多字的时候，大脑的带宽被占用，用来记忆当前需要写进笔记的内容，是没有时间思考这些信息的联系的。当我们开始构建视觉笔记时，能够让我们动用思维去对内容进行拆解和再组合，当我们开始回顾视觉笔记时，美妙的涂鸦创造了恰如其分的图版率，让人愿意看下去。因此，做好视觉笔记，真的能够拯救健忘。

三、视觉笔记艺术的优势

视觉笔记不等于手账。手账更注重内容的细节记录，可能是一段经历，也可能是一种感觉。而视觉笔记更注重结构，是把内容清晰地呈现给大家。

（一）促进主动思考

科学证明，大脑中三分之一的神经元是用来处理视觉信息的，和语言识别以及语音交流相比，视觉信息的功能更强大。对于人的大脑来说，最有力的传播方式不是文字而是图画。相对于文字识别和语音交流，视觉信息的功能更强大，从左右脑属性和功能需求上来说，大脑喜爱图像胜于单纯的文字。

假如我们只使用文字、语言进行信息的输入、输出，就会有高于三分之

---

① 吴卫. 向马良借笔：谈视觉笔记及其在设计创作中的作用 [J]. 株洲工学院学报, 2003 (4): 23.

一的神经元（大脑）没有被激活，输入时的信息没有得到转化存储，大量信息会流失。因此，在笔记中加入图像信息，可以充分调动大脑的运转速度，提高大脑的计算能力，进入高度专注、提炼、梳理，信息自动转化、呈现的状态。

（二）加强信息理解

视觉笔记是携带着设计未来智囊元素和创新的雏形，使我们能够寻求或发现新的设计动势或隐形文化消费行为，是时代精神的转变和生活方式的创新动力的真实思维的原发记录。对于运行节奏极快的当今世界，视觉笔记的概念一直都在变化。①

中国有句俗语："百闻不如一见"，就是说别人不论怎么描述，你的大脑都处于模糊不确定状态，然而只要看见，便了了分明。在工作和学习中经常会遇到很多抽象的知识，但是只要我们用视觉笔记艺术来表现，就可以轻松跨越这些沟壑。例如：某些事，你和对方沟通了大半天，左比画、右比画，对方还是听不明白，你只要画一张图对方就能明白。

（三）重点归纳总结

传统的线性笔记多为文字信息，机械死板，信息量大，无用信息多，信息之间联结性不强，大脑接受度不高，记忆难度大。很多时候，我们去学习或者开会等所记得笔记，一翻就头疼，没有头绪。有些重点知识，我们会在下方画上波浪线或标识重点符号，但这不能解决根本问题。视觉笔记艺术通过画一幅图即可呈现，就是我们在学习输入信息的时候，一边提炼关键信息，一边思考，同时运用一些基础线条和框架图把逻辑层级和重点知识之间的关系标识出来，一目了然。

---

① 吴可. 视觉笔记在服装设计中的应用研究［J］. 大连工业大学工程科技Ⅰ辑，2020（06）：38.

第二章 教育潜能

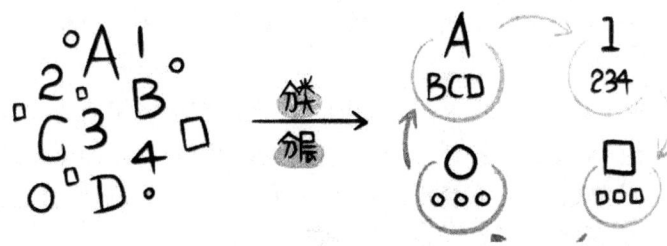

（四）激活复习动能

一般情况下，大脑第一感觉喜欢图像，不喜欢文字；大脑第一感觉喜欢彩色，不喜欢黑白；大脑第一感觉喜欢简单，不喜欢复杂。当视觉笔记做到图文并茂、色彩丰富、逻辑清晰、结构简单时，会刺激大脑的兴奋度，主动去理解、记忆所要掌握重点信息。

说到视觉笔记的图文并茂，在这里重点说明一下，思维导图也是一种图文并茂的可视化思维的学习工具，其应用领域非常广泛。那么，视觉笔记和思维导图的区别有哪些呢？

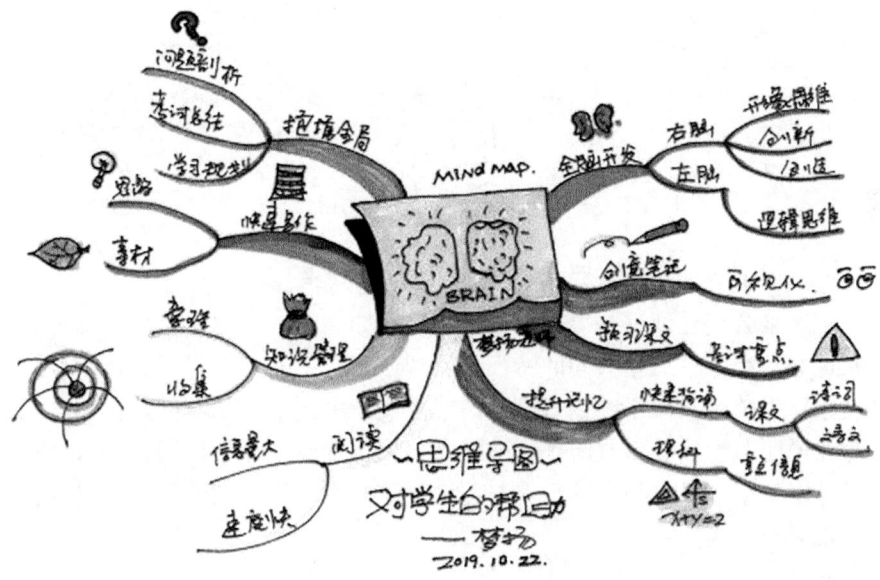

思维导图是一种结合图形与文字于一体，开发你的思维潜力、提高思维能力的简单高效的工具。它也结合了全脑的概念，包括左脑的逻辑、顺序、条例、文字、数字，以及右脑的图像、想象、颜色、空间、整体等。通过思维导图，不但可以增强思维能力，提升注意力与记忆力，[1] 更重要的是，能够启发我们的联想力与创造力。

从定义来看，视觉笔记的和思维导图两者之间有很多相似之处，思维导图注重发散思维、逻辑梳理，头脑风暴充分激发大脑的想象力和创造力，但思维导图上所提炼的关键词只有创作者自己看得懂，而视觉笔记所记录的信息，自己和他人都能看懂，所以说思维导图是视觉笔记的一种。

四、学习视觉笔记的两大误区

（一）我不会画画

对于学习视觉笔记的新手来说，学习之初总会有很多困惑，是不是视觉笔记要画画，要有美术基础才可以呢？其实视觉笔记不是画画，他是每个人都可以轻松学习并掌握的思维可视化整理的一个有效工具，我们是画清楚，而不是画漂亮。如果你还是很担心你画不好的话，来看看视觉大师丹·罗姆的作品：

（二）视觉笔记不等于插图、图解、信息图表

我们日常会接触到一些可视化的图像，比如插图、图解、信息图等，它们和视觉笔记非常像，有一些共同的特征，比如：有文字、有图像、有逻辑性。插图辅助文字增强美感，属于纯创意型；图解主要是由文字和简单的几何图、线条组成，意在说明、解释关系或流程，建筑师、工程师或设计师使用较多；信息图表主要是针对复杂且大量信息的汇整与厘清，绘制成图像、图表等清晰呈现，大多是计算机制作生成。

五、画一幅视觉笔记的四个步骤

我们经过程序化作图的方法，采用了过程图，介绍画图的心得、经验和体

---

[1] 赵海涛. 思维导图在高中语文写作教学中的应用研究［J］. 大理大学，2021（06）：5.

会。视觉作品就是要吸引人的眼睛,因为图片力量大,记忆比文字更久。画一幅视觉笔记的步骤图如下。

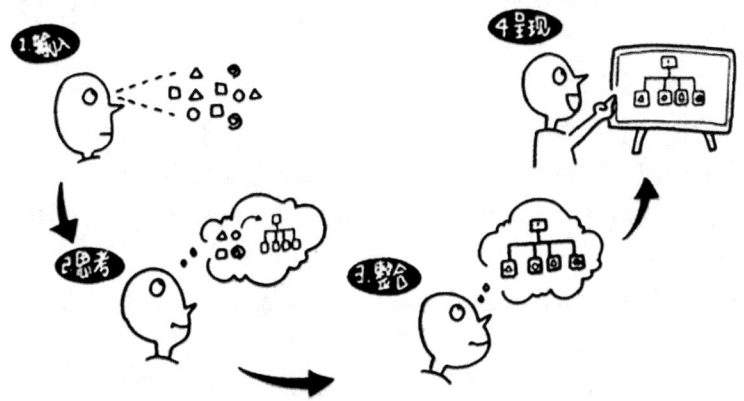

(一) 输入阶段

在这个阶段,不要被条条框框限制住,尽情地玩耍就好。用视觉元素收集、积累和练习视觉元素。观察是资讯输入的起点,观察力差异决定了输入资讯链,[①] 一个人能吸收多少资讯,就看他能观察到多少。

提升观察力,抓取重点,透过听或看来抓取重点。要求我们做到绝对专注,获取大量的信息。在输入环节,阅读、聆听、观察是信息输入的起点,首先要做到专注于细节观察。

(二) 思考阶段

当看到自己与别人的差距时,心中就会产生焦虑感,而解决焦虑的办法就是面对问题。在思考阶段,要调整心态,关注内在,用心做好每一次视觉笔记的实践,不断开拓创新。

要成为高手,就需要不断地练习、精进,画出想法可以帮我们找到事物间彼此的关联性,这些关联性不仅能用在物体、概念上,更能用在人际关系的厘清方面。边听边画,记得更多;要将信息加以整理,才能找到与问题匹配的视觉框架。

(三) 整合阶段

经过思考后进行分群与结构化,提炼重点内容,化繁为简,清楚看见知识的脉络,即整合阶段。在这一阶段,要把更多的心思花费在技能的提升上,把视觉

[①] 侣华栋. 职前语文教师课堂观察力提升策略研究 [J]. 东北师范大学, 2021 (06): 30.

笔记的练习进行拆解，分摊到每周甚至每天，将问题逐个击破。

我们要按照规则将信息填充到框架中，并进行整合细化。相同的内容以视觉化方式呈现，不只有重点逻辑，更带给我们整体感，立刻就能看见全貌，这样的整合效果更好。

（四）呈现阶段

视觉笔记由三个元素组成：三角形、圆形、四边形。只要会画这三个图形，就能画出所有图案。我们要动手去画，在一页纸上呈现出清晰、结构化的结论。享受收获，因为我们付出在哪里，结果就在哪里。将听到的关键词转换成图像、关系、顺序、脉络。

视觉笔记的目的在于将想法呈现出来，所以漂亮不是最重要的，画清楚更有价值。[①] 单色图也能帮助我们进行思考，不过色彩确实能引发我们更多的情绪，情绪有助于推理与决策等认知活动，我们的决策都与情感脱离不了关系。色彩、图像是引发我们情绪非常好的触发物。

在价值性上，视觉笔记不只是记录重点，它更关注整个进行的过程，也就是更关注整个思维的演进与变化，同时呈现逻辑，抓住思维脉络。我们只要记住，视觉笔记的重点是思维脉络，不是片段重点；是想法呈现，不是美图表现；是善想象，不是追求表象。

结　语

在我国新课改背景下，潜能教育值得推广。公共关系学作为重要专业课程，其本身蕴含着丰富的潜能教育元素，将课程融入公共关系学中，对培养学生潜能素养具有重要意义。

本节将视觉笔记作为人类意识中转站，通过视觉文化与逻辑梳理多样化的媒介形式，以其无论在教学、科研学术交流和服务公众等方面，视觉笔记都能起到积极的作用。视觉笔记是携带着设计未来智囊元素和创新的雏形，使我们能够寻求或发现新的设计动势或隐形文化消费行为，是时代精神的转变和生活方式领域的创新动力的真实思维的原发记录。视觉笔记对于运行节奏极快的当今世界，是更为高效和直观的笔记方法。把清晰的想法用简单的画面表达清楚，在我们的日常习惯中用这样的方式记笔记，可以加深我们的记忆。由于文字记录缺乏整体

[①] 沈贞. 视觉笔记：提升小学生美术表现素养的一种好途径［J］. 少儿美术，2020（11）：77.

性，所以效果发挥不到一半。

在一张纸上的图案由于可视化，我们通过元素、设计，以图像结合文字的方式将我们脑海中的想法画出来，既保持了逻辑和重点，还增加了视觉上的整体感。视觉笔记呈现的是简单与实用。

> **思考题**
>
> 1. 简述有趣的"视觉笔记"。
> 2. 简述视觉笔记艺术的概念。
> 3. 简述视觉笔记艺术的优势。
> 4. 简述学习视觉笔记两大误区。
> 5. 论述画一幅视觉笔记的四个步骤。
> 6. 为什么说，在公共关系系列课程的教学中，教育潜能课程采用的视觉笔记教学与课堂训练，这种教学改革模式能收到良好的教学效果？

第五节 激发潜能，高效记忆

教学目标：

教育潜能教学不仅能培养学生的公关意识和能力，而且能培养学生的高效记忆，有利于培养适合社会需要的复合型人才。现代科学证明，各个年龄阶段的人都具有极大的教育潜能，只是由于没有相应的教育措施而未能得到开发。

很多时候人们都会理解为这是一种天赋，日常生活、工作、学习中，大多数时候都是把死记硬背坚持到底，或者把需要记忆的内容变成图像进行记忆。其实，记忆能力是可以进行科学的训练，从而得到提升的，而且提升幅度相当的惊人。记忆的方法有很多种，我们将通过本节课程，让学生了解到记忆的本质，了解主要的核心记忆方法，让自己的学习生活事半功倍。教育潜能是可开发而尚未被开发的人力资源。[1]

---

[1] 赵晓东. 人力资源开发与管理 [M]. 杭州：浙江大学出版社，2009：29.

一、记忆的定义

什么是记忆？很多人会说："不就是把要记忆的东西记住吗？"其实这是一种片面的认知。记忆是大脑的一个动作，一个有过程的动作，它可以分解成三个步骤：记忆＝识记→保持→回忆。记忆用术语去解释就是：编码→储存→检索。意思是：需要把记忆的内容转化成一个固定且独一无二的代码，储存在脑海的某个固定的位置，然后按照线索进行追踪复盘，看看能不能找到这个位置的全部内容。

二、高效的记忆

了解了记忆，那么我们再来了解如何把记忆变得高效。低效率的死记硬背很容易让人厌倦，也需要花费大量的时间和精力，最后往往是竹篮打水一场空。什么是高效的记忆呢？高效记忆是：①记得快；②记得准；③记得牢；④记得多；⑤记得开心！

平时需要记忆的信息可分为四类：图像、符号、文字、声音。想要得到高效的记忆，就需要把符号、文字、声音三种信息转化为一个生动有趣的图像画面，这才是高效记忆的关键。

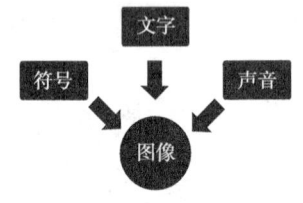

既然需要把大量的信息转化成图像，那么在进行转化图像的过程当中，我们需要注意哪些细节呢？有四大核心要点：夸张；幽默有趣；卡通化；与己有关。

夸张，即把需要记忆的内容转化成尽量夸张的画面；幽默有趣，即转化的画面要是幽默有趣的；卡通化，即需要转化的画面尽量卡通化，因为人对卡通类的内容更容易记忆；与己有关，即所转化的图像画面尽量和自己有关，带入嗅觉、触觉、听觉等去感知这个图像画面。

三、探索大脑，了解左右脑分工

大脑的构造非常的神奇，美国心理生物学家斯佩里博士通过著名的割裂脑实验，证实了大脑不对称性的"左右脑分工理论"[1]，并因此荣获1981年诺贝尔生理学或医学奖。左半脑主要负责逻辑、语言、分析、书写、推理、分析、五感（视、听、嗅、触、味觉）等，思维方式具有连续性、延续性和分析性。因此左脑可以称作"抽象脑"、"学术脑"、"语言脑"。右半脑主要负责空间形象图画记忆、情感、

---

[1] 张喆. 安全屋[M]. 沈阳：辽海出版社，2018：18.

身体协调、视知觉、美术、音乐节奏、想象、灵感、顿悟等,思维方式具有无序性、跳跃性、直觉性等。因此右脑可以称作"艺术脑"、"创造脑"。斯佩里博士认为右脑具有图像化机能,如创造力、想象力、超高速大量记忆,如速读、记忆力。

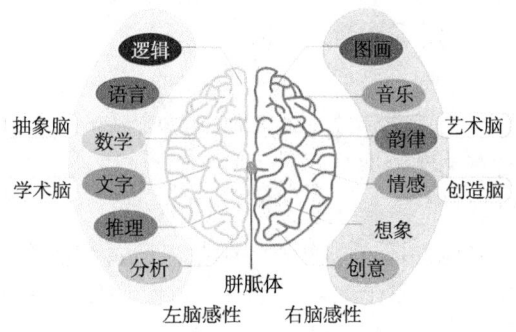

四、记忆的类型

记忆按照时效长短,可分为三种:①瞬时记忆;②短期记忆;③长期记忆。我们对于一些不重要的内容,或者临时需要记忆的内容,基本产生的是瞬时记忆。而反复的死记硬背下来,基本都是产生短期记忆,少数时候会产生长期记忆,那就是反复记忆100遍以上,才能形成长期的记忆。就比如说我们小时候学习的知识点很少能记到现在,除非反复背诵很多遍,例如:乘法表、简单的诗歌或口诀等。长一点的信息都已经记不住了,如小学初中学过的课文、古文等,基本遗忘了,只能记住那些文章中的经典名句。但是通过科学的记忆方法,3~7遍就能形成长期记忆,提升了几十倍甚至上百倍的学习效率。

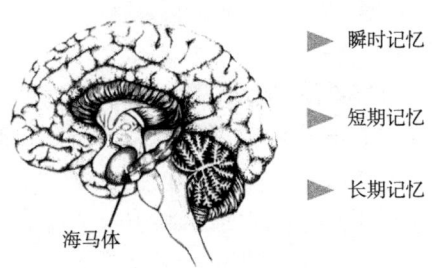

五、记忆的步骤

任何的记忆方法都是有科学步骤的,在进行记忆的时候,不能盲目地去记,随意转化图像，那样依然很低效。记忆法有四个步骤：通读理解；提取转化；联结回归；科学复习。

（一）通读理解

任何需要记忆的内容都要在脑海里面先熟悉一遍，理解该内容的意思再开始记忆，没有理解意思的记忆是没有意义的。

（二）提取转化

把需要记忆内容最关键的部分、最具代表性的部分提取出来，然后转化成生动有趣、夸张、与己有关的图像画面。

（三）联结回归

在形成图像画面之后，把该画面进行溯源，通过该图像画面进行回归思考，检测一下能否回忆起需要记忆的原始信息是什么。如果不能溯源，则说明在图像转化生成的过程中方法出现错误，需要及时更正。

（四）科学复习

高效的记忆法也是需要去复习巩固的，但是不需要像传统的死记硬背那样重复那么多遍，3~7遍的复习就能形成长期的记忆，（比如：即刻复习一次，10分钟后复习一次，1小时后复习一次，1天之后复习一次，一周之后复习一次，一个月之后复习一次）大大提升了记忆的效率。

在接下来讲到的所有记忆法中，都需要牢记以上这四个步骤。

六、三大记忆法

在记忆领域，通过众多专家多年的摸索和整理，统一把记忆法归纳为三大类：锁链法、故事法、记忆宫殿。

（一）锁链法

1. 定义

锁链法，顾名思义，就是需要把记忆的内容像锁链一样串联起来，环环相扣。即把要记忆的知识像锁链一样两两（无逻辑的）连接起来进行记忆的方法。

2. 优缺点

优点：快速联结，方便简洁。缺点：若其中一个环节断裂，后边的信息便无回忆线索，记不起来。

3. 使用类型

所有的方法都有自己的优缺点，我们面对不同的记忆内容可以采用不同的方法，那么，锁链法在学习中适用的类型有哪些呢？总共有三种：①选择、填空题；②信息有限的短诗歌和短文章；③尤其适用于组织零碎的知识点。

4. 锁链法的使用规则

锁链法一定要用到具体的图像；连接时，两个图像一定要接触，联结时最好用动词或者一个动作；一定是两个图像两两相连；两两相连要用到同一幅图像。

下面我们随机列举一些毫无规律的词语：面包、铅笔、裙子、松鼠、妈妈、足球、猴子、拐棍、乌云、闪电、八戒、电视。

面包、铅笔、裙子、松鼠、

妈妈、足球、猴子、拐棍、

乌云、闪电、八戒、电视

如果死记硬背，把这些词语按照顺序记忆下来，甚至做到倒背如流，需要花费 30 分钟左右的时间，但是使用锁链法，我们只需要一遍甚至 1 分钟就能快速精准的记忆。

我们在每个词语之间都加一个动词动作，把它像锁链一样一环一环的串联起来就可以了。先通读理解，把这些词语读一遍，看看有没有不了解的词，没有的话，我们就正式开始尝试啦！记住，我们在开始记忆的时候，每个词语相连时都要产生形象、有趣、夸张的卡通画面，然后把自身的感受带入进去，仿佛你就在这个画面里！

"面包（卷起）铅笔，铅笔（划破）裙子，裙子（罩住）松鼠，松鼠（咬住）妈妈，妈妈（踢飞）足球，足球（砸晕）猴子，猴子（举着）拐棍，拐棍（搅拌）乌云，乌云（劈出）闪电，闪电（劈中）八戒，八戒（钻进）电视。"

好了，记忆完毕，现在请开始按照线索进行回忆，一边想象画面一边回忆，看看是不是已经记住了这些词语呢？再试试倒着背一遍，从最后一个词开始往前回忆。我相信，这一些词语已经难不倒你了，这就是记忆法的力量。只要再进行科学的复习，想忘记都很难。

（二）故事法

1. 定义

故事法是把我们要记忆的对象编成一个具有情节的（有逻辑的）故事来记忆的方法。

2. 优缺点

优点：有情节，生动有趣，大脑喜欢；缺点：故事不宜过长。故事转折的地方容易忘记，可以用锁链法连接起来。

3. 使用类型

故事法在学习中适用于：①故事性强的诗词或者文章；②英语单词或文章。

4. 故事法的使用规则

(1) 一定要有画面，在连接故事时最好有动词；

(2) 故事按照需要记忆内容的顺序进行构思，不能更改记忆内容的顺序；

(3) 故事内容尽量简洁，不宜太复杂；

(4) 故事内容要有趣。

下面我们找一些学习中可能遇到的知识进行记忆，比如，记忆著名作家莫泊桑的文学作品：《我的叔叔于勒》《一生》《漂亮的朋友》《菲菲小姐》《项链》《羊脂球》。

现在用故事法把这些内容按照顺序编成一个有故事情节的故事。当然，一定得遵循记忆法的四个步骤，先通读理解，然后尽量想一个故事。

记忆莫泊桑的作品

《我的叔叔于勒》《一生》

《漂亮的朋友》《菲菲小姐》

《项链》《羊脂球》

开始转化故事画面：《我的叔叔于勒》《一生》中有一个《漂亮的朋友》，她叫《菲菲小姐》，她有一条《项链》，是一个很大的《羊脂球》做的。

现在进行回忆，把刚才产生的画面再进行复盘回归，这次的记忆就完成了，再结合科学的复习，关于这个内容的长期记忆就诞生了。

(三) 记忆宫殿法

1. 定义

记忆宫殿法就是在大脑中建立一套固定有序的定位系统，在记忆新知识的时候，通过联想和想象，把知识按顺序储存在与其相对应的定位元素上，从而实现快速识记、快速保存和快速提取的方法。记忆宫殿法主要用于大量知识的梳理和记忆。

2. 使用规则

(1) 使用的宫殿地点必须是非常熟悉的；

(2) 宫殿地点必须有序，不能更改顺序；

(3) 宫殿地点要有明显的特征区分，否则容易混淆，使得记忆错乱。

3. 记忆宫殿法细分

关于记忆宫殿法，又细分为大致 5 种，分别是：文字宫殿法；人物宫殿法；身体宫殿法；数字宫殿法；地点宫殿法．每一种方法都各有不同的适用类型和优缺点。

(1) 文字宫殿法。文字宫殿法是用已知或熟悉的文字作为记忆的钩子进行记忆的方法。其优点是：从题干中选取提示语作为定位，方便回忆，对号入座；缺点是：记忆的信息有限，标题需用五维想象法转化。文字宫殿法适用于历史、政治简答题。

(2) 人物宫殿法。人物宫殿是用不同人物记忆事物。其优点是：人物特征立体，性格鲜明，编故事深刻；缺点是：人物太多，若特征不突出，区别不大，容易干扰，出场顺序易搞混。人物宫殿法适用于记忆生活和工作中的日程、记事等。

(3) 身体宫殿法。用身体的器官或部分顺序当作钩子记忆信息的方法，称为身体宫殿法。其优点是：信手拈来，方便快捷；缺点是：因为受身体局限，记忆的信息有限。身体宫殿法适用于应急记忆，如购物清单、谈话要点等。

(4) 数字宫殿法。数字宫殿是用数字编码后的形象记忆事物。其优点是：对号入座，顺序清晰；缺点是：记忆的信息有限，但根据个人情况可重复利用。数字宫殿法适用于记忆法律条文、规章制度等。

(5) 地点宫殿法。地点宫殿法是用已知或熟悉的地点空间顺序作为记忆的钩子进行记忆的方法。优点是：可进行无穷开发，记忆海量信息，即使局部遗忘，其他信息也不影响；其缺点是：对只去过一次的地方最好用照片或者录像，否则容易遗忘；地点宫殿法适用于记忆海量信息、大段文章、诗歌和竞赛等。

由于方法多，在这里给大家举例说明实战应用最主要、最厉害的方法——数字宫殿法。

数字宫殿法是每一位记忆大师最基本也是最需要掌握的方法，不论是学习还是展示，都直接影响最后的结果。下列请用数字宫殿法记住图中的 40 个数字：

```
59  23  07  81  64
06  28  62  08  99
86  28  03  48  25
34  21  17  06  79
```

记忆方法：建立定位系统，建造一座属于你的宫殿，在下图中按时针顺序找10个地点；把需要记忆的信息转化成图像并与地点相连（数字转化成固定的代码编码）。

从图中可以找出：①花坛；②鸟窝；③树顶；④花盆；⑤屋顶；⑥阳台；⑦门；⑧台阶；⑨水泥路；⑩水池。然后把这10个地点记牢。

规则：每两个数字为一组，作为一个编码，每一个地点上安放两组编码。

开始：

1. 花坛：59、23：

第一个地点是花坛，那么按照规则，花坛上安放的数字是59、23。59谐音"蜈蚣"，就把它对应的编码记成"蜈蚣"，23谐音和尚，对应的编码就为"和尚"，然后用故事进行串联，59在前，23在后，例如：花坛上有一群"蜈蚣"咬住了"和尚"。故事完结之后开始形成画面，然后定格在花坛这个宫殿地点上的画面就是有一群"蜈蚣"咬住了"和尚"，要把花坛这个地点也带入你的画面当中。

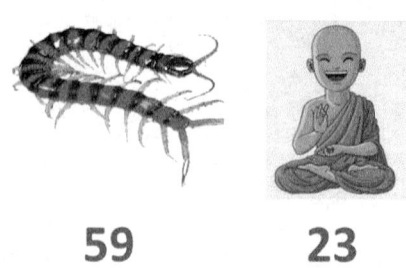

2. 鸟窝：07、81：

第二个地点是鸟窝，需要安放的数字是07和81，07的编码对应"锄头"

(形状很像),81的编码对应"白蚁"(谐音),那么鸟窝这个地点的画面是：

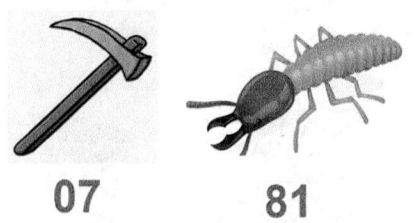

鸟窝里伸出一把锄头,锄断了一只很大的白蚁(尽量夸张想象),画面清晰之后,把画面定格,开始下一组地点的记忆。

3. 树顶：64、06：

第三个地点是树顶,树顶上安放：64,编码对应螺丝(谐音);06,编码对应手枪(左轮手枪6发子弹),那么画面就是：

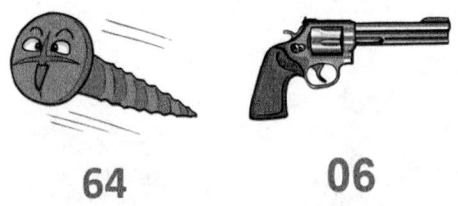

树顶上长满了螺丝(64),像子弹一样飞进了手枪(06)里,画面清晰之后,定格画面,继续下一个地点。

4. 花盆：28、62：

第四个地点是花盆：花盆上安放：28,编码对应恶霸(谐音);62,编码对应牛儿(谐音),画面就是：

花盆上站着一个恶霸(28),打晕了牛儿(62);画面清晰之后,继续定格画面,开始下一个地点。

5. 屋顶：08、99：

第五个地点是屋顶：屋顶上安放：08，编码对应溜冰鞋（一双溜冰鞋8个轮子）；99，编码对应玫瑰（99朵玫瑰），画面就是：

屋顶上有一双巨大的溜冰鞋（08）里飞出了很多玫瑰（99），画面清晰之后，定格画面，继续下一个地点。

6. 阳台：86、28：

第六个地点是阳台：阳台上安放：86，编码对应八路（谐音）；28，编码对应恶霸（谐音）。

画面就是：八路（86）爬上阳台，打倒了恶霸（28），画面清晰之后，继续定格画面，开始下一个地点。

7. 门：03、48：

第七个地点是门：门上安放：03，编码对应三脚凳（三条腿的凳子）；48，编码对应石板（谐音），画面就是：门上的三脚凳（03）掉下来，砸碎了石板（48），画面清晰之后，继续定格画面，开始下一个地点。

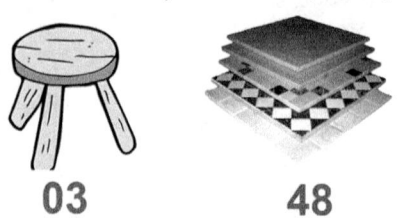

8. 台阶：25、34：

第八个地点是台阶：台阶上安放：25，编码对应二胡（谐音）；34，编码对应三毛（谐音：三根头发丝），画面就是：台阶上有一个很大的二胡（25）压住了三毛（34），画面清晰之后，继续定格画面，开始下一个地点。

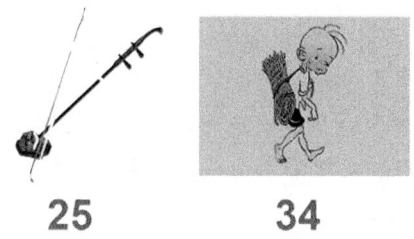

9. 水泥路：21、17：

第九个地点是水泥路：水泥路上安放：21，编码对应鳄鱼（谐音）；17，编码对应仪器（谐音），画面是：

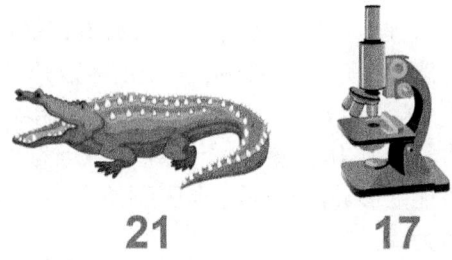

水泥路上有一条鳄鱼（21）在研究仪器（17），画面清晰之后，继续定格画面，开始下一个地点。

10. 水池：06、79：

第十个地点是水池：水池上安放：06，编码手枪（左轮手枪6发子弹）；79，编码气球（谐音），画面是：

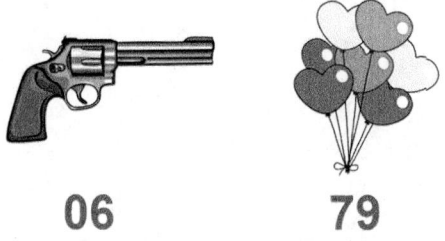

水池里放着一把巨大的手枪（06），枪管里飞出很多气球（79），画面清晰之后，继续定格画面。

记忆完毕10个地点的所有画面之后，就从第一个地点开始复习回忆，先回忆这个地点上的画面，然后把每个地点的画面对应的数字进行还原，直到10个地点全部回忆完毕。

这样，你就把这40个数字记忆完毕啦！这就是地点宫殿法。在现实世界中或者某个画面中，按顺序找出相应的地点，然后标记下来（最好是把寻找到的每个地点都拍照存起来，然后按顺序放在电脑的文件夹里），并且熟记，那么这些地点上需要存放的记忆内容就能清晰地回忆检索，功能十分强大！

结　语

公共关系教学作为一门较为基础的创意学科，在当下经济全球化的时代背景下，潜能开发课程显得尤为重要。以学生的高效学习为教学出发点，开展高质量、高效率的潜能教育课程，主要是提升学生的高效记忆能力。创新课程体系，激活教育潜能。教育潜能是通过一系列科学系统的潜能开发方法，构成信息传递的快速通路，① 从而将我们天生具有，还未开发的潜能引导出来，激发右脑的记忆力、专注力、观察力、思维力、想象力、理解力、行为力、创新力、感知力等各项智力潜能。教育潜能能够养成良好的学习习惯，独立学习的能力、创新思维能力、行为情绪控制能力。

人的潜能无限可能。我们身上有太多未知的潜能没有被开发出来，所以没有让你看到更优秀的自己。死记硬背带来的负面效果无须多言，多少孩子因为死记硬背开始厌恶了学习，多少人因为死记硬背的低效开始怀疑自己，从而放弃。其实记忆并不难，只要了解系统的记忆方法，并且深入的学习，坚持训练，你就能做到极大地提升自己。相信自己，科学练习，坚持下去，你，就是下一个最强大脑！

1. 简述记忆的定义。
2. 什么是高效的记忆？

---

① 楼必生. 科学教育：先学前期儿童潜能开发 [J]. 现代特殊教育，2001（02）：26.

3. 简述记忆的类型。
4. 论述三大记忆法的操作与应用。
5. 为什么公共关系教学作为一门较为基础的创意学科，在当下经济全球化的时代背景下，潜能开发课程显得尤为重要？

第六节　学习潜能的研究与实践

教学目标：

教育的重点目标是发展学生的潜能，而学习是开发学生潜能的重要影响因素，学习潜能研究与学业成就有非常密切的关系。本节研究探索在公共关系视角下，训练与激发潜能研究与实施的精准辅导的潜能课程，可显著提升学生的学习潜能。学习潜能需要场景互动，通过交际与表达逐步生成学习潜能核心素养。可见，学习潜能教学更加需要在公共关系的氛围及情景中去实现，反过来，公共关系也会成为影响甚至决定潜能学习成效的关键因素之一。

青少年是祖国的未来和民族的希望，激发青少年学习潜能是现代教育的根本任务。不断提升青少年学习潜能，是青少年全面发展的需要，也是社会进步的要求。这对于深化青少年学习潜能培养理论具有重要的理论价值和实践指导意义。培养和激发学生学习潜能可以从多方面着手，如构建良好的师生关系，让学生想学，通过目标引领，思想灌输，激发学生兴趣。另外，课堂上进行主体开放式教学，建构模型策略，有效提问策略，并对学生的表现及时给予评价，充分调动学生的内驱力，让学习成为自主行为，让学习成为一种快乐。

引　　言

学习潜能是人人都存在的、还没有表现出来的学习能力。学习潜能是在培养的基础上创造一定的条件激发出来的。"潜能生"是指学习某种知识或者技能时，长期达不到老师要求的学生。他们因失败得不到老师和周围同伴的认可，就会不自信或自卑，会对自己没有信心，从而放弃学习，导致自己的学习能力更差，形成恶性循环。青少年时期是培养学生学习习惯的重要时段，如果他们在这个时间段的学习习惯不好，会对他们以后的发展造成非常大的影响。因此，研究青少年学习潜能与学习习惯是至关重要的。

一、家庭教育环境对青少年学习潜能培养的影响

青少年是祖国的希望,祖国的未来。青少年教育是国家发展的基石。学习潜能培养关系着整个中华民族的繁荣昌盛。与此同时,随着科技的迅速发展,科技与生活越来越紧密,青少年学习潜能的培养代表着这个国家的教育水平和科技水平。家庭教育是青少年教育中的重要一环,研究家庭教育环境对青少年学习潜能的影响是至关重要的。

(一)家庭教育环境对青少年学习潜能影响

家庭教育对青少年学习潜能的培养可从以下几个方面考虑:家庭环境、父母自身素质、孩子抗压能力、抗挫折教育和鼓励教育等。

青少年学习潜能培养首先需要良好的家庭环境。据调查,离异家庭的孩子出现问题的概率远大于完整家庭的孩子。让孩子生活在一个完整的原生家庭里,父母更容易通过自己的言传身教使孩子学会爱的能力,激发孩子的学习兴趣。另外,还要营造一个宽松的家庭环境,在民主氛围里,父母的循循善诱对孩子建立自身学习能力有积极的作用!

父母应该保持终身学习的能力,让自己的思想与时代接轨,让自己成为孩子的榜样,同时教育方式要与时俱进,并能对孩子进行学习引导和心理疏导。尽管我国一直在实施素质教育,追求分数的应试教育大家都认识到了它的弊端,但选拔机制没有跟上,所以分数对于孩子、对于社会还是具有较大的决定性作用。

目前,家长对孩子的教育方法还停留在传统教育方式上,认为黄荆棍下出成绩,采取批评、责骂甚至暴力手段,认为只有这样严格教育,孩子才能成器!这样的教育确实对部分孩子有效,但对大部分孩子,一旦孩子考试分数不高,就一味地批评甚至打骂,这样的家庭教育不仅不能获得应有的效果,反而走向了另一面,甚至有的孩子身心都受到了损害,家长后悔不已。所以,如何激发孩子的学习潜能,保障孩子身心健康尤为重要。而这一切的前提就是家长应放弃错误的教育观念,不应只唯分数,而是和孩子建立畅通的沟通渠道,俯下身倾听孩子心声,尊重孩子的个性和主体性,保障其探索未知世界的权利和诉求。

同时家长应遵循教育规律,学习科学的教育方式并敢于尝试。适当的挫折教育是必要的,一帆风顺容易骄傲自满,孩子要经历磨难,养成百折不挠的性格,往往人格的魅力产生于挫折之中。父母不仅要支持鼓励孩子参与竞争,经历磨难,更要给予心理引导和适当的拒绝,注重养成顽强、自信、自强的性格。父母不仅要积极鼓励孩子参与竞争,经历磨难,还要及时给予心理引导,让孩子学会

责任、担当，养成顽强、勇敢、自信的优秀品质。

(二) 家庭教育氛围对青少年学习潜能培养

创新决定国家和民族的未来。青少年是祖国的花朵，是国家的接班人、继承者。少年智则国智，少年强则国强。要想使我国成为世界科技强国，首先应从青少年入手，激发他们学习探索的兴趣，促进青少年身心健康成长。青少年学习潜能的培养不仅能够激发其对学习探索的兴趣，还能促进青少年身心健康成长。

1. 家庭教育要善于发现青少年的兴趣爱好

家庭，是一个人成长的初始地。家庭教育是一切教育的基础，对个人的成长产生了重要的影响，甚至是决定性的因素。家庭教育对青少年学习潜能的激发更是不可缺少。父母最先能发现孩子的兴趣爱好，这就要求家长在日常家庭生活中善于观察孩子活动，发掘孩子特长，通过科学有效的方法加以引导，从而培养孩子对未知事物的探索能力，激发孩子对新事物的探究兴趣，增强孩子对新事物的求知欲！在探索实践的过程中，孩子的学习潜能自然就激发出来。

2. 家庭教育要善于挖掘好奇心，唤醒思考动能

孔子说："学而不思则罔，思而不学则殆。"文化知识和技能的学习都离不开思考。数学学习更是需要学生的思考，故被称为思维的"体操"。然而许多学生在学习数学时却存在惰性，不愿动脑、不愿思考，靠死记硬背的学习方法来掌握数学概念、公式等，这只能学到一些基础，无法灵活驾驭数学知识，或者靠刷题来储备知识，只能知其然不知其所以然。正如帕斯卡尔说："人是为了思考才被创造出来的。"只有思考才能发现事物的本质。

学生学习，只要善于思考，才能激发学习潜能。有部分老师喜欢填鸭式教学，这是剥夺了孩子自主思考的权利，孩子虽然高分，却是低能！因此，在学校教育中，要唤醒学生的思考动能，老师要培养学生的好奇心，积极主动发现问题，用问题点燃学生的思维能力，诱发学生学习的动机，激发学生的独立思考。好奇心是知识的萌芽，是学生学习的内在动机，是思考探究的动力。[1]

3. 点燃学生好奇心，唤醒实践动能

在传统的数学课堂中，有的学生没有学习动能，主要原因是教学内容抽象，教学形式单一，教师可能只是单向地进行知识传授，未进行良好的教学互动，教学枯燥乏味，让学生觉得数学不好玩。"知识是宝库，但开启这个宝库的钥匙是实践。"学生天生具有好奇心，对感兴趣的事情喜欢就去研究，不愿意规规矩矩、安安静静地学习。教师应该充分利用学生的好奇心，激发他们的实践动能，给学

---

[1] 李钗钗. 唤醒学生学习的动能，激发学生内在的潜能[J]. 江西教育，2021 (09)：53.

生提供操作道具，让他们自己亲手操作，使数学变得有趣好玩，引导他们在玩中学，学中思。

例如，在教授"可能性"一课时，为了帮助学生理解事件发生的确定性与不确定性，有的老师避开了空洞的讲授，而是设计了"摸棋子""摸彩球""摸扑克牌"等实践活动，给学生提供道具，让他们亲手实践操作，亲自感知体验。如此安排，点燃了学生的玩乐心，激发了他们的兴趣，积极动手操作，先猜后摸，边玩边学，对随机现象及其可能性有较深刻的理解与认识。

4. 激发助人心，唤醒合作动能

古人说："二人同心，其利断金。"这说明合作共赢已深入人心，已成为当今社会各行各业的一种理念。合作学习是在合作共赢理念下产生的一种新型高效的学习方式，通过建立学习兴趣小组，借助合作与互动完成任务。然而，许多学员由于缺乏合作意识，在学习中习惯以自我为中心，喜欢独自作战，不愿意与同伴合作，尤其不愿意和差生合作。作为教师，应充分认识到合作学习的作用，激发学生的合作意识，培养学生的合作能力。小学生天生拥有合作动能，具有纯真的爱心，喜欢主动帮助别人。教师可以通过激发学生的助人心，唤醒学生的合作动能。

5. 结合实际情况，确定成长目标

青少年成长学业规划应站在学生未来发展的角度，从新高考实施的要求出发，顺应社会发展和学生个体发展的需要，结合家庭经济条件现状，定制出青少年生涯发展目标之路。青少年成长学业规划的主要内容有：提升青少年自主学习水平，促进学生的入学适应；激发青少年的学习动机和兴趣；帮助青少年确立恰当的学习目标；提升青少年选课的意识和能力；指导学生制订合理的学习计划；改善学生的学习方法，提高学习效率与学习能力；指导学生掌握应对学习压力和考试压力的技能技巧；有效识别、诊断学习存在困难的学生，并为其提供额外的专业指导。

生涯发展与规划教育的内容包括：提升学生生涯发展与规划的意识和能力；帮助学生了解自己的兴趣、能力倾向、个性特点与生涯发展的关系；帮助学生了解大学专业信息与社会职业需求，合理规划升学与就业目标；促进学生掌握步入下一阶段生活、学习、工作所必需的技能；有效减少学生在生活与生涯方面的困惑。在新高考背景下，中学生需要尽早进行科学的职业生涯规划，主动了解社会，积极探索自我，找到合适的目标，明确前行的方向。有了明确的生涯、学涯目标引领，还要有适当的学习策略支撑高效的学习行为，学生的学习才会有更好的结果。

6. 养成正确方法与习惯，杜绝不良爱好与行为

青少年学习潜能培养，必须养成一个正确的学习方法与学习习惯，加大人文关怀和心理疏导，改善学生心理状态。避免学生表现出各种心理不适状态，比如：玩手机、玩游戏、上课走神、感觉乏力、烦躁、迷茫和焦虑等。学校应充分考虑到学生可能出现的各种心理状况，有针对性地研究辅导方案，为学生提供专业的心理咨询和心理疏导。

曾有一案例，有一位初三学生，老师不经意的一句话："你这成绩，考不上高中"，这孩子听完后压力很大，甚至失去信心，转而玩手机、游戏、追星。家长是见到眼里，急到心里，多次教育后仍不见任何起色，甚至发现孩子身心有异常变化，赶忙带孩子去医院检查，医院检验结果为"重度抑郁"。结果，这孩子再也不去学校。一年后，经过心理咨询师与孩子深度沟通，激发其学习潜能、树立了正确的学习观，培养了正确学习习惯，孩子不再玩手机、游戏、不追星等，重返正常学习轨道。有一次这孩子对心理咨询师说："你认为我有重度抑郁症吗？"心理咨询师答道："你是装的。"两人相对而笑。

总之，激发青少年学习潜能、养成正确学习习惯，需要解决内因和外因两大症结。从基础（背默）抓起，让学生找到"我努力我也行"的感觉。阶段性的成功给学生以信心，促进青少年学习潜能的持续释放。在此基础上，传授学习方法与解题技巧，促进学生从更高更广处发展。利用上述各种方法，总结并形成激发学习潜能的各种理论与实际效果，更精准地激发各类青少年的学习潜能。

二、学校氛围对青少年学习潜能培养的影响

学校要充分发挥自身的资源优势，尊重青少年的创新主体地位，保障青少年开展创新活动的权利，提升青少年科技创新的能力。学校氛围对青少年学习潜能的培养具有十分重要的促进作用，青少年学习潜能培养具有强烈的感染熏陶和潜移默化的作用。[①] 研究和改善学校氛围，对提高青少年学习潜能培养有重要意义。

（一）学校应坚持"以学生为中心"理念

在青少年科技创新活动中，"以学生为中心"的教育理念表现在要明确并坚持学生的主体地位，明确学生是青少年科技创新活动的唯一主体。但这并不是忽视广大教师的作用，而是在科技创新活动中，教师要坚持让学生在具体的实践中自己动脑、动手，感悟科技创新的魅力，明晰自己的优缺点，从而有针对性地补足自身短板，激发自己的创新潜能，不断提升自己的动手实践能力。

---

① 李学丽. 加强研究性校园文化建设，提高青少年科技创新能力 [J]. 山东省团校学报, 2011 (02): 35.

(二) 学校要构建、鼓励青少年创新氛围

良好的学校氛围对青少年身心健康发展和成长具有潜移默化的作用。学校应支持、鼓励和尊重青少年科技创新活动。学校通过成立相应的学生组织，建立相应的管理制度等措施，在学校开展各类青少年科技创新活动，同时加强对在创新活动中表现突出、成绩优异的学生给予物质或精神激励，一方面激发青少年继续参加开展科技创新活动的热情，另一方面也激励更多的学生参与青少年科技创新活动，从而激发学生的学习潜能。

(三) 学校要积极创建科创性的校园文化

科创性校园文化对学生的影响是隐性的，是润物细无声的，但绝不是可以忽视的。建设科创性的校园文化是大势所趋，也是学校自身更好更高水平发展的必然要求。科创性校园文化的显著特征就是广大师生都以学习为乐、以进行探究为趣。这种校园文化的特征就是尊重学校内每类主体和每个个体的主体性和能动性。科创性校园文化不仅重视师生良好学习习惯的养成，更注重师师之间、生生之间与师生之间形成良性的探讨研究的气氛。[1]

三、政府对青少年学习潜能培养的影响

政府在青少年学习潜能培养过程中处于主导地位，政府通过建立青少年科技创新平台，建立健全相应的管理制度，营造良好的青少年科技创新氛围，大力支持、鼓励青少年积极参与开展科技创新活动。

(一) 建立资金投入与保障机制

青少年科技创新平台活动需要资金支持与保障。中央及地方各级政府均应建立青少年科技创新资金保障制度，为青少年科技创新平台提供资金支持并专款专用。青少年科技创新资金扶持是学校等组织无后顾之忧地开展青少年科技创新活动的保障。

(二) 健全相应的管理体系

建立健全青少年科技创新平台的管理制度，是从法律上明确青少年科技创新平台的地位，从根本上保障青少年积极参与、开展科技创新活动。政府应从国家战略的高度制定相关的法律法规，从政府资金投入、青少年科技创新平台建设、政府部门应承担的责任等方面制定出台相应的规章制度，保障青少科技创新平台享有相关的权利。各地方政府要根据自身实际情况制定相应的实施细则，建立公正、高效的监管机制，切实保障青少年科技创新平台的有效顺利开展。

---

[1] 林顺梅. 青少年发展视角下科技创新教育工作的实践与探索 [J]. 甘肃科技, 2020 (10): 3.

（三）营造良好的社会环境

良好的社会环境对青少年学习潜能的培养发挥着重要作用。各级国家机关、各类社会组织以及全体社会成员要通力合作，为青少年学习潜能培养营造良好的社会环境。良好的社会环境不仅是青少年学习潜能培养平台正常开展创新活动的必要保障，也是青少年学习潜能培养持续开展、参与创新活动的保障，更是不断提升青少年学习潜能的基础。

四、社会组织对青少年学习潜能培养的影响

精神文明建设的理论研究是实施马克思主义理论研究和建设工程的重要内容，对于现代化事业的发展，对于树立和落实科学发展观，构建和谐社会都具有深远的意义。社会组织对青少年学习潜能的培养也是精神文明建设的一部分，是影响社会组织、社会成员参与社会生活的介质，也是开展和参与社会活动的重要主体。

社会组织开展的内容丰富、形式多样的学习潜能活动是青少年学习潜能培养的重要平台。各类型社会组织要在国家法律法规规定的范围内，开展有益于培养青少年学习潜能方面能力，贴近青少年实际的学习潜能活动。[1] 社会组织通过开展各种有意义的科技创新活动，不仅能提高自身的知名度，更重要的是提升青少年学习潜能的能力，从而推动整个国家创新能力的提升。

社会组织对青少年学习潜能的培养应从组织落实、制度保障、理念树立、载体创设等层面入手，积极参与学习型社会的创建。

（一）组织落实层面

创建学习型社会必须先创建学习型社会组织，要创建学习型的社会组织，各青少年组织要结合自己的特色，成立相应的"学习型组织"小组，制订相应的工作计划，把握整体的学习导向，同时整合青少年组织的自身特点与社会资源，形成合力，协同推进。学习型的社会组织在配合政府的工作时，其主要职责是加强对青少年学习潜能培养活动的组织、协调和引导工作的管理。具体而言，就是创造学习的条件，解决学习过程中出现的各种问题，引导掌握正确的学习方法，提高学习绩效。[2]

（二）制度保障层面

青少年学习型组织应该积极宣传已有的法律法规和政策，积极协助政府职能

---

[1] 陈劲，尹西明. 中国科技创新与发展2035展望[J]. 科学与管理，2019，39（01）：67.
[2] 沈建良. 青少年组应积极参与创建学习型社会[J]. 浙江青年专修学院学报，2003（02）：27.

部门制定配套的法律法规和有效措施，确保学习型社会组织的创建，营造良好的保障秩序。例如，根据当前青少年苦于无自由支配时间参加继续教育，可以提议建立一套有利于终身教育的有效机制，从根本上解决青少年进行再教育的后顾之忧。

（三）理念树立层面

创建学习型社会组织，首先要在全社会树立先进的学习理念，使学习成为社会的基本生存状态和行为准则，营造人人向学的学习氛围。人与人之间的差异，主要体现为学习能力之间的差异；人与人之间的竞争，关键在于学习能力的竞争。只有不断地更新知识，掌握合理的知识结构，才有可能永立竞争的潮头。青少年学习型组织要通过大力宣传和深入细致的思想教育，使"终身教育、不断学习"的理念得到普遍认同。

同时，以身作则，首先树立浓厚的学习兴趣，养成良好的学习习惯，进而带动其他青少年普遍树立"终身教育、不断学习"的理念，使勤奋学习的风气得以初步形成，人人学习、时时学习、处处学习的良好社会氛围得以初步构建。个人把学习作为生活的常态和人生的境界，组织把学习作为组织目标实现和组织创新的手段，形成"工作学习化、学习工作化"、"生活学习化、学习生活化"的良好局面，从而激发青少年的学习潜能。

（四）载体创设层面

创建学习型社会组织必须有相应的载体进行承托。青少年只有依托这些学习载体，才能有效、持久、与时俱进地开展时时学习、处处学习。在设计这些载体时，要有利于把思想道德教育渗透到学习中去，有利于把学习活动与创建文明单位、文明组织的实践相结合，有利于把严肃认真的理论学习与生动活泼的青少年文化活动相结合，有利于把青少年的学习与工作、生活紧密结合起来，不断提高学习成效。

通过组织青少年不断寻找和探索自己周围存在的问题，开导他们去解决这些问题，从而激发青少年的求知欲。随着社会不断的发展，旧的问题解决了，新的问题却不断出现，因此，这种活动载体可以持久地开展下去。利用青少年争强好胜的心态，设立创意竞赛，激发青少年的创新精神，发挥青少年学习的成效。通过这种学习载体的创设，构建开放式共享的学习平台，激发青少年的学习潜能。

结 语

学习潜能的研究与实践是基础教育课程改革的重要组成部分，对课程改革的顺利实施有极为重要的影响。过去学校进行的评价与考试存在一些亟待改进的问题：忽视其改进与激励功能；忽视过程；忽视对学生综合与创新能力，实践与探究能力的考查。本章以一个教改实验研究来指导学生学习潜能，培养学生的自主学习能力不是一朝一夕就能完成的，教师要把这项工作作为教学的重要任务，加强关注。为学生搭建探究学习的平台，激发学生的创新能力，通过多元化的综合实践活动引领学生自主思考、探究和总结学习，充分挖掘学生的学习潜能，培养和提升其自主学习能力，为其今后的学习和发展打好基础。

以启发式教学激发学生的学习潜能，培养并激发青少年学习潜能需要良好的家庭氛围、学校科技创新平台、政府环境和社会组织的支持。[①] 更重要的是，家庭、学校、政府和社会组织互动，形成有机整体，对青少年的学业及科技创新能力进行学业整体规划，再分步实施，形成正确学习方法与学习习惯后，激发青少年科技创新能力，提高青少年的学习潜能。

思考题

1. 怎样激发学习潜能？
2. 论述家庭教育对青少年的学习潜能培养的关键对策。
3. 论述社会组织对青少年学习潜能培养的影响。
4. 公共关系学理念指导下的学习潜能教学，赋予教学更多公关方面的特色，更加彰显以学生为中心，可大大提升教学效果。谈谈你对这句话的理解。

[①] 谭昆智，韩诚，吴健华，刘少廷. 创新潜能开发研究［M］. 广州：中山大学出版社，2016：49.

第三章
心理潜能

公共关系的处理能力是衡量个人发展水平的重要指标。针对当前日益激烈的人才竞争现状，本书提出在公共关系教育中增加心理潜能内容，这对公共关系学专业学生综合素质的提升有着重要的作用。本章基于心理潜能教学目标，对职业观与价值观的关联性进行了分析，阐述并研究了心理发展的科学性、行为与意识的统一性、心理与品德的协同性、心理建设与能力发展的互补性等问题。

潜能的发掘和发挥存在极大的心理因素。人通过提高认识、学习技巧、培养感受力、领悟力、坚强意志等方法，能够发挥人的心理潜能。办事情能够坚持，可以自我调节、自我安慰、自我把控。

深入下去分析，心理潜能是有层次的，大多数人把心理潜能的激发狭义地理解为意志的激发，因为意志是最能体现人主观能动性的部分。有恒心、有毅力、有信心的人经常能够做出常人看来难以做到的事情，甚至是不可思议的事情。从心理潜能激发的视角，这只是激发了意识层面的心理潜能，潜意识层面的潜能和集体无意识层面的潜能并未得到真正的激发和运用。

心理潜能的三层面：意识层面的心理潜能、潜意识层面的心理潜能、集体无意识层面的心理潜能。意识层面的心理潜能主要以激发意志力、行动力、学习力等内容为主，使其发挥出超常的能力，达到常人难以做到的结果。潜意识层面的心理潜能的激发主要以调整身心内在每一块肌肉、每一根神经、每一个细胞等内容为主，使其能够以最佳的方式协作，进而发挥出意想不到的潜力，做到很多超出常人认知的事情。集体无意识层面的心理潜能激发，直指人类的共性部分，即在人性的本源层面激发潜能，使其能够超越自身、社会、自然环境的限制，产生某些特别的感受与领悟。

第一节　高效沟通与潜能开发

教学目标：

分析心理潜能课程对公共关系学专业学生素质状态的影响效果，不但可以有效地修正个人的正向价值观念，激发敬业爱岗精神，而且能够积极推动全民综合素质的培养。心理潜能建设是确保当前社会高速、稳定发展的必要手段，也是当代公共关系学专业学生保持高素质和高涵养的基本保障。对于心理潜能，人们一般都狭隘地理解成意志的激发。的确，意志最能够体现人的意识能动性，有恒心、有毅力、有信心人往往能够做到很多看起来不能做到的事情。

> 心理潜能不仅仅是意志，任何心理活动都有相当多的能量没有被挖掘。通过本节的学习，学生可以了解沟通的本质，认识到沟通是人的潜能，每个人都能开发其潜能，实现"有效"甚至"高效"的沟通；了解阻挠自己日常沟通的原因，掌握高效沟通的4个技巧；理解沟通的双向性，将学习到的高效沟通技巧运用到自己的日常生活中，提升沟通能力与质量，令自己的生活和谐幸福。

引　言

作为心理咨询师，每天都会接待各式各样的来访者，来访者中最小的3岁，最大的68岁。我们发现许多来访者是因为沟通不当而导致关系没处理好来找到我们的，有因为夫妻关系，或是亲子关系，或是与朋友、同事关系。通过咨询，大家认识到，如果来访者能提升自己的沟通水平与技能，生活肯定会更完满与幸福。

一、沟通的内涵

任何心理活动都存在潜能，这些潜能往往能够通过特殊的训练逐步释放出来。沟通是双向的交流，不是单向的质问。我们应该多站在对方的立场去考虑事情，这有助于进入对方的内心世界，让彼此之间更贴近。

（一）沟通的定义

要做到高效沟通，首先我们要理解什么是沟通。沟通是人或动物之间相互传递和反馈信息的过程。生物间都会进行沟通，除了人之外，动物也会进行沟通。

自然界的动物会用各种方式与同类沟通。例如，海豚会发出啾啾、唧唧的叫声与其他海豚聊天；蜜蜂会跳8字形舞步来告诉其他蜜蜂哪里可以采蜜；小狗会在特定的地点撒尿，向同类表示它占据了这个地方；熊会在树上刻记号，告诉别的熊这个地盘已有主人。

在所有的生物中，人类无疑是最善于沟通的。人与人之间、人与群体之间通过沟通，传递和反馈思想与感情，以求思想达成一致和感情交流通畅。

（二）沟通方式的分类

人与人之间的沟通方式是多种多样的。沟通的分类主要有语言和肢体语言两种。语言更擅长沟通的是信息，肢体语言更善于沟通的是思想和情感。

1. 语言沟通

语言是人类特有的一种非常有效的沟通方式。语言包括口头语言、书面语言、图片或者图形。口头语言包括我们面对面的谈话、开会等。书面语言包括我们的信函、广告和传真，甚至用得很多的 E-mail、微信、QQ 信息等。图片包括幻灯片和电影等，这些统称为语言的沟通。在沟通过程中，语言沟通更擅长传递信息。

2. 肢体语言的沟通

肢体语言非常丰富，包括我们的动作、表情、眼神。实际上，在我们的声音里也包含着非常丰富的肢体语言。我们在说每一句话的时候，用什么样的语调去说，用什么样的语气去说等，都是肢体语言的一部分。

举个例子，如果说同一句话"你这么晚才回家？"你可以找一位同学，让他试着用不同的语气（可以是关心的语气与指责的语气）说出来，你认真体会一下自己会有什么样不同的感受。

二、沟通与潜能开发的关系

潜能，顾名思义，就是潜在的能量。每个人的潜能都是无限的，而且许多潜能是有待我们去开发的，我们可以不断地挖掘潜能直至死亡。沟通也是我们每个人的潜能之一，接下来我们一起来看看沟通与潜能开发有什么样的关系。

（一）沟通的效果

沟通虽然是人的本能，可并不是每一次沟通都能达到我们想要的效果。下面以沟通的效果来分，可以将沟通分为无效沟通、有效沟通、高效沟通。

1. 无效沟通

无效沟通，就是发出信息的人在传递信息时，接收信息的人会错误地接收信息，造成双方对信息的理解不一致，或者双方在沟通过程中产生了消极的情绪。

在这里与大家讲一个笑话：有一名稍懂中文的外国人去一间工厂参观。半路上，厂长说："对不起，我去方便一下。"外国人不懂这句中文，问翻译：" '方便'是什么意思？"翻译说："就是去厕所。"外国人觉得自己又掌握了一个中文词，若有所思地回答："哦……"

参观结束，厂长热情地对外国人说："下次你方便的时候一起吃饭！"外国人一脸不高兴，用生硬的中文说："我在方便的时候从来不吃饭！"

大家笑过之后，仔细想想，这种无效沟通的情况是不是在我们生活中也挺多的。尤其现在大家用微信沟通比较多，许多时候会因为产生歧义而造成误会。

2. 有效沟通

有效沟通，是指发送信息的人准确地传达了信息，同时接收信息的人也准确地接收了信息，并且做出相应的回应。

下面这个故事或许能让你更理解"有效沟通"。从前有一个小公主病了,她告诉国王,如果她能拥有月亮,病就会好。国王立刻召集全国的聪明智士,要他们想办法拿月亮。

大臣说:"它远在三万五千里外,比公主的房间还大,而且是由融化的铜所做成的。"魔法师说:"它有十五万里远,用绿奶酪做的,而且整整是皇宫的两倍大。"数学家说:"月亮远在三万里外,又圆又平像个钱币,有半个王国大,还被粘在天上,不可能有人能拿下它。"

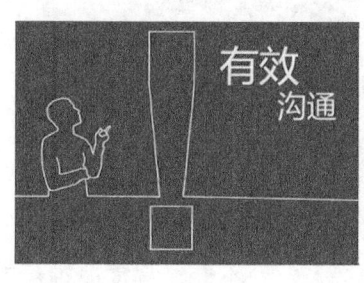 

国王听后又烦又气,只好叫宫廷小丑来弹琴给他解闷。小丑问明一切后,得到了一个结论:如果这些有学问的人说的都对,那么月亮的大小一定和每个人想的一样大一样远。所以当务之急便是要弄清楚小公主心中的月亮到底有多大有多远。于是,小丑到公主房里探望公主,并顺口问公主:"月亮有多大?"

"大概比我拇指的指甲小一点吧!因为我只要把拇指的指甲对着月亮就可以把它遮住了。"公主说。"那么有多远呢?"小丑问。"不会比窗外的那棵树高!因为有时候它会卡在树梢。"公主说。"月亮用什么做的呢?"小丑又问。"当然是金子!"公主斩钉截铁地回答。

比拇指指甲还要小,比树还要矮,用金子做的月亮当然容易拿啦!小丑立刻找金匠打了个小月亮并穿上金链子,给公主当项链,公主好高兴,第二天病就好了。

当我们不断去澄清沟通的信息时,双方达成对信息的一致看法,就体现了"有效沟通"。"有效沟通"是建立在双方对信息理解一致的基础上。

3. 高效沟通

"高效沟通"比"有效沟通"的层次再进一步。高效沟通中,发送信息的人与接收信息的人能准确地、流畅地传递与接收信息,而且在情感上也能产生积极的情绪,对双方良好、和谐的关系有积极的影响。[①]

---

① 王鹏. 高效沟通 [M]. 成都:四川文艺出版社,2018:84.

（二）沟通是有待开发的潜能

从上面的叙述我们得知，能"沟通"不等于"有效或高效的沟通"。在我们的生活、工作、学习中，沟通是必不可少的环节。无效的沟通令生活受阻，产生消极的情绪，而有效、高效的沟通能让我们的工作、学习更加顺利，让我们的生活更加幸福。

传说古希腊有一个叫德摩斯梯尼的演说家，他并不是天生能言善道，反而他小时候因为口吃，登台演讲时总是声音含混，发音不准，常常被雄辩的对手压倒。可是他心不灰，气不馁，为克服这个弱点，他每天口含石子，面对大海朗诵，不管春夏秋冬，坚持五十年如一日，连爬山、跑步也边走边做演说，终于成为全希腊最有名的演说家。

可见，沟通是每个人都有的潜在能力，有待我们去开发和利用。[①] 我们可以通过学习沟通的方法与技巧，提升自己的沟通水平与能力，令自己的生活和谐幸福。

三、沟通中常见的问题

没有经过学习的沟通带有随意性，我们通常是按照自己本能的想法进行沟通，有时很容易引起误解，或导致负面的效果。下面我们一起来看看沟通中的10个"绊脚石"与常见的4个沟通误区。

（一）沟通中的绊脚石

人与人之间的沟通不是总那么顺利，有些言语会让我们产生消极情绪，从而不想与对方沟通，这些语言方式我们称之为"绊脚石"。在日常沟通中，你常会遇到哪几个"绊脚石"？

1. 命令、指示、指挥

告诉对方去做什么事情或不许做什么事情，给对方下命令，指挥对方。典型

---

① 梅里尔·卢尼昂. 沟通的力量［M］. 上海：上海人民出版社，2010：52.

语言有："你现在必须去洗碗！""只有做完家务才能出去！"等。

2. 警告、责备、威胁

以警告、责备或威胁的语气告诉对方，如果他做了某件事情，会产生什么样的后果。典型语言有："你再这么晚才回家，我就锁门不让你进来了""我已经跟你说过多少遍了，再这样，我们就分手吧！"等。

3. 说教、规劝、教训

告诉对方应该怎样做。典型语言有："我像你这么大的时候，学习是很努力的，哪像你这样懒散！""你应该像隔壁小王一样，勤快点去找工作。"等。

4. 建议、提忠告、提供解决方法

向对方提出自己的主张或方法。典型语言有："我建议你去找老师谈谈。""如果是我，我肯定不理他！"等。

5. 争论、辩驳

用事实、道理说服对方，用反驳手段、逻辑知识去影响对方。典型语言有："毕业后去考公务员，这是你人生最好的选择。""你必须学会与人相处，以后出来工作都是与人打交道的。""如果你学会在家里负责任，出来工作才会有责任心。"等。

6. 贴标签、评判

对对方进行负面评价。典型语言有："你总是偷懒！""你怎么总是这么幼稚呢？""你就是不诚实！""你怎么老是这么拖拖拉拉！"等。

7. 赞美、赞同

对对方进行正面评价，附和对方。典型语言有："你很聪明，一直都是很听话的！""你一定能和同学搞好关系的，你是最棒的！""你是很聪明的，你一定能解答出这道题目的！""你一定能考上重点大学，你是最优秀的！"等。

8. 辱骂、嘲弄、讽刺

使对方人格或名誉受到损害、蒙受耻辱。典型语言有："考这么点分数，还好意思吃饭啊！""这么低级的错误你都犯啊！""只有没长脑子的人才会这样说话，知道吗？"等。

9. 解释、分析、诊断

告诉对方他的动机是什么，给他的行为分类，找原因、下定义，或者分析他为什么那样说，那样做，让对方感到你在给他筹划、帮他分析。典型语言有："你不和小王一块学习，你就是嫉妒他的成绩比你好。""让你走快点你偏走得慢，你是在故意气我！""老师把你单独留下，一定是你又做错了什么事。""这次没考好，一定是你没努力。"等。

103

10. 保证、同情、安慰、支持

发出信息方不关心接收信息方身上发生了什么，只是一味地劝慰接收信息方，想尽办法让他感受好受一些，发出信息方总是劝说、安慰接收信息方，想让他从不良情绪中解脱出来，尽力消除他的不良情绪，否认不良情绪的影响。典型语言有："这种小事，不用伤心啦！""心胸放宽一些，不要跟他计较。""不要担心，你现在的情况会越变越好。"等。

（二）沟通中的误区

大家有没有发现，即使是安慰或给建议，也会成为我们沟通中的"绊脚石"。为什么会这样呢？下面我们来看看常见的沟通中的误区。

1. 误区一：只站在自己的立场表达

从前有一个盲人去朋友家做客，两人相谈甚欢，天黑后盲人才走。朋友为盲人点了一个灯笼，说："天晚了，路黑，你打个灯笼回家吧！"盲人听了很生气，说："我明明看不见，你还打个灯笼给我，岂不是笑话我瞎吗？"朋友赶紧解释道："路上行人多，天又黑，你打着灯笼，别人就不会撞到你了。"盲人听了满脸羞愧。

盲人一开始只是站在自己的立场去思考，没能理解对方要传达的信息。这也是我们沟通中经常会犯的错误——只站在自己的立场进行表达。说教、提忠告等，只是站在自己的立场进行表达，因此会成为沟通中的"绊脚石"。

2. 误区二：情绪地表达，而不是表达情绪

有位妈妈半夜还在焦急地等待女儿回家。半夜一点了，女儿终于推开了家门，妈妈愤怒地指责女儿："几点了？你这才回家！以后这么晚才回就不要回家了！"女儿一听，也生气地甩门进房间了。

妈妈此时的心情会是怎样的？我们猜想，这位妈妈真实的感受应该是担心、焦急、焦虑，但她用了愤怒的方式表达自己的感受。从女儿的反应看来，女儿没有承接妈妈这种愤怒的情绪，同时也未理解妈妈对自己的担心。妈妈其实可以真实地向女儿表达："你这么晚才回来，我很担心你会出什么事，我等了你一晚，现在真的很生气。"

在情绪上来时，我们需要提醒自己：我们可以表达愤怒，而不是愤怒地表达。

3. 误区三：沟通忘记目的

许多人不喜欢开会，因为人们原本希望通过会议达到决策的目的，可发现许多会议都冗长而无效，为什么会这样呢？曾有位同学与我分享他一次开会的情景。那次是学生会的女生部开会商讨如何开展一次环保服装秀。他作为主持人问

大家："我们下个月的活动打算用环保服装秀的方式进行，大家觉得如何？"其中一个成员说："那很好，用走秀的方式容易吸引大家的眼球。"接着说起最近自己看的那场服装秀如何精彩。其他成员开始附和，又说起自己看过的服装秀，话题慢慢扯到穿什么样的衣服时尚。一个小时过去了，还没讨论出结果。这个同学埋怨道，他们开会经常是这样，说着说着就被带偏了，说了半天也没任何结果。

后来我与这位同学讨论，如果他作为主持人在一开始就说清楚会议目的，而且有具体和量化的目标，即使有人讨论偏离目的，主持人也能把他们拉回主题。

4. 误区四：错误地传递信息

有一位读高中的女孩在外地寄宿，她看到别的同学的爸爸经常打电话嘘寒问暖，总是很羡慕，可自己爸爸一个学期才给自己打一次电话。国庆假期到了，妈妈问女孩想不想回老家，女孩心想可以回家见爸爸了，却觉得不好意思说出口，便说："回老家我可以约一下闺蜜。"妈妈一听就气了，说："几百元的高铁票，你不想见见爸爸吗？"女孩不知道怎么解释，自己有苦说不出。

生活中总有些时候我们碍于面子，不敢真实表达自己的想法，没想到自己的表达却在错误地传递信息，令自己更难做。

四、高效沟通的要素

不懂沟通经常会造成许多负面效果，高效沟通则好处多多。沟通是我们每个人的潜能，我们每个人都可以通过学习来提高沟通能力。[1] 提升沟通水平的方法有很多，下面与大家分享4个实用的高效沟通的小秘诀。

（一）"听"是高效沟通的前提

大家可能觉得很奇怪，我们不是教如何"说"吗？怎么一上来就说"听"呢？这是许多人的一个误解，总以为沟通就是说。殊不知懂得沟通的人一定是个懂得"听"的人。"听"是高效沟通的前提，不懂得倾听他人，别人就不愿意与你说，沟通就成了单向且无效的。下面我们一起看看要如何"听"。

1. 有效倾听与无效倾听

想想这样一个场景，你快毕业了，找工作时却频频碰壁，你垂头丧气地回到家，对妈妈说："妈，现在工作太难找了！"看看下面几种回应你分别会有什么样的感受？

---

[1] 弗德曼·舒茨·冯·图恩. 沟通的力量：极简沟通的四维模型[M]. 冯珊珊, 译. 天津：天津人民出版社出版，2018：125.

第一种回应。妈妈说："我简直不能相信,你居然还好意思说工作太难找!你看隔壁小王天天去投简历,你有人家这么勤快吗?"

听了妈妈这样说,你的感受与想法是怎样的呢?你会听妈妈说的,像隔壁小王那样天天去投简历吗?肯定不会。你只听到了指责。当一个人听到指责时,第一反应是反抗,即使对方说得对,也不愿意去做。

第二种回应。妈妈说："我认为你不应该这么快就放弃,应该投多些简历,还应该找一下你的师兄师姐,让他们帮你推荐……"妈妈一口气给了许多建议。这时的你是会全盘接收,并按妈妈的建议去做吗?

"不!我觉得妈妈好烦!"曾经在课堂上,有位同学就这样脱口而出。你的感受与他相同吗?

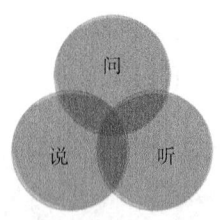

沟通的三个行为

第三种回应。妈妈说："你好像感到很难过,因为找了许久,工作都没找到,真希望你能快点找到合心意的工作。"

听到妈妈这样回应的话,你又有什么感受与想法呢?可能你会说没听过。是的,很少家长会直接先共情孩子的感受了,但这种回应方式最令人舒服,而且有积极的效果。如果我们的父母做不到,那我们就自己来学习一下吧。

2. 如何做到有效倾听

(1) 被动倾听。倾听的人可以看着对方的双眼,然后只是简单地"嗯"、"哦"进行回应。又或者是重复对方说的话,让对方知道你有认真听他说话。

(2) 积极倾听。积极倾听会有点难,需要"解码"对方说的话。就如上面的例子,最后一种回应就是积极倾听,它会有个句式:"你好像感到……(说出对方的感受),因为……(说出客观事情),希望……(将对方的期望表达出来)。"关键点是要将对方对这件事情的感受说出来,让对方感到被看见与被理解。[①]

(二)"正面语言"代替"负面语言"

我们先来认识一下什么是"负面语言"。正面语言是积极向上、正能量满满;而负面语言是消极、丧失信心,降低能量,带来伤害。积极的正面语言和消极的负面语言会带来两种截然不同的后果,这就是语言的魅力。

1. 哪些是"负面语言"

(1) "不"语言是典型的负面语言。你想制止别人做一件事情通常会怎

---

① 包莉莎. 有效沟通从倾听开始 [J]. 山西教育(教师教学) 2008 (06): 2.

么说？

室友坐在你床，你会说"不要坐我床!"；宿舍很吵，你会说"不要吵!"。我们很习惯说带有"不"的语言，一开始好像挺有用，但发现用多了，同样的问题对方始终还是会犯，而且制止的声音要越来越大。

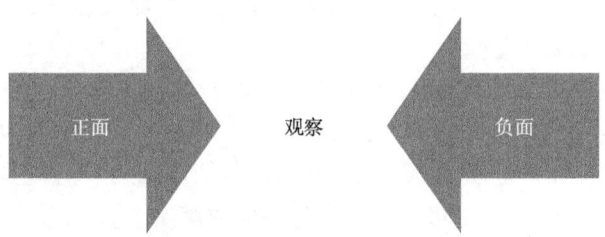

（2）"贴标签"是最容易脱口而出的负面语言。什么是"贴标签"？例如说一个人懒、蠢、笨，这都是在给对方贴标签。在一个周末，上午10点你还在床上，虽然有许多事情等着你做，可你还是很困，想再赖一下床再起来。这时爸爸在旁边来了一句："你怎么这么懒啊！还有许多事情要做了，快起来!"这时你会迅速起床吗？估计是本来要起来，又立刻睡倒在床上赌一会儿气再起来。

（3）"粗话脏话"是最伤人的负面语言。一个人生气起来，很容易就说粗话脏话，尤其现在网络上留言看不到对方，有些人说话没底线，更容易破口大骂说粗话了。可粗话脏话又会引起对方的愤怒情绪，并未完全解决问题。

2. 替代"负面语言"的做法

可能你会觉得讲"不"语言或脏话粗话有时也挺有用，毕竟对方会立即停止你不喜欢的行为，而且凶狠的语气会令对方暂时不敢招惹你。但负面语言是一种消极的语言，会令人丧失信心，降低能量并给人带来伤害。这种伤害不只是伤害你不喜欢的人，还会伤害到你自己。负面语言所带来的消极的、负面的能量，会在你与对方之间相互影响。因此我们需要使用"正面语言"来代替"负面语言"。

（1）使用清晰的指示。例如，刚才所说的"不要坐我床"，换成正面语言，可以说"请坐回你的椅子"。

（2）语言越简单明了越有效。想让室友不要大声吵，我们可以就说一个字："嘘。"

（3）使用肢体语言。当你排队打饭时，有人插队，我们可以直接指指队伍后面。使用正面语言，可以减少矛盾，有利于减少冲突，并把焦点集中在解决问题上。

(三) 表达自己的感受与需求

1. 表达自己的感受

中国人不太习惯表达自己的感受，我们从小也没有学过太多表达感受的词，经常只用"开心"与"不开心"来形容自己的心情。可遭遇一件事情，我们其实会有许多感受。当你越能精准地描述自己的感受，别人就越能理解你，你自己也越能弄清自己的真实感受。

举个例子，有一天你的手机不见了，你的心情会是怎样的呢？是不是会担心、害怕，甚至会委屈、厌烦。这并不是一个"不开心"可以清晰表达出来的。这时爸爸问你："你的手机怎么不见了？"你可能会因为各种复杂的情绪脱口而出："烦死人了！"妈妈接着可能对你就是一顿数落。

但当我们理解自己有这么多复杂的情绪，并尝试用"我句式"表达自己，你可以真实地表达说："手机不见了，我感到很烦躁，我担心信息会泄露，又害怕会被你责骂……"这样表达出来后，爸爸便能更好地理解此时此刻的你，说不定他还会给你重新买一部新手机。

2. 说出自己的需求

中国人也不习惯向别人说出自己的需求，而是常常以责骂他人的方式，希望别人能理解我们的需求并帮助实现。这真是痴心妄想啊！

一位妈妈下班回到家，拖着疲惫的身子打开家门，看到儿子躺在沙发上打游戏，可想而知如果这位妈妈没想过高效沟通，就会生气地指责儿子说："你怎么这么懒啊！都几点了，都不帮忙煮饭！"儿子会乖乖地去厨房帮忙煮饭吗？可能性极小，大多数时候是赶紧回到自己房间，关上门继续打游戏。

如果妈妈能真实地表达自己的感受并说出需求呢？妈妈可以说："上了一天班，我真的很累了，你能帮忙煮下饭吗？"儿子估计挺难拒绝妈妈的请求。

(四) 使用幽默感

幽默感总能巧妙地帮助我们化解一些沟通的困境。[①] 美国总统林肯的脸比较长，不好看。有一次，他和斯蒂芬·道格拉斯辩论，道格拉斯讥讽他是两面派，林肯淡定地回答道："要是我有另一副面孔的话，我还会戴这副难看的面孔吗？"林肯用幽默反驳了对方。

讲一个我自己的例子。我去各个学校讲课一般都会作自我介绍，当我介绍到自己姓"史"时，经常课堂上传来窃窃私语还夹杂着笑声。刚开始的几个月，我都挺介意别人笑话我的姓，尤其是在小学里，有些小学生有时还会笑着说"屎

---

① 考薇. 幽默感：如何让沟通变得有趣、有料、有效 [M]. 天津：天津人民出版社，2018：67.

尿"的"屎"。

后来，我使用幽默感，便向他们重复介绍："我姓'史'，不是'屎尿'的'屎'哦。大家知道是什么史吗？"这时学生通常会齐声说："历史的'史'。"幽默感让我告别自我介绍时的尴尬，还让别人更容易记住我。

从公共关系学的视角来看，组织公众的需求与兴趣，高效沟通的权威性，是我们要考虑的重要因素。对公众的认知不足与公关修辞意识的缺失，是当前组织在传播沟通方面的主要症结。所以，在组织的管理过程当中，为了能够构建良好的相互关系，管理者必须敞开心扉与公众进行交流，努力提升组织的凝聚力，通过点滴的教育行为以及管理行动，在每一个公众的心中埋下温暖的种子，提高组织的凝聚力，促进组织的高效沟通，推动组织的全面发展。

结 语

在组织发展过程中，公共关系管理发挥了较为重要的作用，不仅关系着组织中员工的实际情况，也对组织的外在形象有很大影响。对此，组织只有将公共关系管理的作用充分发挥出来，才能在一定程度上确保组织发展的成功。对于公共关系管理来讲，涉及的管理内容属于公共关系管理的一部分，这些工作与组织员工有着直接联系，因此公共关系管理中对心理潜能的应用必不可少。通过心理潜能教学的应用，不仅可以使公共关系管理的各项工作顺利完成，也可以在很大程度上促进组织的长远发展。

本节将心理潜能开发的切入点放在沟通上。沟通其实是一门技能，无论是在家庭中、工作中，还是社交生活中。今天，无论你的软件下载是提供有形的产品还是无形的服务，你的成功很大程度上取决于沟通，这就是沟通的潜能。

沟通是每个人每天必需要做的事，恰当的、高效的沟通能让信息正确传达，达到良好的沟通效果，并使人与人之间的交往产生愉悦的情绪；不恰当的沟通会令人产生误解，甚至达到反效果，拉开人与人之间的距离。

沟通是一种生存本能，沟通也是每个人都具有的潜能。我们通过学习及多加练习，便能做到有效沟通、高效沟通。高效沟通有许多技巧，这节课我们分享了4个：①"听"是高效沟通的前提；②用"正面语言"代替"负面语言"；③表达自己的感受与需求；④使用幽默感。我们要不断地去沟通，才能赢得尊重、赢得信任、激发潜能、自我成长。希望大家通过本节课的学习，能将学到的沟通技巧运用到实用生活当中，让自己的生活幸福美满！

? 思考题

1. 回顾自己的日常沟通，你最常碰到哪几个"绊脚石"？又常遇到哪个误区呢？
2. 这堂课你学到高效沟通哪几个小秘诀？你还有什么小秘诀可以分享给大家？
3. 室友在大家睡觉时还没完没了地打电话，你会如何运用高效沟通的小秘诀与他沟通呢？
4. 简述沟通中常见的问题。
5. 论述高效沟通的要素。

第二节　开发亲子关系的心理潜能

教学目标：

随着社会的不断发展，公共关系这一特殊的管理技术也被运用得越来越广泛，社会中的每个组织都开始加深对公共关系的关注，学校与家庭教育也不例外。

人的心理潜能是一个宽泛的概论，它主要指人的生理现象、生理机能、心理现象和心理机能再发展的可能性。亲子关系是一门科学，家长需要遵循科学的规律才能融入孩子的世界。本节在传统的亲子教育内容上给父母传递了一种崭新的科学教子理念。父母与孩子成长的心理潜能定位于满足5~16岁孩子和家长的亲子关系教育，对家庭教育有很好的实用价值。

引　言

教育孩子的出发点一定是为了孩子长大之后生活得更好，为了孩子有健康的身体，为了孩子有一份好的工作等，基本是为了孩子真心着想的。我们要杜绝功利的心理状态，凭借自己对孩子无私的爱去发现真正对孩子有好处的暗示，让他能够为了自己的健康成长和幸福生活而奋斗。

一、心理潜能中的精神分析理论

我研究的心理潜能开发是以精神分析为切入点。精神分析理论是弗洛伊德在20世纪初创立的。弗洛伊德与他的学生荣格的精神分析学派影响了整个世界。下面我们先从马斯洛的需求层次展开。马斯洛研究的是人本心理学,他提出的"需求层次论"与亲子关系心理潜能有密切关系。

(一) 高屋建瓴的"需要层次理论"

马斯洛是家中的老大,但父母关系非常糟糕。父亲是一个爱酗酒的人,对孩子的要求十分的苛刻。母亲性格冷漠、残暴,马斯洛小时候带回家的两只猫被母亲当面活活打死。所以马斯洛的成长过程是十分的孤独和痛苦的。他几乎没有任何朋友,而且极度的自卑,连跟人正常接触表达的勇气都没有。好在他特别喜欢读书,因为读书能够隐藏他的孤独。

马斯洛在读大学时深受阿德勒思想的影响。而真正改变马斯洛的是他的孩子。孩子出生后改变了他看问题的观念。通过孩子成长,他观察到很多问题。他将自己的感悟整理出了影响世界心理学界的"需要层次理论"。其理论的要点有:需要是人对特定目标的渴求与欲望,是推动行为的直接动力。

阿德勒

马斯洛

马斯洛需要层次理论的三个要点:人类有五种基本需要、需要是有层次的、行为是由优势需要所决定。人类有五种基本需求,分别是:生理需要、安全需要、社交(归属与爱)需要、自尊的需要、自我实现需要。

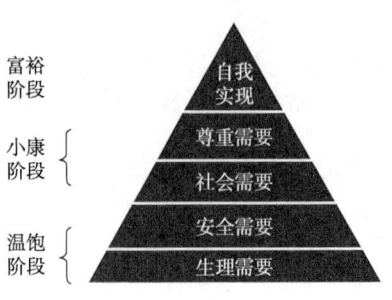

我们运用"需求层次论"来讨论亲子关系，就看到了马斯洛的影子，也看到马斯洛的成长轨迹。孩子的成长过程，首先要满足他（她）的衣食住行需要，有了衣食住行的基本保障，生命的成长才有安全保障。但我们仅仅这样去描述生命的成长还远远不够，因为在满足生理需求的过程中，孕育孩子时，我们还要给予孩子充分的爱；孩子出生后，真正的哺乳爱护，是在生理需求和安全需求之内的。

（二）父母亲精神状态对家庭的影响

一个孩子在成长时，生理需要与安全需要同时存在，会对生命产生巨大的影响。生理需要是对衣食住的基本需要，安全需求是对爱的需要、对亲情的需要。反过来，当孩子在成长过程中生理需要与安全需要都没得到满足，对孩子会产生负能量的不良影响。当孩子喜欢这，喜欢那，调皮爱玩时，如果父母没有充分地关心与满足孩子，就会使得孩子在整个成长过程中出现某种状态，这种状态是潜意识的，直接影响到未来孩子的成长。

这一切问题的根源在父母的精神状态，并与和谐的家庭环境有关。如果这个问题不明确，不能把家庭导向一个好家风状态，孩子迟早会出现问题。如果父母总是相互争吵、指责与打骂，会让维护孩子成长的基本元素受到极大威胁。从家庭背景看，像马斯洛一样成长经历的孩子是不少的，又有几个人能走出痛苦？

在日常生活中，父母只要看到孩子出现一点点毛病，就认为孩子有问题，这实际上是父母的过度焦虑，孩子总被父母认为有这个疾病，那个毛病，甚至认为孩子患有多动症。要知道，一般情况下，多动症是孩子健康的体现，父母要允许孩子出现这个"状态"，它不一定是坏事。父母还要明白：失败是成功之母，没有经历过苦难，孩子是不懂得生活的甜和美的。

二、成长过程中孩子的爱与被爱

安全需要里包含着父母的关系,孩子最大的安全需要就是家庭间的亲密、和谐、友爱,这影响着孩子与父母间的紧密度。每一个生命都是从爱中产生的,如果亲情断裂,会带来一系列的社会现象与问题。

(一)爱是安全需要

我们每一个人都是爱的火炬手,正是父母的相爱孕育了我们。我们在成长的过程中,爱与被爱是每一个人都不可缺少的。家庭中发生任何矛盾,涉及的核心问题都是"爱"。爱是安全需要,家庭在爱中进一步升华。

有了孩子后,一旦父母关系紧张,首先在生理和心理上出现问题的肯定是孩子。父母争吵,瑟瑟发抖的是孩子。再往前推,在孕育孩子过程中,我们的思想有一种能量,它能产生动力,这种动力会通过记忆因素存在于孩子身上,影响孩子的健康成长。

孩子需要社交、玩、关注与朋友。父母要尊重孩子,否则孩子会产生焦虑,焦虑严重就会出现孤独症。所以,父母想一想,孩子正常交往时,你们是满足了孩子还是压抑了孩子?

《易经》察言观色地发现:孩子呈现出高智商同时又是封闭状态的行为,孩子的智商非常高,但他跟人交往的能力非常的弱,

荣格

最后会形成某种自闭状态。所有事情的发生都有原因:荣格从小就是一个抑郁症患者,而阿德勒是一个软骨病的患者。他们分析自身的现象,然后去改变这个现象。但他们怎么得了这个病?怎么形成的这个状态?我们要搞清这个根。这与我们的亲子关系是密切相关的,需要我们认真对待。

父母在孩子成长中起着至关重要的作用。[①] 孩子的社交需要,父母是不能忽略的。正常状态下孩子的社交需要总是父母控制着,如果孩子不接受,就会受到父指责、打骂。慢慢地,孩子的情感心理会受到重挫,这样的孩子将来怎么能在社会立足?怎样能获得饱满的自信心?

---

① 姜静.父母的心理控制与幼儿心理社会功能的关系[J].读与写(教育教学刊),2019,16(1):47.

父母给孩子的人生就会变得索然无味，毫无乐趣。发展下去，以后父母与儿女会形成剧烈冲突甚至逆反。问题是你不允许他（她）的社交需要，他（她）就没有被社会接纳的状态。今天的孩子为什么会轻生，因为除了学习还是学习，我们与父母没别的话可说。

我接触到一个案例：一个孩子待在家里不愿去上学，父母请我去鼓励孩子，希望孩子能出来上学。这孩子最后答应出来上学了。一听说孩子出来上学，这个妈妈马上就跟孩子说，你好长时间没去上学了，我们先补习一下再去，好不好？这个孩子马上就说，算了，我不会再去了。

这是不是我们父母得寸进尺？这是不是我们父母出现了焦虑状态？父母丝毫不考虑孩子的心理状态，只看到孩子不符合自己的要求，然后就不断地骂孩子，安排各种各样的补习。这样做，孩子愿意吗？孩子是要被人接纳、爱护、关注与鼓励的。亲情、友情就是社交需要，这就是归属与爱的需要。

有的孩子喜欢讨好父母，特别是父亲。孩子在讨好父亲时，父亲却说"滚一边去，没看到我在忙吗？"要知道，孩子在这一刻是非常伤心、痛苦的。

今天我们感叹许多孩子没有童年，现在自然人文状态没有了。我们住在高楼大厦，住在别墅，结果我们连对面的邻居是谁都不知道。俗语说，"远亲不如近邻"，但这个近邻我们却不知道，孩子没有情感交流，整个情感被切割，从而产生空虚，只有手机为伴。

作为父母，我们要善于利用当地资源，让孩子走近自然，走向生活。[①] 因为孩子对大自然有着天然的亲近之情。在拥抱大自然中体会生活的美好！这一切都是建立在和谐温暖的家庭中。家，永远是一个人行走社会最坚实的依靠。何以为家？家绝不是一个冰冷的房子，而是承载了一家人的冷暖温情，护着一家人安居乐业的所在。"家人闲坐，灯火可亲。"有家回，有人等的日子，哪怕平凡又普通，也是一个人最向往的生活。

（二）尊重接纳孩子的自尊心

从幼儿阶段就要开始培养孩子的自信心，然后逐渐提升他的自尊心。[②] 孩子是有自尊需要的。孩子的自尊心如果被父母不断地指责、谩骂，孩子就会颓废，就会反其道而行之。孩子心里积累着不断被谩骂的因素后，父母将来说什么他都不会听，等到他进入青春期12岁后，他就会跟你拧着来；逆反期到10岁后会逐渐加大与爆发，那时孩子会逐渐失去童真，积压在他内心的逆反心理会不断地从

[①] 陆恺迪. 走近自然 拥抱自然：利用大自然资源对幼儿实施教育 [J]. 科学咨询（科技·管理），2020（09）：87.

[②] 付小平. 提升孩子的自尊爸爸需要知道4的个秘密 [J]. 母子健康，2016（08）：32.

底层的潜意识里爆发出来。孩子与父母形成的重大矛盾都是父母在孩子成长过程中强压造成的，压得变形了。父母要从孩子的角度思考存在的问题，一个生命有自我绽放的能力，就有被尊重的需要。

当年我有一位老师，她女儿已20多岁了。这个女儿做什么情都要回头看妈妈，做任何一个决定也要看看妈妈，瞟一下妈妈的眼神。我发现问题严重，就跟这位妈妈讲："你已严重介入女儿的生活中，她做所有事都要由你来决定。她失去了自我，她害怕做出任何决定你都会否定，你会提出另一个做法"。这就是对女儿的否定，我提醒这位妈妈，但这她还没认识到问题的严重性。结果，一年后，这个孩子真的患了精神病。因为她内在的东西没办法解放出来，内在积蓄的全是压抑和被否定。

（三）让父母更好地认识自己与孩子

人生观和世界观决定了一个人的人生价值取向，而家长对孩子的人生观和价值观有着潜移默化的影响。[①] 安全需求实际上就是爱的需要，一旦安全问题引发人的重大情绪，导致的心理问题就会高发，就会发生一系列问题，甚至会变异。变异在青少年时期可能导致一些突发情况的出现。家庭能量强调思想与动力，思想是一种能量，它有可能引起孩子在胎儿时期就发生变异，因为一个完整的生命可以做出自己的选择。

今天的心理学技术已可探测到一个孩子在胎儿时期就具有人的选择功能和决定功能。如父母吵架，不要这个家了，那我可以离开这个家。也就是孩子在胎儿时期就可主动地窒息自己，或因为紧张情绪导致这一切，或导致身体的神经系统出现障碍。结果，这个孩子出生后就很容易会成为智障儿童。

治疗智障儿童时，你看他的表面上总有智障的某种状态。但你治来治去会发现效果很不明显。因为你是治疗"果"，而没看到"根"。"根"要进入父母关系，进入妈妈怀孕过程中的思想与情感状态。这个思想和情感不是孤立的，与爸爸妈妈、爷爷奶奶、外公外婆紧密结合在一起。如果婆婆不理解，婆媳冲突厉害，孩子在妈妈肚子里是不会安稳，会出现很多问题。

要想孩子心理健康，自信满满，就要认真学习心理学的基本原理，提高心理潜能的实际应用。马斯洛的"需求层次理论"讲的亲子关系，能够让我们的父母更好地认识自己与孩子。孩子教育到一定阶段，父母要学会放手，给孩子一定的发展空间。孩子大了还不放手，还不让他去实现自己，最后会出现另外的恶果。孩子出现了负面问题，都是由于我们父母的当心、焦虑养出来的。

---

① 许修芹. 家庭教育中如何培养孩子的健康心理 [J]. 当代家庭教育, 2021 (27): 47.

三、孩子成年精神问题与精神分析的关系

弗洛伊德的心理学思想影响了世界100多年，给我们带来的是对人类思想的认识。弗洛伊德在研究过程中把人的意识和无意识进行了区分。然后用冰山形象地做了剖析，从而使得人对整个生命状态的认识发生了超越。弗洛伊德行为学提供了不少革命性且具有争议的观点。

（一）性视角在精神分析理论中的应用

从不同的角度对家庭日常生活、个体心理发展过程和精神分析过程进行阐释。① 性的视角实际上就是真实的精神分析理论的应用，而且通过性的视角系统地进行问题的描述。性的视角，在弗洛伊德的精神分析理论中占有一个重大位置。性的背后就是能量，是所有问题的关键和核心。

性的视角就是精神分析。我们青少年、成年、老人心理问题跟性的关系是非常的大。我们以10岁为限，孩子在这时就已出现与性相关的问题。男孩子表现得比较明显，青少年发生很多的焦虑，出现精神与某种行为方面的问题，包括抑郁症、焦虑，很可能与性有关。

潜意识冰山图是弗洛伊德对人类的贡献。弗洛伊德把人的思想意识描述为冰山，包括我们的身体的所有的反应、情绪与身体状态，而我们只看见冰山一部分，冰山下面是属于无意识区（潜意识），我们看不见，它组成了冰山的主体，占90%。

潜意识分为五层。最底层的是生命的大我、本我。第二层往上是过程，生生世世的过程，也是我们成长的过程。再往上面走就是我们胎儿时期，我们父母的整个身心状态的奠定，十月怀胎是我们每一个生命底层逻辑的奠定。相当于我们未来一辈子的密码，奠定好一个营养液，将来这个事情会变得越来越有效，越来越有用，越来越美好。

然后我们出生这一块，在中国文化里有一个你出生的时空位置关系，有一个年月日时的关系记载，这个年月日时系统地把一个生命上下关系聚合在一起，这就是《易经》应用心理学。

（二）对生命底层描述的潜意识

对生命底层的描述与认识，包含着底层潜意识，甚至我们完全认识不到的东西，再往上就是我们的成长，我们进入到现实过程中成长，不断地接受震荡，来到人生的成长、家庭关系、亲子关系一系列的关系层次。

---

① 丁飞. 整合与发展：关系精神分析学研究 [J]. 哲学与人文科学, 2016 (03): 10.

通过冰山图，我们清楚看到：冰山是推动每一个人前进的最主要的核心动力。这个核心动力，用心理学家弗洛伊德与荣格的话讲，就是人谓之于命运的东西，就是潜意识。荣格的分析心理学认为人格结构是由意识、个体潜意识和集体潜意识三个层面所构成。[1] 这个潜意识没有被看到时，你被命运所左右。当潜意识在冰山下被你看到时，秘密就解开了，你就需要去改变它。潜意识被看到，命运就在改变。

孩子出现撒谎问题，你需要去了解他撒谎的原因，你一旦了解孩子撒谎的前因后果，你就会惊奇地发现："孩子撒谎是父母造成的。"因为你不允许他真实地表达和呈现他的状态。孩子考试没有考好，或者回到学校作业没做，回到家，你问做作业了没有？孩子说是做了还是说没做？说没做，你就会骂他。孩子说我想玩，你说为什么要玩？你为什么不学习？你就会有无数的说教，从而形成冲突。为了不冲突，孩子就开始学会撒谎。

但是有一天你发现孩子说的东西都是撒谎。因为当他说了做了以后你会认为他很乖，你很高兴，认为他不错，然后就会允许他玩。孩子如果在学校考试不好，回到家里，你就会批评他，他的尊严一旦失去了，他会感觉到自己没面子。自己不如同学，就会自责，还会出现一系列负面心理反应。到了父母这里，你更加不放过他，让他喘不过气来，这就是孩子撒谎的真正原因。孩子撒谎是为了保护自己，你批评孩子撒谎是道德问题，但孩子撒谎是为了自己活下来，能活得喘口气，父母要明白这个道理。

（三）让孩子充分展现自己，说出真心话

上学的孩子，从6、7岁到15岁左右，他们身上存在的问题越大越难搞，越小越容易。小的孩子几句话就把问题解决了，马上就会恢复到正常。大的孩子经常会出现一个现象，来时就是在哭与闹。不相信父母，我的爸爸妈妈是不会改变的，他们学了太多的东西，学了所有的东西都是为了来整我，没有一样东西不是来整我的，有的孩子发脾气要走，父母也管不住，老师也管不住。然后叫我去，我就跟孩子直接说：你放心，你到我这里，我就对你打抱不平，我第一是替所有的孩子打抱不平。

在短短两天，让孩子充分地展现自己，说自己的真心话，也让父母看到孩子的内心，他想的是什么？他需要父母的是什么？当父母真正接纳孩子的时候，孩子会迅速改变，而这种改变没有大家想的那么难。我们要把"复杂问题简单化"。

---

[1] 莫菲.意识的片段：浅谈荣格的"人、艺术与文学中的精神"[J].名家名作，2021（07）：18.

弗洛伊德的冰山图，如果不了解底层潜意识的形成，就有人会说你压抑孩子，你制造事件、制造焦虑、制造冲突，我们一定要明白亲子关系的心理潜能强调宽容、沟通与传播。

（四）生命不同状态与周期的接纳理解

每一个生命的不同的状态、时间与周期，都有清清楚楚的描述和刻画，你根本左右不了，你只能接纳、支持与理解。这恰恰是很多父母不愿意做的。我们要看到学校的压力，我们给予孩子的也是不断的压力，让孩子脸上很少有笑容与阳光。自信心不足，因为自信心都被父母打压、磨掉了。孩子自信心是需要父母的鼓励与鞭策。

大树下面是不毛之地，父母眼里要看孩子的优点，在完成作业后，让孩子尽情地玩，同时也要接受孩子的缺点。尤其是父母自身非常优秀的时候，往往容易出现这样的现象。父母太优秀，看什么事情都有问题，这样孩子在父母面前就不能流露出他真实的状态。当孩子有一点不符合父母的行为标准或成年人的行为标准时，父母觉得有损自己的面子，就会对孩子严加干预。

千古以来优秀的老师教不好自己的孩子，这是一个不解之谜。为什么这么好的老师，就教不好自己的孩子，主要是"要面子"。你是优秀的老师，你把爱心、关心、关注、耐心、耐性、接受与接纳全给了别的孩子；给你自己的孩子，全是指责、打骂、要求、批评等，你说你的孩子在你面前会觉得你是"精神错位"。不是你自己的孩子，你那么爱他；是你的亲生儿子，你却不爱，就是只会批评、指责，你说你孩子会听你的吗？肯定不会听，所以说会教孩子的父母一定是会爱护自己孩子的。

【思维拓展】

我有个同学，他家六兄弟，他的父亲把六兄弟全部培养成大学生，非常厉害。父亲把对孩子的理解、耐心、关心、积极与孩子互动用在家里，用到自己孩子身上。作为老师，我们只有调整好你与孩子间的关系及用心状态，孩子们的状态马上就会改变。你把关心爱护用到孩子身上，孩子就会感到温暖，感受到爸爸是爱我的，妈妈是爱我的。让我们把爱一起释放出去，用李叔同先生写的《夕歌》来共勉："父母望儿归，我们一路莫徘徊，将来治国平天下，全靠吾辈。大家努力呀，同学们明天再会。"

结　语

　　本文主要采用公共关系中的文献研究法、案例分析法、观察法和访谈法，剖析亲子关系的心理潜能，并结合国内外各专家学者的研究成果，论证了公共关系对亲子关系的影响和价值分析。父母与孩子成长的心理潜能的研究是采取社会建构论视角下的叙事导向展开剖析。家庭是培养孩子成人最重要的地方，良好的家庭关系是滋养孩子自发成长的动力。①

　　要实现家庭对孩子成长的心理支持功能，家长需要摆正心态，把握好育人方向，维系好家庭关系，使孩子在富足的关系中得到滋养；避免重物质轻精神、重智商轻情商、忽视学前期的教育等错误观念，纠正批评多表扬少、只看问题不究根源、注重结果忽视过程、抱怨多等失调行为。策略上，家长可以把握让孩子顺其自然成长、让孩子在肯定中成长两个原则和沟通渐进、操心递减、夫妻恩爱、父母示范等交流沟通方式。

　　亲子关系是儿童最早建立起来的人际关系，是父母与子女之间的一种双向作用的人际关系，父母与子女之间在行为方式等方面是相互影响、相互作用的，良好的亲子互动对孩子心理发展影响极大。但是青春期的亲子关系目前已经发展成了困扰很多家庭的一个难题，怎么改善亲子关系，让青春期的家长和孩子和谐共处是一线心理健康教育工作者思考的一个重要问题。

❓ 思考题

1. 简述高屋建瓴的"需要层次理论"。
2. 简述孩子的自尊心要被尊重与接纳。
3. 谈谈如何让父母更好地认识自己与孩子？
4. 简述对生命底层描述的潜意识。
5. 论述让孩子充分展现自己说出真心话。
6. 论述公共关系对亲子关系的影响和价值分析。

---

① 宋振韶，张志萍. 营造孩子心灵的港湾发挥家庭心理支持功能［J］. 创新人才教育，2020（03）：51.

第三节　父母因材施爱有妙招
——《易经》心理实战应用

教学目标：

《易经》包含的哲学思想博大精深，对现代心理潜能的研究仍有借鉴意义。而在新媒体环境下，新媒体的广泛受众是公共关系建设不可忽视的重要部分。对公共关系的发展而言，可谓机遇与挑战并存。

"国学"最早是指国家一级的贵族学校。西周时期的学校分为"国学"和"乡学"两种：设在周王朝都城和诸侯国都城的学校为国学，是大贵族子弟的学校；各地所设的乡学则是一般贵族子弟的学校。晚清以后，"国学"被赋予了新的含义，其中有代表性的意见是把"国学"引申为"中国传统学术"。1904年开始，梁启超明确用"国学"代替"中国学术"，这是表达贯通几千年中国学术的最佳词汇。[①]

本节以易学的基本概念与历史发展为基础，以五行思想对易学的影响为核心，透过易学经典及易学流派的形成与发展，揭示五行思想对易学思维方式和价值观的指导意义，对中国哲学发展的理论贡献，[②] 以及心理实战应用。

引　言

《易经》包含的哲学思想博大精深，对现潜能开发的研究仍有借鉴意义。以《易经》泰、否两卦的哲学启示为例进行分析，对父母因材施爱有妙招：《易经》心理实战应用具有重要意义。[③] 从伏羲始作八卦至《易经》成书约三千多年的历程，其中包含了天地人间、社会自然的规律运程，一直流传至今。然而，正是这本"中华之根"，却被人们认为是古老而神秘的天书，只能用于算命看风水，甚至有人将其等同于封建迷信。所以，分析人们误解《易经》的观点，找出《易

---

① 白兆麟. 国学与"易经"[J]. 中国语言文学研究，2015，17（01）：36.

② 刘新平. 易学中的五行思想研究 [J]. 湖南师范大学湖南省211工程院校，硕士电子期刊出版信息：2014年第09期.

③ 徐文. 从行政哲学角度看新媒体环境下政府公共关系策略选择：以《易经》泰、否两卦为例 [J]. 安徽行政学院学报，2015，5（06）：51.

经》被人们误解的原因，并提出相应的对策，从而增强国民的文化自信，这是深受《易经》影响的人们急需做的一件事情。①

创新是一个民族进步的灵魂，是国家兴旺发达的不竭动力。一个民族缺乏独创能力，就难以屹立于世界民族之林。国学新形势下培养创新潜能尤为重要。而应用《易经》就是本节的切入点。简单地讲，就是用《易经》来了解生命，了解人、事物的各种关系以及心理、心态，这在古代是帝王将相才有机会学到的内容，在当今这个大好时代，只要你愿意，我们每个人都有机会学。

中国古代的哲人认为，世界是由金、水、火、土五种元素组成的。这五种元素各自具有不同的特点，彼此间既相互依存，又相互制约。② 人与自然万物具有相同的时空结构。所有的事物都在五行中，在事，它体现为特性，而在人，则体现为性格和心理。如果把五行对应到人，不同的人属不同的五行，了解阴阳和五行的特性，我们就能"尽人之性"，《易经》的阴阳和五行是探索人与天地万物关系、开发心理潜能的重要基础。五行又分阴阳，运用到人的心理性格上，比如：主动与被动，主见与配合，分散与专注……因此，同中有异，共分十类。在心理特征的应用中，地球上的十类孩子对应的人物特征，我们分四个板块进行解读：第一，自然属性；第二，孩子特性；第三，案例分享；第四，自我提升和因材施爱。

一、木

五行的原理是中国人的思想律，它在易学中也有重要的指导作用。③ 树木花草都属木，木是生发条达，它是一种生长的状态、梳理的状态。属木的人会体现出一个积极向上的心理、心态，有爱心。

（一）大树型

1. 自然属性

阳性木，像参天大树，树干直，有支撑力，木的生长向下是扎根在地里，向上是枝叶往空中争阳光，独立生长，挡风遮雨。

2. 孩子特性

大树型的孩子直率、硬朗、有主见、吃苦耐劳、勇于承担、敢想敢干、越挫越勇，独立向上，脚部易冷，身体偏寒，喜欢用好的东西，爱显摆，不易认错，

---

① 罗鑫银，贾孝敏. 探析人们误解"易经"的原因：基于文化自信[J]. 汉字文化，2022（02）：59.
② 张澄宇. 认识"五行"[J]. 小学生学习指导，2021（26）：15.
③ 刘新平. 易学中的五行思想研究[D/OL]. 湖南师范大学湖南省211工程院校，硕士电子期刊出版信息：2014（09）.

不妥协。喜欢有一个独立的空间和施展的机会，乐于助人，庇护他人，特别是弱势群体。但过度承担后就容易情绪爆发。

3. 案例分享

有位妈妈，孩子是大树娃，疫情期间他在家打游戏，孩子爸爸看孩子打游戏厉害就和他约定说明天开始要少打，孩子也答应了。到了第二天，孩子忘了约定，游戏瘾上来了还是打，爸爸就说孩子，发现这个孩子不听，爸爸就来气了。而爸爸本身也是大树型，两个都是又直又硬、不转弯的人，矛盾从骂到打瞬间激化。孩子当然不轻易认错，两个"大树"就杠上了。奶奶来劝架也没用，孩子说："现在我看你们都很冲动，应该冷静一下，我出去。"

这话说完爸爸就更来气了："你没讲道理，还让大人冷静一下，像什么话！"妈妈学习完《易经》，了解父子的特性，马上以柔克刚，在孩子发怒的时候不去惹他，等他消气后妈妈跟他谈心，把事情还原，孩子说着说着就哭了，其实他心里非常明白是他错了，但是他受不了爸爸这种强压的方式，激起了他的应激模式。妈妈通过安抚和谈心，以软化解了这个冲突。

4. 自我提升和因材施爱

学会冷静处事，说话做事圆融，增强弹性和韧性；学会换位思考，关注他人感受；放下面子，戒骄戒躁，学会谦卑低调，臣服敬畏，避免傲慢心顶撞上级，跟身边人发生对抗；庇护他人的时候也要学会讲原则和底线，要学会信任他人，增强团队协作意识，而且在困难大的时候要懂得求助，加强沟通。

对大树娃怎样因材施爱？给平台就是爱，让他充分发挥自己，展现自己，多给机会点赞，那么他就会有很高的自信和能量去做更多的事情以服务他人、服务社会。对大树型的人"以柔克刚"就是爱，接纳他认识错误的方式和节奏，允许他在自己的人生过程中通过吃一堑长一智的方式改变自己。

（二）藤蔓型

1. 自然属性

阴性木，像花草藤蔓，柔软坚韧，能屈能伸，借势而上，适应力强。如牵牛花、爬墙虎等。

2. 孩子特性

柔软、细腻、低调、温柔、谦让、有耐心、有主见、胆大心细、不服输、梳理能力强、易灵活变通，虽然内心好胜，不爱出风头，但会低调圆融达成目标，擅长做辅助性角色，有依赖性、吃苦耐劳、借势而上、人缘较好，不易与人当面发生对抗。

3. 案例分享

有个藤蔓娃的妈妈有一次就非常无奈地跟我说："你知道吗？我这个孩子呀，

不跟别人争的。"在校运会上选拔田径队苗子，这孩子就跟妈妈说他故意跑得慢，妈妈就很奇怪了，问他："你不是要争取选上吗？你不是要赢吗？为什么要跑慢呢？"她儿子说："我不想被选上。"妈妈就问他为什么，他说："我不想选上以后总被那么多人看着我跑步，我也不想跑第一，所以我就故意跑慢一点，就是故意落选。"

一位藤蔓型大学生毕业之后被统一分配到某市铁道局。同期报到的毕业生因为在一线工作太艰苦，不到三天走了一大半，而这个藤蔓孩子天天面朝黄土背朝天，日晒雨淋满身臭汗，不怕苦不怕累坚持了下来。

有位爸爸批评藤蔓型孩子写毛笔字不够工整说："你这个字怎么写得不好？歪歪扭扭的！"他心里面不服气地想："不是这样的，我是可以写好的，我已经写得很好了！"但是他不会跟他爸爸去辩，而是默默地使劲，变着法子跟爸爸搞点小别扭，直到他跟爸爸证明自己是对的。藤蔓型孩子也有仁爱之心，在玩耍中发生争执，明知对方不对，把那个调皮捣蛋的孩子摁倒在地上想惩罚他一下，当听到别人呻吟难受，就觉得："哎呀，是不是我太狠了啊？"马上手一松就把人给放了，容易心慈手软狠不下手。

藤蔓型的孩子不喜欢成为焦点，比较愿意在一个低位去成就他人、展现自己，他就是喜欢默默地为别人付出和展现自己的才华，做人做事喜欢低调。一位家境好的妈妈开一台红色跑车来接孩子放学，要不他就迟迟不出来，因为他希望大部分同学先走完，别看到他妈妈这么张扬地接他；要不出来之后就躲在树干和电线杆后面，车来了左看右看、前看后看，确认没有相熟的同学在附近就冲到车上，立刻把车门关上赶紧走。哪怕品学兼优被同学推举做班长，他也只愿意做一个卫生委员或者小组长就心满意足。

藤蔓型的孩子的画作细致到要用放大镜来看才能看清楚里面的笔画。他妈妈经常说："你的画是怎么画出来的？感觉像用显微镜画出来的一样。"孩子却觉得很诧异："这个事情很好办啊，就是拿尺子、圆规、很细的笔、拿各种东西来把它很认真地一点点画出来嘛！"比如说去超市，妈妈发现年纪小小的藤蔓娃为了证明自己是男子汉，他会一个人提着几大包。因为他内心好强，想别人夸他赞他。

4. 自我提升和因材施爱

做事情还是要有原则，不要轻易改变立场来获得别人的认可和关注；培养独立自主的精神，即自信的发挥靠自己，也要靠团队协作；克服自卑心理，不要轻易否定自己，真实表达内心的想法和感受；提升格局，学会顾全大局，如果太聚焦在小的事情上面，可能会忽略大局的把握和方向的把控。

对于藤蔓型孩子怎样因材施爱？多认可和鼓励。对于藤蔓型人来说，及时的认可和鼓励就是爱。多向藤蔓型表达爱，告诉孩子："你做得很好，妈妈爱你，妈妈看到你的进步了！"对孩子及时认可鼓励。理解藤蔓型的低调也是一种优良的品质，不要一味地把孩子推上聚光灯的中心，同时要多给平台让藤蔓型孩子有展现的机会。

二、火

火包含了太阳、山火等，它是一种炎热向上的状态，它本身是发光发热的，同时也是不断地燃烧、向上。属火的人也是非常热情、非常乐于助人的。

（一）太阳火型

1. 自然属性

阳性火，像太阳之火，炎热、猛烈，传播非常迅速，而且直接到位，太阳普照大地，无条件，夏天的太阳非常炎热，春秋的太阳暖洋洋。

2. 孩子特性

热情开朗、心直口快、有礼貌、爱热闹、怕热、爱说爱唱、脾气急躁、健忘不记仇、是性情中人、心宽体胖，热心助人、乐于分享、无私无求、积极进取，很享受成为人群焦点，喜欢登台做主持或演出，是集体中的活跃分子，注重仪式感，天生具有哲学思维。

3. 案例分享

太阳娃从小就喜欢问："妈妈，人到底从哪里来的？人死了以后去哪里啊？我们人一辈子活着是为什么呀？"他们天生对人充满好奇和探索，往往把父母问得一愣一愣的。

太阳火型的孩子体热，特别怕热，喜欢吹空调喝冷饮。有一次问孩子的梦想是什么？有位太阳娃说："我的梦想是天天住在冰箱里。"

还有一位丙火孩子没训练过就直接入选学校合唱队，发展唱歌、演讲、主持有绝对优势，可以通过这方面找到内心的自信。这类孩子热心助人，看到别人难受，他更难受，所以他就竭尽所能就像救火队一样，奋不顾身地去帮助别人，不计得失。

有位太阳火型孩子在跟父母吵架的时候最怕翻旧账，听完两眼一抹黑，为什么？因为他脑袋短路了，压根儿把自己曾经说过、做过的细节全忘了。吵着吵着就不知道怎么接话了，最后就只能一股脑儿说："唉，算了，不跟你吵。"其实不是他不认账，而是真忘了，所以说不清楚往往就火气上身，发脾气。父母理解了就不会上纲上线了。

太阳火型孩子心门是开的，心里憋不住、藏不住事儿，有事一定要说出来。

一个太阳火型孩子小小年纪就能跟父母在饭桌上讲道理，争论一个问题非要说服父母。发现说不通他就花一天时间全部写出来，然后塞到父母的卧室的枕头底下，不讲清楚不罢休。如果不让他说痛快，就会形成压抑状态。

4. 自我提升和因材施爱

要学会调整自己，切记不要一时冲动、感情用事，对人对事有耐心；学会低调行事，站在观众的角度去欣赏别人；要懂得换位思考，学会关注别人的感受；助人有度，要根据别人的需要去给予帮助，千万不要热心过头了；少说多做，带着对自己的觉察，聆听、体察身边的人。

对于太阳火型孩子怎样因材施爱？理解孩子的特性，冷暖自知，允许其有自我调节温度的主导权，允许孩子多表达，创造机会让他在更广阔的空间释放火力，多创造机会让他付出和帮助他人。能收获价值感和自信心；多创造表演展示的机会，如主持节目或主持仪式的活动，哪怕是小小的生日聚会、过年过节，甚至一顿很隆重的聚餐，都可以让他来主持。让太阳发光发热燃烧起来。

（二）灯火型

1. 自然属性

阴性火，像是灯火、蜡烛之火，温暖专注，默默燃烧，需要赋能可以燃烧更旺。

2. 孩子特性

温和有礼，舒服暖心，低调内敛，照顾人体贴入微，细致周到。在确认你需要的时候，他愿意毫无保留地帮助你。

3. 案例分享

灯火娃的唱跳是本能，上台是随叫随到的节奏。无时无刻都哼着歌舞动手脚，洗澡就成了她开麦高歌的最佳时机，歌词都能默写在玻璃门上，有一次妈妈开着电动车从地铁站载她回家，就路上的几分钟，孩子都要戴着耳机听着歌比画着舞蹈动作，结果没想路经门岗时，她手一伸还把手机打飞了，真是有惊无险。家里有聚会，她喜欢来做主持，碰个杯，切个蛋糕，吹个蜡烛，然后搞个开场仪式。

灯火型的孩子很愿意照顾别人，而且也能照顾得很好，经常成为一群小朋友里面很受欢迎的一个角色。她喜欢闹中取静，经常跑到餐厅或客厅做作业。

灯火型孩子是细致款，做事情认真、讲求精美。做家务要不就不做，做就彻底干净，自己房间的物件和文具摆放得整整齐齐，还很有美感。

有一句话："有一种热，叫作妈妈觉得你很热；有一种冷，叫妈妈觉得你很冷。"灯火孩子的身体偏热，我们要懂得按需提供照顾，懂得他才能够知道怎么爱他。

4. 自我提升和因材施爱

要学会调整自己，不要过度地操心劳累，相信别人也有照顾自己的能力；学会抓大放小，别会捡了芝麻，丢了西瓜；要避免多愁善感、多虑和否定自己；学会爱自己，不仅要照顾好别人，更重要的是照顾好自己，主动表达内心需求，接纳别人的照顾。

灯火型的孩子需要怎样的爱？首先要给他唱歌、跳舞、表现的机会，要给他及时的赞美和付出的机会，要理解火人的降温需求，每个人都会为自己做出最恰当的选择，只有自己最知道自己需要什么。

三、土

土就是大地、土壤和石头等。土是主长养化育，在土里面可以蕴化万物，矿石在土里面，花草是种在土里面，水也隐含在土里面。属土的人包容。同中有异，分为大坝土型和池塘土型。

（一）大坝土型

1. 自然属性

阳性土，像大地之土、大坝之土，厚实宽广，承载万物。硬朗牢固，流动性弱。

2. 孩子特性

耿直憨厚、踏实内敛、诚实守信、豁达包容、善良、力气大、不善变、守规矩、喜欢环境整洁、喜欢简单的表达和相处模式，不善于花言巧语，喜欢动手不爱动脑，一心不能二用，思维反应较慢，感受力偏弱，常坚持己见不易妥协，忍让委屈情绪不易化解，易记仇生闷气。

3. 案例分享

大坝土型的孩子经常给人一种憨实、傻呆呆的感觉，擅长干力气活儿。不喜欢有太多的人为的变化，如果父母的要求朝令夕改，就会觉得很难受，接受新生事物较慢，往往需要时间去适应。有位爸爸抱怨说，有一次家庭旅游，定好了攻略和游玩线路，原定去爬长城，后来说改去故宫。孩子死活不愿意，好说歹说就是脑袋转不过来，非要跟你拧，搞得大家都不开心。家长觉得这孩子怎么这么死脑筋，不听话不懂事？后来经过我们解读，爸爸才知道这是孩子的特点，要改计划需要事先跟孩子有充分的交流，有理有据说明原因，并且不能着急。

做事情不能一心二用，如果大坝土型孩子在专注做事而被父母打断，脑袋就会发蒙，甚至发脾气；大坝土型孩子特别害怕被别人催促做事情，喜欢按照自己的节奏来安排。

不能随便开玩笑，很多时候呢，可能你笑完了他还没反应过来。因为他不知道你的笑话到底是什么意思，是讥讽他呢？还是跟他友好地开玩笑呢？他分辨不了。有一次一群孩子玩自拍，有人说："哎呀，小明你的头这么大，你看合影里面就只看到你一个人了。"本来是开个玩笑，结果他会说："你是在笑我头大？"当我们发现大坝土型的孩子莫名地生气，需要理解孩子，不去责怪他。

一个大坝土型娃，守规矩、特别听话。班上有不同类型的孩子，整天做小动作，不是抠手指就是玩笔，左顾右盼地聊天，老师上课非常头疼，批评、罚站招用过了都没用。后来就把大坝土型娃放在那个角落，秩序就安静了。土孩子自身的五行特点自动发挥了稳固规范秩序的作用，在这个孩子身边其他孩子觉得捣乱也无趣了。

大坝土型孩子在班上当课代表非常认真，把老师说的一些工作要求、收作业要求条条框框都一五一十地去执行。

4. 自我提升和因材施爱

要懂得及时跟人去沟通自己的状态和感受，避免因为沟通不畅产生误会；要提升对别人的感受力，多表达内心感受；要多走动多运动，避免闷在有限的空间里走不出来。

对大坝土型孩子应该实施怎样的因材施爱呢？要接纳孩子的节奏，多观察他，给予他充分的时间消化和执行，不要用你的观念去催他、打压他、否定他，要允许事情一件一件来，不要把几件事情同时交代给孩子；要创造劳动付出的机会，让孩子能够参与更多的家庭事务中，体现他的价值感，要及时地给他点赞和肯定。对大坝土型娃来说等待就是爱。

（二）池塘土型

1. 自然属性

阴性土，像是池塘之土，湿润细腻，黏合度高，化育万物，可塑性强。

2. 孩子特性

温和谦逊、自尊心强、感知力强、适应能力好、感情细腻、敏感多疑、喜欢黏人、善于察言观色、很在意别人的看法、缺乏安全感、担心不被重视、做事认真细致、照顾别人很暖心，喜欢做家务，容易被动、情绪内收常有复杂纠结的心态、需要及时回应他的爱，需要多接触大自然和阳光，接受正能量。

3. 案例分享

有位池塘土型女儿的妈妈分享，疫情期间她要上班出门女儿就给她准备好口罩，递包，提醒妈妈下雨要带伞，当妈妈要回家，她会提前打电话询问："妈妈你到哪儿了？你几点钟能到家呀？"她要确认妈妈到家时间，提前把拖鞋放在门口，消毒水消毒液就备好在小板凳上，让妈妈一摁就能用，做好一切的迎接准备。当妈妈推开门进家门的瞬间，感受特别暖心。

池塘土型的孩子很愿意分担家务。家里搞卫生的时候，她非常乐意帮忙递抹布、擦桌子，做一些打扫清理。在家里收拾东西，很喜欢把柜子里面的瓶瓶罐罐都整理得很整齐，包括油、米、盐罐子哪个高，哪个矮，哪个大，哪个小，他都会特别有想法，根据合理的比例进行摆放安排。

池塘土型的孩子去到哪里都能够很快跟别的孩子玩到一起，为什么？因为孩子的结构自带黏性。池塘土型娃说话也会考虑得很周全，不会说一些让人难受和难听的话，比如说，你问她喜欢妈妈还是喜欢爸爸？她一般不会正面地回答你这个问题，因为说喜欢谁都会得罪另一个，对吗？他会委婉地说些谁都不得罪的话，让大家都开心。她很会讨好人，知道父母喜欢听什么，很敏锐地感受到别人的内心感受。

同时，池塘土型的孩子情感细腻敏感。这个妈妈就发现，有一次姐姐跟妹妹交往的时候，可能因为姐姐说话大声了点，这个池塘土型妹妹就很伤心。为什么？她感受到的是姐姐不爱他，然后就会产生一些负面的担心情绪。如果爸爸辅导作业时语气重了一点，她感受到的就是压力，即使爸爸只是就事论事，而她马上就会演绎成爸爸不喜欢我而产生内心的焦虑和担心，然后哇哇大哭。所以对待这类孩子，说话做事要注意分寸和尺度，可以多询问确认孩子的想法，避免造成曲解和误会伤害孩子。

池塘土型孩子最喜欢的就是黏人和被哄。所以，父母就要多抱抱她，哄哄他，告诉她说，刚才为什么不开心啊？爸爸说的什么话让你难受了呀？你想爸爸怎么跟你说呢？一点一点地引导她把刚才心里面受的委屈说出来。通过拥抱和身体接触，她才会真切地体会到你爱她和安全感，自然就放下内心情绪和那个不喜欢的部分，很容易就能跟你达成一个共识，甚至承认自己的错误。池塘土型孩子也是一个撒娇能手。

4. 自我提升和因材施爱

学会安心，不需过多的思虑和猜测；要学会独立做事，避免过度依赖他人而造成的压力和控制感；提升信任度，把眼光放长远看大局，解除执念和疑心；学会直接表达，让对方直接及时理解你的意思和需求。

对池塘土型孩子应该实施怎样的因材施爱呢？要正面表达，时时表达爱，刻刻来拥抱，令其感受到安心和安定，多给予赞美和微笑。多到户外接触阳光自然，接触正面积极的人群和环境。

四、金

金包括了金属、矿产还有玉石。你会感受到它是冷静的。属金的人显得比较冷静，甚至无情。

（一）大刀金型

1. 自然属性

阳性金，像大刀之金，刚硬寒冷肃杀，传导性强，需要火炼。

2. 孩子特性

重义气、硬朗、有正义感、严谨认真、原则性强、逻辑性强、梳理总结能力强、语言表达犀利直接、眼光锐利、感受力弱、不讲究情调、跟人交往有距离感、吃软不吃硬、不爱收拾打理自己、喜欢冷静自处、能经受困难的考验、容易吸引热情开朗的人。

3. 案例分享

大刀金型的孩子说话会抓重点，有一说一，不喜欢唠唠叨叨。如果父母在他身边唠唠叨叨，整天说个事情抓不住重点，说半天不知道想表达什么，他就会跟你急，如果发现无效，就采取躲避、不面对你的方式。跟这类孩子打交道要掌握窍门。要谈就往大了说，结合大政方针来说，跟他讲传统文化是长幼有序，家风、家貌、家传必须尊老爱幼，高度提升起来就容易跟他同频，他也很愿意听，而不是婆婆妈妈唠叨一堆。

大刀金型的孩子容易丢三落四。有位家长带孩子到外省参加一个集体拍摄活动，两天之内把自己随身背包丢了八次，是什么概念？转眼就忘，转身就丢。包丢了被其他家长找回来，丢了又拿回来，一共八次，最后回到广州机场，从下飞机到坐上大巴车这一小段路，最终还是把包给丢了。这位妈妈非常无奈："你怎么跟你爸一样？你爸也是大刀金型，你也是大刀金型，两个人把东西都是丢光光的。"所以后来这位妈妈总结了一个经验，不用给他带水杯了，想喝就买更简单。所以大家是不是觉得这样的孩子也是挺好玩的？如果你不懂他，可能因为丢杯这件事儿，都够你天天骂的。

但有些时候，我们除了引导、教育之外，更重要的是要去理解、尊重孩子。特别是年纪小的孩子，有些行为父母需要长时间进行观察和引导，而不是一味指责，因为金有内收的特性，情绪不易疏导，接受负面情绪容易积压导致身心问题。

大刀金型孩子跟池塘土型孩子相反，特别不喜欢搂搂抱抱，他会起鸡皮疙瘩，觉得造作不自在。为什么？因为他喜欢有距离感，不愿意跟别人有过多的亲近，你对他的关爱可以用别的方式表达。

有位妈妈分享说，她要出差出门前跟孩子门道个别，对着藤蔓木哥哥说："来，妈妈抱抱，我要出差了，两天后回来，爱你亲一个"。哥哥很受用，感受到了妈妈的爱。到了大刀金弟弟，他就是像完成功课一样走过来应付式地跟妈妈抱了一下，妈妈还在享受拥抱的温存时，弟弟不自在地说："妈妈，可以了吗？我要上学了。"对待不同款的孩子，父母的行为方式要做适当的微调。

4. 自我提升和因材施爱

要觉察自己，不要太过意气用事；要学会感受他人，不能老是说自己无感就不用顾及别人的感受，丰富生活的体验感，增进情感连接；避免沉浸在自我的空间里，自以为是，多跟人交流意见达成共识；尊重别人的决定权和选择权。

对大刀金型孩子应该实施怎样的因材施爱呢？适当地保持距离，多给他做决定的机会，让孩子参与家庭事务的商议和决定，发挥他的优势。你愿意听他的，他就觉得很爽，你愿意尊重他的意见，他就会觉得很有价值感。创造温暖的环境去熏陶他、引导他，感受生活、音乐和美，慢慢增强对外界的感受力。

（二）首饰金型

1. 自然属性

阴性金、首饰之金、寒冷、精美、可塑性强，需要火炼。

2. 孩子特性

温文尔雅、感情细腻、思维灵敏、讲义气、重情调、能言善辩、喜欢安静、有耐心、注重形象、规则感强、学习吸收力强、做事观察细致、善于换位思考、精打细算、逻辑性强、喜欢琢磨梳理、喜欢掌声、喜欢跟积极正面的人打交道。容易自我否定、情绪容易内收、易受他人影响。

3. 案例分享

首饰金型娃很有规则感。有个首饰金型孩子连上厕所用卫生纸都很有讲究，孩子多次跟父母强调拿卫生纸的时候一定要按格子来拔，且要拔干净，他感觉这样才舒服。其次，有审美感，每次理发、选衣服都要依他自己的审美标准选择和定夺，否则不干。

有一次要出门，他衣服都穿好了，出门的时候他不高兴了，为什么？原来他今天穿了一件条纹的衣服，却没穿条纹的袜子，他就跟妈妈说想去换一双袜子。从这个细节我们就可以看到首饰金的孩子对美、对搭配，他有自己的一套的要求和想法。我们可以培养他从事跟审美相关的职业、兴趣爱好和行业，因为他就天生有这样的优势。

首饰金型孩子喜欢安静，虽然说他有些时候跟热闹的孩子玩到一起也挺开心，但是大部分时间他不喜欢太吵闹，如果太吵闹了他就会嫌烦。经常被打扰他会很烦躁，变得没有耐心。

首饰金型孩子特别喜欢掌声和鲜花。有个孩子自己报了主持人兴趣班，妈妈就奇怪怎么会喜欢上台？好像他对这方面也没有太多的兴趣啊？学了一段时间，孩子跟妈妈说："其实我是很享受当主持人听到台下面的人鼓掌的那个时刻，很享受站在台上听着掌声的感觉。"其实他的重点不在于做主持人的那些内容和环节，重点在于一起一落的掌声。掌声会令孩子冷静的状态激活，潜能激发，增强自信和有成就感，让他确信："你就是很棒的。"往往孩子的心理需求很简单，只需要我们大人去了解和捕捉。

首饰金型孩子很讲情调，别看他小，但是妈妈工作辛苦回到家累了，他会很主动地去给妈妈捏背、捶背、按摩；周末去户外玩耍，只要有草地鲜花，他都随手摘一朵小野花来送给妈妈。在餐厅吃饭，菜肴拼盘里面的雕花装饰，他会拿来送给妈妈。

还有一个首饰金型的男孩子，他妈妈讲他的逻辑性非常好，数学学得非常棒。刚小升初他就自觉地去找初中数学和更高年级的微积分来自学。他喜欢推理、琢磨、思考这些数理方面的问题。在初中参加计算机的编程考试都是自学的，参加省市数学和编程大赛屡屡获奖。

4. 自我提升和因材施爱

首先，放下面子，不轻易否定自己，不纠结在对错上，让自己放松下来；对事情想得太多自寻烦恼，避免过度停留在自己的内心，而是通过表达和行动来落实；尊重自己的真实感受，坚定立场，学会拒绝；要学会从细节当中抽离出来，顾全大局。

对首饰金型孩子应该实施怎样的因材施爱呢？给予他专注的空间和时间，耐心等待，允许和欣赏孩子对美的追求，做事情要按照原则规则来，多关注多表达爱，多让他去表达情感，经常给出掌声和鲜花。用积极温暖的元素影响孩子，听好的音乐，接触正面的人和环境。

五、水

大海、大河、大江、溪流，都是水。水是寒冷向下、是顺势而下的。属水的人，灵活。

（一）江海水型

1. 自然属性

阳性水，像江海之水，奔腾不息，汹涌澎湃，宽广浩瀚，顺流而下。

2. 孩子特性

江海水型的孩子大气包容、机灵敏捷、随性自由、聪明智慧、感知力超强、表达能力好、思想活跃、善变圆滑、说得多做得少、不拘小节、规则感弱、能一心多用、空间感强、学习模仿力强、善于举一反三、有远见有格局、不爱收拾、擅长演讲策划，喜欢自由自在。

3. 案例分享

我们在咨询时经常听到家长抱怨，江海水型孩子随性散漫，不喜欢被管束，做事情磨叽拖拉，经常丢三落四乱放东西，容易让人看不惯招惹批评。比如在幼儿园不守纪律，坐没坐样，站没站样，上课没坐一会儿就要到处跑，懒散多话，上学迟到，鬼点子很多。

一个江海水型的孩子说："我能躺着就不爱坐着，能坐着我就不爱站着，能站着我尽量还要靠一堵墙，我就不喜欢这样直挺挺地站着，太累了，站不住。"

他们学语言非常快，而且不仅仅是学一种语言，英语、日语、德语、潮汕话，只要是语言都特别有优势，语感非常好。因为模仿力和空间感好，江海水型孩子看到一幅图或者一个真实的场景，他很容易能够抓住那个情景的特征和感受，然后画出来。

江海水型孩子一心多用。孩子在家里面听着故事、吃着东西、看着电视、画着画，还能够跟妈妈交流，天生就具备同样做几件事情的能力。江海水型孩子不爱收拾，喜欢乱放东西，都摊开来看着才舒服，容易找。比如想找个U盘，顺手就拿，如果把它藏到柜子了，结果找不到了。作为家人，应允许在他在自己的空间里有自由度，避免过多的要求和管束，激化亲子矛盾，引起家庭问题。

4. 自我提升和因材施爱

注意培养意志力，避免随波逐流、虎头蛇尾，做事情要善始善终；要多动手、踏实做事，少说多做，放下不切实际的空想法；守信守时，不要信口开河，承诺的事情要要用心去做到；学会自立，懂得约束自己，遵守规则才有真正的自由。对江海水型娃怎么样做到因材施爱呢？给空间就是爱，他需要被理解、需要空间，哪怕乱也要有自己乱的一些空间。如果他有表达的想法、有一些愿望，我们就要满足他，给他机会去表达。

对江海水型孩子应该实施怎样的因材施爱呢？顺势而为就是爱，给江海水型娃自由和空间就是爱。父母的管教不要太苛刻，太严格，让孩子自然成长、阳光自信，绽放天性和本性的同时，适时引导改善需要提升的方面，循序渐进地成长。

（二）池塘水型

1. 自然属性

阴性水，池塘之水，安静秀美，边界清晰，流动性少，易被污染。

2. 孩子特性

宁静优雅、情感细腻、随顺低调、小家碧玉、内敛多思、注重品德、直觉灵敏、思维活跃、表达流畅、观察敏锐、对人要求严格、纠错能力强、自我保护意识强、做事认真细致、勤奋努力、喜欢幻想、遇到困难容易回避、易生悲观、缺乏安全感、爱干净整洁、注重情调和生活品质。

3. 案例分享

池塘水型孩很爱干净。厨房、卫生间的垃圾袋都又脏又臭，孩子不愿意去，当妈妈很细致地把垃圾袋绑好，外面再装好一个干净的垃圾袋提给孩子，他才愿意接活儿。池塘水型孩子爱收拾爱打扮，收拾衣柜会把每件衣服都叠得整整齐齐，高度、摆放角度都注意到，衣柜里挂的每件衣服分门别类，按照季节、质地、颜色、喜好分好。选择穿衣打扮颜色比较暖、柔美，比如说芭比娃娃、汉服、唐装，头饰发型也得搭配上，追求完美。

池塘水型孩子被我们形容成玻璃小姐，什么意思呢？就是她比较脆弱，需要呵护，又因为水的敏感性，她有很敏锐的直觉，如果把话说尽、说重，那可能对于池塘水型的孩子来讲就会让他的内心受到伤害、受到影响。安全是很重要的一个原则，如果超过了她安全可控的范围，心里没有底的时候就会担心害怕，甚至不敢去选择尝试。

当然伴随着孩子慢慢长大，人格和心理逐步健全，自信心也建立起来的时候，父母就可以适当地给他做一些挑战和引导，尝试一些突破。

4. 自我提升和因材施爱

首先要相信自己，也相信他人，适度地放低对人的要求，放下对完美的执着，新的可能性才出现；要学会抓大放小，否则扎进细节里面出不来，会延缓对整个事情的推动和完成；要多运动，多接触一些正面的信息，避免负面的东西积压在心里；要更加踏实诚信，少想多做，身体力行来聚焦自己，而不仅仅是用脑袋在想。

对池塘水型孩子应该实施怎样的因材施爱呢？首先安全就是爱，给予安静整洁的环境就是爱，多陪伴就是爱，因为他很需要通过陪伴来体会自己和他人的关系来体会这份安逸、安全的感觉，欣赏她的细腻和优雅，帮助其疏导积压的负面情绪，多跟正面阳光的人进行交往，让他在一个温暖、积极的环境里自然去吸收更多好的东西。

教学可以看成是一个复杂的信息系统，同样需要"金、木、水、火、土"的和谐与平衡。"金"——让教学价更高：教学需要"金果子"、教学需要"金点子"；"木"——让教学势更强：教学需要"叶的衬托"、教学需要"根的深入"；"水"——让教学流更长：教学需要"水的包容"、教学需要"水的灵动"；

"火"——让教学情更热烈：教学需要"热情"、教学需要"热心"；"土"——让教学质更实：教学需要"土的质朴"、教学需要"土的质地"。①

结　语

《易经》是我国古典哲学的重要组成部分，对现代家庭心理教育研究仍有借鉴意义。家庭潜能研究对现代公共关系的发展具有指导意义，时代呼唤创新型人才，创造力的培养已成为中华民族的当务之急。以习近平总书记在纪念共青团成立90周年大会上的讲话为指针，从国学经典出发，为发掘人的创新潜力、创造潜能献言，探索在新形势下如何培养人的创造力。学习《易经》的基础理论，运用五行相生相克方法来了解生命，了解人、事物的各种关系以及心理、心态，解读身边人的生命信息，解决社会关系或教育中的实际问题。

父母因材施爱有妙招的《易经》心理实战应用是"创新潜能"的国学培养实践应用。五行就是阴阳的五种运行方式。整个宇宙都是五行的体现，都是阴阳的显化。当然，人也会受到阴阳和五行的影响，自然由此产生的心理、心态就跟我们的五行是对应的。

本节在公共关系环境下，从逻辑与心理的关系角度入手，客观分析易学逻辑思想中蕴含的阴阳五行推类方法及其对中国传统文化的影响。对于易学逻辑与心理应用的研究，是在众多学者关于易学逻辑研究，关于中国古代文化各个领域研究的基础上进行的学术理论整合。易学推类的心理应用价值教给我们最多的就是要坚持辩证统一的观点看待事物，其本质是阴阳五行思想从哲学渗透到逻辑，从逻辑影响到文化，是整个中国传统文化体系的指导思想。②

思考题

1. 简述大树型与藤蔓型孩子的板块解读。
2. 简述太阳火型与灯火型孩子的板块解读。
3. 简述大坝土型与池塘土型孩子的板块解读。
4. 简述大刀金型与首饰金型孩子的板块解读。
5. 简述江海水型与池塘水型孩子的板块解读。

---

① 严育洪．教学中的"金木水火土"［J］．新课程研究（上旬刊），2015（10）：35．
② 孙新会．易学阴阳五行推类研究［D/OL］．秦皇岛：燕山大学，硕士电子期刊出版信息：2012（08）．

第四节 笔迹修炼处方

教学目标：
笔迹鉴定与公关心理分析研究的对象都是笔迹，通过对个人书写笔迹的特征进行研究，确定笔迹书写人是否同一或分析书写人的个性心理特点。本节立意笔迹鉴定与笔迹心理分析的比较研究，旨在通过对笔迹鉴定和笔迹心理分析的主体与客体、理论基础、研究方法与内容、结果的应用等方面的比较研究，归纳、总结出笔迹鉴定与笔迹心理分析之间的联系与区别，并试图找到两者在理论研究与应用研究方面能否互相借鉴、互为促进的契合点。

对于心理潜能，人们一般都狭隘地理解成意志的激发。的确，意志最能够体现人的意识能动性，有恒心、有毅力、有信心的人往往能够做到很多看起来不可能做到的事情。但是，心理潜能不仅仅是意志，许多心理活动都还有相当多的能量没有被挖掘。本节主要阐述笔迹分析的三大基础和七大特征，以及笔迹修炼、笔迹修炼处方概念和笔迹修炼"十八处方"，目的是帮助人们通过常见的字迹做到知己、知人、用人和育人。同时，还可以用笔迹修炼"十八处方"进行自查和提出自己的书写方向，帮助自己和他人获得成长，最终达到更健康、幸福和成功的目的。

引 言

笔迹心理学是根据心理学与生理学原理，研究不同人的书写习惯所表现的笔迹符号的形态特性及其投射出来的书写人的心理、生理状态及其个性特征的一门交叉学科。笔迹分析历史悠久，在西方国家已经发展得较为成熟，并且在诸多领域都得到广泛的应用，例如，在人事管理、教育、司法等领域都可以看到它的身影，社会公众对其接受的程度也比较高。[1] 笔迹分析在中国很早就露出端倪，早在西汉时期，文学家扬雄就认识到字迹和人的品性有很大关联，笔迹是手写文字符号的表现形式，而笔迹分析就是通过对笔迹的特点和笔迹显现出的一些规律进行研究，进而分析书写人的性格、心理和行为特点的一种特殊心理分析技术，它

---

[1] 崔昊. 笔迹心理分析技术的应用研究 [J]. 甘肃政法大学，2018（04）18.

属于笔迹学范畴。

一、笔迹心理分析

当前，国家重视传统文化，提倡文化自信，汉字应用就是文化自信的直接体现。因此，书写就显得更为重要，汉字心理研究有待深化。

（一）笔迹心理分析的概念

笔迹心理分析是通过对人们书写笔迹的分析来了解人的稳定的人格特征和即时心理状态。严格地说，就是通过字的大小、笔压的轻重、笔速的缓急、行向、字距、行距和结构等特征，全面系统地分析、推断书写者的心理状态（健康状态）、人际关系、压力、能力和潜力等性格特征。

笔迹是一个人潜意识的直观反映，是人的情感的直接流露，能真切反映一个人的内心世界，这就是我们常说的"字如其人"和"心手相通"。笔迹心理分析针对的硬笔字迹，最好是以前原有的字迹；严格取材需要包括一个人在白纸、信纸（有行线）和原稿纸上的三种字迹；一般都需要几行字，加上签名和日期更好。笔迹心理分析依托心理学等学科，与社会上的测字是两回事。笔记的心理与笔迹鉴定高度相关，但实际上它们的应用方向却明确不同。笔迹鉴定是非常专业的法律问题，我的笔迹学导师金一贵既是笔迹心理分析专家，也是笔迹鉴定专家。

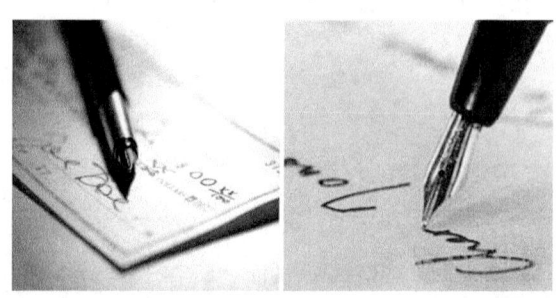

书写是每个人必备的基本技能，是每日的"必修课"。就算现今社会年轻人多用电脑，但书写仍有其不可替代性，至少签名也是需要的。当前，国家重视传统文化，提倡文化自信，使汉字的书写有了特别重要的意义。现代人焦虑和抑郁等心理问题严重，与缺少书写高度相关。

近几年，各地的儿童书法培训班正逐步升温；笔迹工作室、沙龙和分析师认证很是热门，笔迹分析软件和书法机器人也已陆续推出。硬笔书写，如何快速书写和工整书写成为每个孩子的必需技能；如何高效书写和清晰书写成为现代人的必修课。据广州市番禺书法培训界新锐刘晓标介绍，15%时间投入的硬笔书写能服务85%的社会（市场）需要。因此，书写就显得尤为重要，今后更甚。①

（二）笔迹学研究的发展

中国汉字笔迹学界的一张名片——厦门市笔迹学学会成立于2011年1月28日，是中国第一个汉字笔迹学学术团体；会长金一贵，也是我的笔迹学启蒙人和导师。2000年前后，我们在广州医学院（现名"广州医科大学"）参加国家心理咨询师（负责人李幸民教授）培训时，在笔迹学探索者许晓敏和我的组织下，邀请金一贵老师先后来广州开办了多期初中高级笔迹学研修班。

比利时等国外汉字笔迹学的研究在20世纪七八十年代已经很受重视，且通过学术交流传进国内。国内相关学者于1994年成立了"中国笔迹学研究会"，并开展了系列学术活动。2010年10月24日，在安徽省合肥市中国笔迹心理分析研讨会上，组委会宣布成立"中国笔迹学会（筹）"筹备委员会。本人有幸于2014年11月8—10日，参加了在广州华南师范大学举办的中国笔迹学会（筹）第四届年会，作了《笔迹修炼处方》的主题分享，并获选为常务理事。

（三）笔迹心理分析的基础

笔迹分析在中国的应用大多局限于书法、字画鉴赏等领域，并没有系统的发展成为一门学科加以应用。时至今日，越来越多的学者和个人对笔迹分析产生兴趣，并渐渐关注起来。经过一代又一代人的不懈努力，笔迹分析在我国的发展日趋成熟，并逐渐被大众所接受，其应用越来越多，应用范围也越来越广，② 其切入的三个基础是：心理学基础、生理学基础和社会学基础。

1. 心理学基础

一是投射理论。一个人留下他的笔迹，他的情绪、注意、能力和个性等特质也都凝固其中。在心理学中，投射（projection）这一概念最早由弗洛伊德提出，在他看来，自我会将不能接受的冲动、欲望和观念转移到别人（笔迹）身上。弗洛伊德的潜意识理论指出，人的绝大多数行为是由潜意识决定的。

二是潜意识理论。笔迹书写的动作和人的其他动作一样都有其自身规律。书写是人的潜意识的投射。所谓"心手相通"，即通过字体的动势，笔画的力度、轻重、涩滑，会泄露个人的性格、气质、能力和潜力等特征。

2. 生理学基础

一是人类大脑是笔迹形成的物质基础。笔迹是人类书写活动的结果，书写是大

---

① 冉雪. 改革开放新时期以来文学领域英雄书写研究现状与思考［J］. 西南大学学报（社会科学版），2021，47（06）：22.

② 崔昊. 笔迹心理分析技术的应用研究［J］. 甘肃政法大学，2018（04）：18.

脑的反射活动，大脑是笔迹形成的物质基础。

二是生物遗传因素对笔迹形成的影响。笔迹的形成必然受到书写者的大脑、神经细胞的构置特点和神经冲动的电生化传递特点的制约，而这些因素通常是由生物遗传因素决定的。

当前，国家实施"双减"政策，杜绝幼儿园练字问题，其实，这一国策大有必要。幼儿过早习字，因为身体发育并未完善，养成"执笔如拿汤勺"的坏习惯和不良姿势，必然导致大部分孩子的近视和后来出现颈椎、腰椎问题。

3. 社会学基础

笔迹与人的社会环境、生活经历、年龄阶段、文化水平和精神面貌等有密切的关系。同一个人，在不同的时期，笔迹特点会有所不同。但在相当长的一段时间内，字体的主要特征是不变的。只是近期的字更能反映书写者最近较稳定的个性特征、情绪变化、心理特点等。

笔迹的演变反映了一个人心理成长的历程、生活的品质和生命的质量。练习书法（写），就是一个人不断吸纳新的能量和优秀特质的过程。练习就是学习，学习才能成长，内化才是根本，这也是笔迹修炼的理论支撑。

（四）笔迹特征的分类

我国自古以来就有"心手相通，字如其人"和"相人不如相字"之说，近年来逐渐发展起来的笔迹心理学研究发现，书写是大脑的投射活动，笔迹就是人的心理活动及潜意识投射而成的"图像"，笔迹即心迹，是内心的流露。用手写字是一种最基本的行为功能训练和正常心理、生理功能的培养。写字训练，一笔一画地书写，对人的意志力、耐力、毅力和神经系统稳定功能等良好个性心理素质的训练是必不可少的。① 笔迹特征可分成七大类：

1. 书写压力

书写的压力反映了个人精神和肉体的能量。重压力者表明其生命力强、自信、专横、顽固；轻压力者则说明书写人敏感、主动性差、缺少勇气和抵抗力。

2. 笔画结构

笔画的结构方式代表了书写人面对外部世界的态度。书写一笔一画的标准型反映了办事认真、通情达理、纪律性强的心理特点；笔画有过分伸展、夸张的书写方式，则反映了爱虚荣和随时想引起别人注意的心理特点。

3. 书写大小

书写的大小是自我意识的反映。大字型的书写是情感强烈、善于表现自己和

---

① 王文菁. 心手相通，字如其人：浅议写字教学中的心理辅导［J］. 大众心理学，2015（5）：48.

以自我为中心的体现；小字型则反映了精力集中、细致、焦虑和自我压抑的心理特点。

4. 书写连笔

连笔程度反映了思维与行为的协调性。连笔型反映出有较强的判断、推理能力和恒心；不连笔型则反映了有分析能力、比较节制和独立性强的个性特点。

5. 书写字行

字和字行的方向是人自主性及与社会关系的反映。字行上斜表明书写人热情、有勇气、有抱负；字行下倾则反映了情绪低沉、悲观、失望、气馁的心理特征。

6. 书写速度

书写速度与人理解力的快慢有关。缓慢型是小心谨慎、遵守纪律和思维速度慢的反映；快速型则表明反应快，观察、抽象、概括能力强和恒心不足。

7. 书写布局

整篇文字的布局反映了书写人面对外部世界的态度和占有方式。它包括字距、行距和页边空白等几个方面。如果整篇字偏靠左页边，反映书写人留恋过去，追求安全感和对未来勇气不足的心理状态；若偏右页边，则是向往未来和有勇气面对未来的心理特点。

特征分析法是国内笔迹学界最常用的用法。任何事情都有两面性，笔迹心理分析亦然。也就是说，通过笔迹我们在看到一个人优点的同时，也会看到他的缺点；同时也会涉及个人的隐私问题。因此，在平时的分析和沟通应用等方面，我们切记要做到，学习后应用时要"多多肯定，谨慎'建议'"。笔迹心理分析并不是简单的、表面的好看或者难看；在电脑时代和网络时代，人们写字的空间大为减少，对于"丑字"，我们应该理解为"思维不一样或不一般"。

（五）笔迹心理分析的广泛应用

国以才立，政以才治，业以才兴。"我们比历史上任何时期都更加接近实现中华民族伟大复兴的宏伟目标，也比历史上任何时期都更加渴求人才。"[1] 笔迹心理分析可用于识己、识人、用人和育人，以及潜能开发和服务社会等层面。[2] 它除了可以应用于心态、态度、人格、情绪、素质、技能，人际关系、亲子教育等个人成长外，还可以广泛应用于企业管理、婚恋家庭、学业择业就业、心理健康和心理咨询、商务谈判、矛盾化解、司法调解和警务谈判等诸多领域；甚至应用于对军事指挥官的心理行为分析，以及国家领导人的意志力、统筹能力和决策动向等军事、国防和战争等方面。

---

[1] 冯春天. 精准科学选人用人育人［J］. 东方烟草报，2021-11-04：3.
[2] 王文菁. 心手相通，字如其人：浅议写字教学中的心理辅导［J］. 大众心理学，2015 (05)：48.

近年来，本人通过应用笔迹心理分析，有效地解决了亲子纠纷、邻里纠纷和矛盾化解等方面的问题至少有几十宗；在多起跳桥事件、砍人事件和上访事件的危机应对等方面也发挥了直接有效的作用。我们根据笔迹心理分析的有关学说，依托有关心理学、教育学和潜能学等理论，从《易经》和儒释道等国学经典中的内修外炼等学说，结合心理辅导和心理行为训练等技术，从人人皆知、天天接触的"笔迹"和书写入手，创新性地提出了"笔迹修炼"和"笔迹修炼处方"的基本理论和实践方案。

二、笔迹修炼

从一个人的字迹我们大致可以分析这个人的性格。比如，性格刚强的人一笔一画都显得干净利落、方正坚硬；而性情软弱的人，字体就相对无力、柔弱得多。这就显示了笔迹修炼的重要性。

（一）笔迹修炼的概念

笔迹修炼，即笔迹调整、笔迹矫正和调整笔画书写的内修和外炼（社会实践）。也就是有意识地通过改变个别笔画的写法，直至形成新的书写习惯来修炼自己、拉阔自己，助人成长、成功和成才。

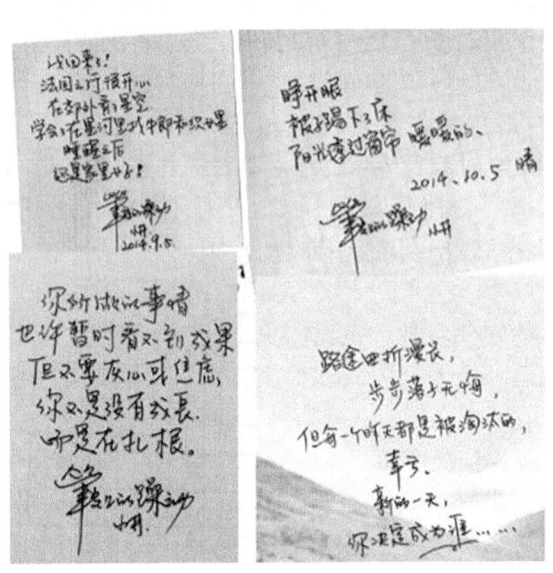

笔迹修炼通过笔迹这个媒介、书写这种途径，结合辅导，助人进行内修和外炼，从而提升心理素质，促进全面素质提高。具体地讲，笔迹修炼就是通过有意识调整个别书写笔画，不断内化，达到改善性情、完善人格，以更好地促进潜能

开发，成就健康、幸福和成功的人生。简单一句话，就是：字变人就变。

(二) 笔迹修炼的核心内容

笔迹辅导人员帮助当事人通过笔迹心理分析技术，帮助人们了解自己，认识别人，并运用聆听、观察、强有力的问题等教练和心理辅导技巧，协同对方制定"笔迹修炼（矫正）处方"，提出三、五点具体建议并推进写作应用和社会实线，以清晰目标、发现新的可能性和充分利用可用资源，以最佳状态去达到目标。

(三) 笔迹修炼的理论依据

笔迹修炼学说主要依靠笔迹心理分析①、潜能开发理论和 NLP 教练技术，并与儒释道中关于内修外炼等经典理论相结合。

1. 开发潜能要素

潜能也就是人类原本具备却忘了使用的能力，如果将人类的整个意识比喻成一座冰山的话，95%隐藏在冰山底下的意识就是属于潜意识的力量。开发潜能有三大要素：高度的自信、坚定的意志和强烈的愿望。因此，笔迹修炼要做到：

(1) 人类的潜意识具有超越一般常识，几乎可称之为全然未知的超意识能力，人类的直觉、灵感、梦境、催眠、念力、透视力、预知力等都是潜在能力的具体表现，坚信笔迹修炼可以帮助自己释放巨大的潜能。

(2) 做到自觉和觉它，清晰目标、百折不挠和锲而不舍地调整书写，成长式地书写。

(3) 抱定成长和成功的心态。结合实际，采取持续大量的有效行动。

2. NLP 教练技术

将 NLP 教练发问技术应用到实践，能有效解决传统教学模式的弊端，启发学生积极参与教学过程，构建以学生为主体的教学模式。实践证明，改进方法能够极大地提高学生的沟通能力和分析解决问题能力。②

NLP，中文叫"神经语言程序学"。这三个英文字母的意思是：N-neuro（神经），L-linguistic（语言），P-programming（程式）。NLP 教练技术主要包括：

(1) 基础篇。包括语言的魅力、信任建立、行动引擎、强有力的问题、隐喻启示、生活中的平衡轮、新行为模式、选择的力量、焦点（时间）管理、承诺的深层动力、聚集能量、面对挑战、拓展和应用脑地图等 14 个方面。

(2) 技巧篇。包括信念贯通法、状态管理法、教练的艺术、深层效果法、

---

① 赵星月. 不同的笔迹书写同样的承诺 [N]. 健康报, 2021-08-05: 1.
② 方霞, 刘茂华, 熊齐. 基于 NLP 的信息管理类课程案例教学探讨 [J]. 林区教学, 2021 (9): 42.

整体平衡法、思维换框法、强有力问题发生器、理解层次贯通法、语言模式和说话中的假设等 10 个方面。

（3）整合篇。包括意愿、催眠、贯通身心灵的力量、快乐元素、美好的一天、勇于创造未来等 8 个方面。心理学家发现：人生的困局往往来自头脑与心灵的抵触、理智与感情的冲突、意识与潜意识的矛盾。笔迹修炼就是通过笔迹分析助人发现优缺点，结合 NLP 技术，助人活跃思维、开阔眼界和寻找更多可能性、整合资源，再用它来处理各种困局、突破发展瓶颈，以实现目标，成就人生。

（四）笔迹修炼是内外兼修的过程

正确的书写习惯本就可以实现凝神、静心、除躁、宣泄、忘忧、医病、乐心、怡情和养生等功效，而笔迹修炼有目的和追求实效的书写和修炼，将势如破竹般助人引爆潜能。笔迹修炼的过程主要表现为如下两个方面：一是笔迹修炼是"内观（分析）——修炼（书写）——成就（实践）"的过程。二是笔迹修炼是"修心（调整心态）——修为（调整行为）——作为（社会实践）"的过程。它主要目的是培育新的思维模式，切实从行动和沟通、实践等方面促进潜能开发，全面提升自己。

（五）笔迹修炼的目标和过程

笔迹修炼需要学习笔迹分析的基本方法，随时随地通过笔迹觉察自己当下的情绪和状态，能清楚看到自己的长处和短处。

1. "三目的"和"三目标"

（1）笔迹修炼的"三目的"：圆性情——和关系——成大业，即完善性格、中和情绪；和谐关系、团结共进；发挥潜能，成就事业。

（2）笔迹修炼的"三目标"：实现人生"健康——幸福——成功"的"三目标"

2. "三步骤"和"三过程"

（1）笔迹修炼的"三步骤"："笔迹分析——笔迹矫正——笔迹修炼"，即通过笔迹分析，以识己、识人、用人和育人；通过笔迹矫正，以自觉、持续地调整、改变和成就自我；通过笔迹修炼，结合 NLP 教练技术和心理辅导等技巧，助人清晰目标和坚定信心。同时，从信心、能量和资源整合等方面进行指引，给以强而有力地推动，助人不断成长。

（2）笔迹修炼的"三过程"："成长——成为——成功"，即通过笔迹分析和笔迹矫正得以不断成长；通过笔迹修炼成为具有新思维、新行动的"新人"；通过持续修炼，取得新的成就。故此，笔迹修炼处方的"三过程"也可以表述为："字变——心正——事成"、"修心——修为——作为"的过程。

（六）笔迹修炼的"三技术"

在笔迹鉴定中，鉴定人只能利用现有的慢速书写样本字对快写签名字进行比对检验。笔迹修炼主要涉及三个方面的技术：笔迹分析技术、笔迹矫正技术和教练（辅导）技术。

1. 笔迹分析技术

可以根据笔迹分析出书写者的性格、能力和心理特征等，这在欧洲早已经作为人才招聘和选拔过程中一种非常重要的测评方法。与其他测评方法相比，笔迹分析技术具有简便快捷、低成本、高成效等优势。

2. 笔迹矫正技术

笔迹矫正是指有针对性、有目的的笔迹矫正建议，这也是一种新型的潜能开发和心理矫正的方法。在国内，在笔迹矫正方面最有深入研究的就是金一贵导师，他的"笔迹矫正二十八法"对学界有着深刻而广泛的社会影响；他是国内笔迹学界的泰斗级人物，培育了诸多新人；他应邀多次在央视等大型媒体上做过现场互动和录播，对笔迹学的传播做出了突出的贡献。

3. 教练和辅导技术

结合辅导对象的发展需要，商定方向和目标，并定期给以支持和指导，助其提升素质，整合资源，取得发展。

三、笔迹修炼处方

十多年来，广东社会学学会潜能开发研究专业委员会（下称"潜专会"）组建了笔迹研究专家团队，致力于笔迹分析的研究、应用和推广；并通过调研会、研讨会和开办研修班，以及通过论文征集、汇编和出版相关论著、在中山大学新华学院设立课程等方式和途径，深入推进笔迹学的研究和应用。本人自2008年加入"潜专会"，其后在创始人陈月明女士和现任主任谭昆智（中山大学教授）的悉心指导下，作为项目负责人做了多方的探索和社会实践，专家团队依据金一贵、郑日昌、徐庆元等国内外笔迹分析名家的学说和技术，结合大量的实践，综合提炼了笔迹修炼处方的理论框架，并逐步完善笔迹修炼处方的相关学说和著作。

（一）笔迹修炼处方的内涵

笔迹修炼处方，就是笔迹学专家根据服务对象提供的笔迹做心理分析后，再结合其人生发展需要，中肯地提出三、五点简单、清晰、明确的书写建议（笔迹修炼处方，狭义），并做必要的辅导，促其主动进行内修外炼，整合资源，以达到开发潜能、实现人生"健康、幸福和成功"的目标。

教育之本真：尊重人、理解人、发展人。① 笔迹修炼处方始终都是研究人、尊重人和成就人的，是助人成长的好技术。它助人主动调整笔画，以逐步形成新的"字相"。新的"字相"就是新的心境的写照，即投射。新的心境，新的思维，新的习惯，会带动和产生新的行为和生活方式，从而给人生带来新的气象和格局。一句话，笔迹修炼处方，书写人生新格局。

（二）笔迹修炼处方的作用

笔迹心理分析是通过对人们书写笔迹的分析来了解人的稳定的人格特征和即时心理状态的。它不对人的未来发展做出预测，也不能告诉人们将来的命运，它只告诉我们书写者现在的状态。如果能够把过去的笔迹和现在的笔迹联系起来进行比较，可以分析出书写者的发展和变化。笔迹心理分析与手相、面相和算命是不同的。笔迹修炼处方就是通过以下三个方面发挥作用：

1. 认识字迹、认识自己

认识字迹、认识自己也是自我反思、自我调节的过程。② 我们每个人都应该正确认识自己，不自负，也不自卑。只要通过字迹，就能看到并吸纳别人的长处，修正自身的短板。

2. 修正笔画、提升自己

谨记笔迹修炼的三五点建议，在通过大脑演练，或书写或练字，特别是通过实际书写来觉察和修正自己。

3. 修炼自我、成就大我

成：完成，成功；就：造就，成全。结合学习、工作和生活，通过日积月累来实践锻炼、检验和成就自己。它简单、易学和实用，只要有一定文化基础，愿意学习，就可逐步理解和掌握相关要点，可明了笔迹修炼的方向和目标。

掌握了它，我们内心就充满了快乐、能量和热情，并使人充盈地成长。正是这一理念的指引，在党政引领和警民合作的框架下，作为社区民警的我，于2014年5月1日以趣缘为引领，结合自身骑行的爱好，将广大骑行爱好者组织起来，组建了护街队伍——如意平安骑队。骑队由最初的几个人，到成立的几十个人，发展到现在小程序上注册2800多人、微信群上400多人，并成为142万注册"广州街坊"的品牌队伍。

如意平安骑队于2019年4月和2020年7月两度被广州市委政法委和广州市见义勇为基金会评为"十大品牌队伍"；本人获评"如意平安骑队发起人奖"，并荣获个人三等功一次、嘉奖和获评首届"岭南百佳社区民警"等荣誉称号；

---

① 孙杰远. 教育之本真：尊重人，理解人，发展人 [J]. 教育家，2021（35）：74.
② 张建. 如何正确认识自己？[J]. 党员干部之友，2021（10）：56.

负责的如意警务室获评省市标杆警务室。对此,人民日报、长安杂志、半月谈刊物和央视一套、十二套,南方杂志、南方都市报、南方卫视等国家和省市媒体,以及香港无线电视台等境内外媒体都做了广泛深入的专题报道。

(三)笔迹修炼的"十八处方"

开发心理潜能,促进人格健全,以实现培育有理想、有能力、有担当的时代新人目标的教育活动。[①] 我们根据多年的笔迹分析实践和讲学经验,提出如下18点书写建议。

1. 字少连着写

字尽量避免连写,甚至单个的字也分成几笔来写。这有助于培育停顿思维、慢思维和理清头绪的习惯,避免拖泥带水、避免思维连绵和不善休息导致过劳、积劳成疾甚至过劳死的问题。

2. 字距行距稍宽

这有助于培育思维和心胸开阔的性格,助其分清是非、清晰条理和培育原则性,便于处理事务的进退。字间距离以 1/3~1/2 个字为宜,行距以字的 1/3~1 为宜。

3. 笔压适中,且有轻重

这有助于培育灵活变通和中庸性情,实现自控自在。笔压有轻有重,代表处事有轻重、有节奏和善缓急。

4. 单字、整篇勿过聚

在追求严谨和工整的基础上,恣意、肆意、随心一点也无妨,这有助于培育严谨和认真的同时,保持放得开和学会放松的清朗心境。

5. 纸留天地和左右

即书写时在纸张的上下边和左右侧留有空间。这表示对上下级、对自己及他人,总留出余地和空间,这既有利于事务上的进退和人情上的练达,又显通透、疏朗和清晰开阔。

6. 笔速宁缓勿急,练习时可有急缓

这有助于培育淡定的心态,利于控场、减压和变通。"淡定"是指有泰山崩于前而面不改色的镇定。俗话说:凡事缓则圆。

7. 字大小均衡

这与人的情绪的关系是非常密切的。情绪是指心情和心境。字大小均衡,即根据笔画多少及纸张大小等情况,该大则大,该小则小,既均衡,且变通自如,

---

[①] 孙卉. 对新时代中小学心理育人之认识 [J]. 中小学班主任,2021(16):13.

有助于培育稳定情绪、自觉觉察情绪，减少情绪化的影响。

8. 线条粗细适中

粗线条侧重于大手笔和大方向，细线条代表追求精细化和数字化倾向。我们常用0.8毫米的笔芯，粗指1.0毫米笔芯或用美工笔、秀丽笔，细指0.5毫米的笔芯。

9. 简化笔画

笔画是汉字的最小构成单位，可以分为点（、）、横（一）、竖（丨）、撇（丿）、捺（㇏）和折（㇆）等几类，具体细分可达30多种。适当连笔，简化笔画，有助于书写者培养灵敏思维和高效率思维，形成善抓重点、紧靠目标和轻松高效完成任务的习惯。

10. 横稍长且上斜

横稍长且上斜，行向（微）右上，有助于书写者培育大方、大气的品质和积极乐观的心境和状态。

11. 字的转角要圆

这有助于培育书写者灵活变通、快速高效和圆融通达的性情，逐渐成为善变通的和善之人。

12. 笔画敢于下拉但不要碰触到下一行的字

笔画要敢于大胆下拉，但忌讳冲触到下行的字，这有助于培育书写者的敢做敢为、敢承担的性情。人生想有大作为，必须笔画敢大胆下拉。忌讳冲触到下一行，是为了避免侵犯他人界限，避免"捞过界"，达至和谐境地。

13. 字大小、笔压和笔速均衡

单页、整本的字大小、笔压和笔速尽量均衡，这有助于培育书写者的"意志坚定"和稳定情绪，既利于健康，也利于事业发展。

14. 用行书或行草书字体书写

行书、行草书都是在楷书的基础上发展和逐步演变而来的，是介于楷书和草书之间的书体，它们能弥补楷书书写速度太慢和草书过草难以辨认的问题，有助于培育书写者的变通性和高效性思维，连断笔清晰也便于认读。

15. 签名有整体感，简练和清晰为好

签名就是签写自己的姓名，主要是表达认同、承诺，或承担责任、义务，而不是简单地写下姓和名。简练、清晰有整体感的签名，有助于形成书写者的大气和全局观念，以及培育"灵气"和"通气"。当然，签名或签名设计会有防伪签、艺术签、英文签、数字签、反面签和借笔签等讲究。

16. 练习竖写

这有助于培育书写者感受传统文化、培育勇者无惧和突破常规的精神。竖写也有利于培育原则性和定性，对静心有重要价值。偶尔竖写，能有调整思绪、变换角度和引领创新等效用。

17. 练习左右手反写

右手书写外，练习用右手反写、左手书写或左手反写，并练习书写空心字。这有助于培育逆向思维、空间思维、右脑（全脑）思维和全盘思想，以及培育一定的艺术素养。若能熟悉前述四种写法，必定是书法和笔迹的有缘人、有心人。

18. 停停笔，喝喝水，注意停歇

过劳和亚健康是当前每个人都需要面对的身心问题。这一处方有助于培育书写者注意休息和注重健康的习惯，达到注意休整、舒缓减压和追求健康的目的。

（四）笔迹修炼的内化原理

只要你认同以上笔迹修炼"十八处方"，就会因为认知和暗示而发生潜移默化的影响。通过书写过程的不断"内化"，能将新的思维模式和框架演化成自己内心的模式和人格，形成良好习惯。有好思维、好习惯，自会有好的人生！

笔迹修炼直接应用"暗示""反射""强化""内化"等原理，即通过主动和自觉调整个别笔画，以改良思维、完善性格、建立关系、整合资源，以改变运程，成就人生。

1. 认同建议

建议，通常是指针对一个人或一件事的客观存在，提出自己的见解或意见，从而使其具备一定的变革或改良的条件，助其向着更加良好的、积极的方向去完善和发展。只要你"认同"了调整建议（修炼处方），这种意念就会自然而然和潜移默化地影响和带动着你。比如，下拉笔画和横画要明显拉长，这有利于培育敢说敢做和勇于担当的性格，有利于做事创业。

2. 认同意向

意向是一种未分化的、没有明确意识的需要，它是使人模模糊糊地感到要干点什么，但对于为什么要这么做、怎么去做都还不是很清楚地状态。认同了意向，通过日常的书写，会将你新认同的想法以意识流形式去做事，不断地"反射"和"强化"到大脑，以至于形成良性循环，通过循序渐进不断积累，打开新局面。

3. 修炼内化

通过写字"修炼"可以进行不断"内化"，助人形成新的思维和行为习惯。心理学上最简单的一句格言就是：播种行为，收获习惯；播种习惯，收获性格；播种性格，收获命运。内化是在思想观念上将他人的或者理想的思想观念和行为方式有机地结合起来，逐渐构成一个新的持久的支持体系，从而逐步完善自我、塑造性格和成就大我。

4. 社会实践

在社会实践活动中进行德育渗透，是学校德育工作的一种有效途径，有利于德育质量和效率的提升。社会实践活动能为学生营造良好的德育环境，让学生在活动中践行德育理论知识，提高思想道德素养。[①] 笔迹修炼处方的最终落脚点是社会实践和社会服务。首先是要创造社会效益，乃至创造经济效益和公益效益等方面的。实践是检验真理的唯一途径。时间是最为公平的裁判。

本人在2008年10月参与筹建和成立了广州市公安局民警心理健康服务中心和广州市公安局民警心理行为训练中心，也是兼职警务教官和谈判专家。笔迹修炼处方通过多年深入的社会实践和大量的社区应用，以及常年的讲学和大量的培训工作，取得了较好的实效，并将继续深化、细化和再做完善。

结　语

本节研究的结果是笔迹鉴定与公关心理分析不能断然分割，两者研究的基础理论、方法、对笔迹特征的划分、结果的应用，可以互为借鉴，两者交叉互用是未来发展的趋势。

笔迹心理分析属于应用心理学的一个分支，在国际上的研究已经呈现相当规范化的态势，在教育、心理、人才、专业、就业、管理科学、人际关系、婚姻、医学、刑侦、司法鉴定和考古等领域得到广泛应用。任何心理活动都存在潜能，这些潜能往往能够通过特殊的训练逐步释放出来。笔迹作为个体的一种无意识或较少意识参与的行为活动结果（我们书写的时候几乎很少会注意笔迹，如字体的力度、速度、大小、走向、间距等），一个人的笔迹更是长时间形成的一种习惯性的行为结果。每个人的笔迹都是不同的，就是临摹或模仿也只能是形似而神否。天底下没有完全相同的两个笔迹，就如天底下没有完全相同的两片树叶一样。从心理分析的角度来说，个体的无意识行为总是反应或投射着其某些内在的心理特征；或者说，笔迹可以成为个体某些心理特点的投射。[②] 通过对笔迹特征的分析，应该能够获得相关的个体心理特点。

[①] 张永成. 社会实践活动中的德育渗透探索［J］. 成才之路，2021（32）：75.

[②] 曾莉，吴玉婷，罗英. 高校新生的自我意象特点分析：绘画投射技术在心理健康测量中的探索［J］. 大家，2012（11）：66.

笔迹修炼处方包括三个方面的内容,即笔迹的心理分析、笔迹矫正内修外炼的理论和通过笔迹矫正促进心理行为的潜能开发、助力成长成才的处方(方案)。这是一个前沿的、探索性和强应用性的课题,未来必将大放异彩。

思考题

1. 简述笔迹心理分析、笔迹修炼与笔迹修炼处方。
2. 简述对笔迹分析三大基础的认识。
3. 简述对笔迹分析的七大特征的认识。
4. 简述对笔迹修炼及其原理的认识。
6. 论述对笔迹修炼的"十八处方"的认识。
7. 在公共关系意境下,参照"十八处方",对照自己的笔记,你想从哪几个面开始做矫正?如何助力实现健康、幸福和成功?

第五节 香气与情绪开发

教学目标:

在培养公共关系人才的基本理论知识和基本实践技能的同时,更好地培养其优良的心理品质和积极处理人际关系的能力,使之具备较高的情商,这是组织教学改革所面临的问题。本节通过运用公共关系改革的具体思路和措施,探索情商培养的新途径。

香气是植物的灵魂,而不同的香气分子也代表着不同的疗愈力量。芳香精油、芳香烛台、扩香仪等,都可以让人感觉心旷神怡。当我们利用气味直觉地感受,你将发现,身处在各种不同的生命情境时,你喜欢的香味也有所不同。不同的香味会给人不同的感受。

一、香道的内涵

说起香道,大家可能都觉得既熟悉又陌生。先解释香。香,会意字,据小篆,从黍,从甘。"黍"表谷物,"甘"表香甜

美好，本义是五谷之香。《说文》：香，芳也。

（一）香道的含义

《春秋传》曰："香稷馨香。"朱骏声曰："按，谷与酒臭曰香。"《左传·僖公五年》有："黍稷靡馨"。《诗·大雅·生民》有："卬盛于豆，于豆于登，其香始升。"《诗·周颂·载芟》有："有飶其香，邦家之光。"辛弃疾《西江月》中有："稻花香里说丰年。"韩愈、孟郊《城南联句》有："浙玉炊香粳。"[1] 后泛指好闻的气味。如陆游《梅花绝句》："二十里中香不断，青羊宫到浣花溪"，又如：香鼠（一种皮毛名贵的貂）；香醪（芳香的酒）；香楠（芳香的楠木）。又指气味美好。如《韩非子·外储说左下》："夫树橘柚者，食之则甘，嗅之则香。"周敦颐《爱莲说》："香远益清。"周容《春酒堂遗书》："香而甘也。"还有香且甘者、睡得踏实、受到欢迎、亲热和美好等意义。

综上而言，所谓香，不但有香之本，且暗合美好之义，是指令人感到愉快舒适的气息的总称，它是通过人的嗅觉器官感觉到的。香气包括香韵或香型。

现在很多人一谈及香道，每每为日本香道所宗。造成这种现象，一方面是由于中国传统香道在近代急剧的社会变动中大为隐匿，使我们几乎无本可循；另一方面，日本在传统香道的继承和创新方面的确也有不少可取之处，一时成为香道的制高点，再朝向台湾、大陆回流。由是"所知障"，今天多数爱好者的行香、用香方法只好俱随了"日式"。其实中国历史上不但有宫廷贵族、文人雅士的行香，也有民间日常、床头案上之用香，均蔚然可观。

在形而上的美学层面，香道之美是内观和空性之美，其以内观为次第，以空性为依止（《楞严经》有香严童子闻香悟入法门，后文有专述）。欣赏香道之美，就是要把自我投入整个过程当中来观察整体。

（二）香文化的概念

在讨论香文化问题之前，必须先弄清什么是文化。按文化学的定义，目前通常使用的文化有广义和狭义之分。广义的文化，是指人类社会历史实践过程中所创造的物质财富和精神财富的总和，[2] 也就是说，人类改造自然和社会过程中所创造的一切，都属于文化的范畴。狭义的文化，是指社会的意识形态，即精神财富，如文学、艺术、教育、科学等，同时也包括社会制度和组织机构。

香文化也有广义和狭义之分。广义的香文化是指整个围绕香所涉事物发展历程中有关物质和精神财富的总和，不但包括香材的生长、培植、制作、化学成

---

[1] 苏弘毅. 香道[M]. 北京：中国商业出版社，2015：87.
[2] 李思屈. 文化产业概论[M]. 杭州：浙江大学出版，2007：87.

分、药学原理、卫生保健作用等自然现象，以及香的考古和发展史等，还包括香在被应用过程中所产生的文化和社会现象。狭义的香文化则主要指后者，即香在被应用过程中所产生的文化和社会现象。文化的内部结构包括下列几个层次：物态文化、制度文化、行为文化、心态文化。那么，香文化也应该有这样的四个层次。

香文化的核心和提升是香道，而香学、香艺就是香文化在学术和艺术（技艺）两方面的投射，延展开来，或称为香文化学以及香文化艺术。一方面，香道可以摄受香文化、香学和香艺；另一方面，香文化、香学和香艺最终归一为香道。

这是笔者总结的关于香学的组成和用途。学术体系（Y轴）由"所在"：香料原材；"所载"：香炉香具；"所生"：香史技艺三部分组成。

作用（X轴）由祭祀用途（香为信灵）、养生用途（香气扶阳）和精神用途（怡情养性）三部分组成，其中用途的第三点："怡情养性"，香气对情绪的开发，是本文探讨的重点。

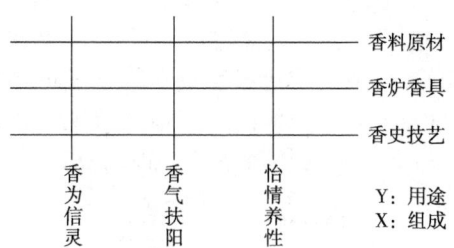

二、香气对情绪影响的探讨

大脑中处理嗅觉的神经位置正好与主管情绪控制的中枢紧密相连，气味会强烈影响一个人的感觉与情绪。怡人的气息能够改变情绪，让人心情愉悦。香气对人有一定的积极作用，可以使人精神放松并减少消极情绪。[①]

（一）古代的芳香疗法

中世纪人们使用芳香植物和香料从瘟疫中拯救了人类，当时人们把乳香、素馨、薰衣草、肉豆蔻、苦艾、没药、沉香、月桂、迷迭香、紫苏鼠尾草等香料加到篝火中燃熏，有效地阻止了瘟疫的蔓延。

香气是直接对大脑的刺激。鼻子是大脑唯一暴露在外面的部分，大脑直接"闻香"，香气刺激大脑立即做出反应。香料分子就能通过大脑这个"最高司令

---

① 王晴艺、金荷仙. 紫苏植株香气对人体生理和心理健康的影响［J］. 浙江林业科技，2021，41（01）：5.

部"对全身各处"发号施令",做到药物所不能做到的事。这就是"芳香疗法"同一般的药物疗法完全不同之处。

影响情绪的因素有生病、先天、困顿、两性关系、恐惧、虐待、孤独。闻到气味后左脑就会用2分钟的时间先分辨是什么味道,它闻不出来才会放弃,然后给右脑,两个脑其实是同时接收到的,但是左脑比右脑霸道,右脑比左脑聪明,右脑要在左脑放弃了才出来工作。

左右脑是经常在一起工作的(例如:看起来很熟却记不起来),香气是放弃左脑,直接越过左脑接触右脑的(杏仁核),在闻一个气味时,左脑在说喜不喜欢的时候,右脑就已经工作完了,喜欢是一个非理性的东西。所有的气味都会触动本能的记忆,还带有情绪的记忆。

(二)嗅觉器官的作用

在人类的五种感官知觉中,嗅觉与情绪的联结是最古老深切的,能够直接影响心灵最原始的部分,这个部分主宰了我们所有的心思意念与情绪起伏。嗅觉是唯一一个无论你醒着还是睡着24小时都在工作的器官,也是最容易被忽略的器官(意识和潜意识都在闻):①嗅觉比任何一种感官都具有治疗作用;②气味不管你喜不喜欢,都会引发情绪;③嗅觉是直接到达脑边缘系统的;④就算闻不到气味,还是会到达脑边缘系统;⑤香气可穿透任何障碍到达真正的情绪里去;⑥香气的分子会让我们的记忆情景重现(重现的内容有快乐的也有不快乐的);⑦慢性疾病就是身体情绪的一种反应。

三、香气对我们身心的影响

芳香疗法优于其他治疗的地方,就是直接透过嗅觉影响身心状态。使用香薰时,香气分子经由嗅觉细胞传达信息给边缘系统,引发情绪,再传至大脑,引起适当的反应机制。

(一)香气引发的问题及其消失

气味能刺激大脑,增强记忆,调节情绪。男女之间散发的"异性气味"能影响人的心理、情绪、情感和行为,使人精神焕发。[①]

1. 心理问题

比如,长期的压力、焦虑、忧郁、暴躁等负面情绪造成的心理问题,帮助找到问题的根源,使由此引发的问题消失。

2. 生理亚健康

因为压力、负面情绪等心理因素引发的生理上的不舒服、疼痛、慢性疾病等有很好的辅助疗效,可以帮助找到问题的根源,使由此引发的问题消失。

---

① 怡人. 气味与情绪 [J]. 少儿科技, 2015 (05): 20.

3. 行为模式

是否您身边有这样的朋友或家人，发现 TA 或者是考试、工作中，或者是在感情中老是犯同样的错误，心里明知不对，却很难走出这个怪圈，老是重复同样的行为模式，心里明明是这样想的，做出的却是相反的行为。帮助找到问题的根源，使由此引发的问题消失。

4. 家族遗传基因

造成目前困扰或问题的根源可能来自儿童时期父母与家庭环境的影响，或者是早在母亲胚胎时期接收到的信息，甚至是来自于家族的隔代遗传基因。帮助找到问题的根源，使由此引发的问题消失。

（二）植物香气分类

笔者综合学术界流行的几种分类，将大自然的植物分成 9 类，其中每类植物香气相对应的身体系统整理如下：

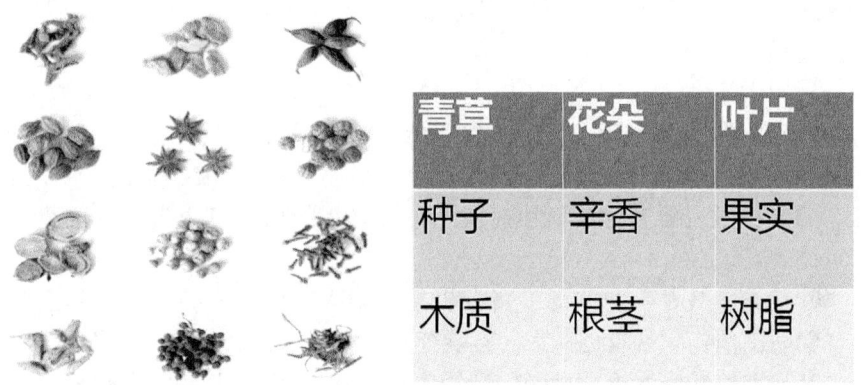

一个具有理想性格的人可能有花类的热情、果实类的善良天性、青草类的关怀人群、叶片类的视野、树脂类的智慧、根部类的爱好和平、种子类的崇高精神、香料类的喜乐以及木质类的勇气。然而，没人是如此完美的，我们所能做的就是尽可能的积极、乐观。

1. 青草

代表香料有：艾草、天竺葵。代表情绪是：我乐于付出（随时随地帮人，动机单纯）、善解人意、容易与人相处，总是热情地去满足他人的需要，别人容易与我倾诉心事。同时我也渴望得到爱与关怀，可别人却常常忽略我。青草类性格者有时可能过度照顾关怀别人，是一个非常好的朋友，家庭对他来说非常重要。

青草类的性格解析：总为别人着想，乐于助人、爱心、友善、容易得到别人的信任，需要被爱，被接纳，理财能力差，讨厌权威。

青草类的健康解析：消化系统容易出问题（嘴、牙、胃、大肠、小肠），新陈代谢的速度较慢，会夸大病情得到别人的关注与同情，所以病情会严重。

2. 花朵

代表香料有：玫瑰、茉莉、桂花。代表情绪是：我相信天下没有不可能的事，我渴望事业有成就，希望被人肯定、接受、受人注意和羡慕，他们都说我急性子、爱比较，因为过度追求一个又一个目标而让我变成了"工作狂"。花朵类性格者是感性的、爱好色彩、艺术、音乐、设计。因为有满溢的爱要给予，所以表现出关怀的特质。生活周遭环绕着美的事物对他而言是重要的。

花朵类的性格解析：喜欢被别人欣赏、喜爱，喜欢被重视，站在人群中尽可能展现自己，充满了爱，非常感性，热情，喜欢闪亮的东西，珠宝。

花朵类的健康解析：生殖系统容易出问题，容易不孕，新陈代谢平稳，很讨厌看到血，很不喜欢去医院吧，不喜欢看别人生病的样子，喜欢看到自己身体复原的过程。

3. 叶片

代表香料有：薄荷、香茅。代表情绪有：我总是喜欢思考，追求知识，渴望比别人知得多、懂得多，了解周遭一切事物的原理、结构、因果以至宏观全局。我觉得做人要有深度。由于我不爱说好听的话，身边人总是说我"不懂人情世故"。

叶片类性格者是聪明的、富有想象力的人，可能有些古怪，但总是兢兢业业、勤勉工作，非常有创造力。喜欢拥有些小秘密，偶尔心态不稳定。

叶片类的性格解析：思考，善用左脑思维，有远见，重视智慧，喜欢阅读，喜欢探索世界、宇宙，天才型的人，有学识，行动力差。

叶片类的健康解析：神经系统容易出问题，新陈代谢比较快，会把病当事情来研究，跟治疗的医生对抗，认为自己更懂，生病的时候体重下降很快，容易过敏、头痛、偏头痛。

4. 种子

代表香料有：豆蔻、黑胡椒。代表情绪是：时常觉得自己独特与别人不同，很容易情绪化，情感世界较一般人丰富得多及充满幻想，有时又觉得自己有缺憾及不足。种子类性格者渴望别人多些了解其内心感受，但总是苦恼于这个世界没有人能真正明白；富有艺术家的能力和气质，享受生命也快乐过活；是敏感、温和的、总是回应别人的人。

种子类的性格解析：有创造力，非常灵性，敏感，直觉力强，非常棒的观察力和记忆力，爱情是他的生命，喜欢经常变化。

种子类的健康解析：内分泌系统容易出问题，新陈代谢平稳，对身上所有的感觉都很敏感，但他不说，很内化。

5. 辛香

代表香料有：茴香、桂皮、肉桂。代表情绪是：喜欢"新鲜好玩、自由自在、开心快乐"的生活；讨厌重复沉闷的事情或空闲时间；辛香类性格者是付诸行为的人；有爱、金钱，以及兴奋感；需要持续和刺激，喜欢和一堆人在一起。

辛香类的性格解析：开心快乐，充满活力，非常有趣，热爱生活，乐观主义者，激励能力很强，感染力很强。

辛香类的健康解析：呼吸系统容易出问题，新陈代谢很快，面对生病很能自我调适，懂得照顾自己身体，生病时喜欢睡觉，喜欢所有的人都围着他转，非常燥的体质，脚热、心烦躁。

6. 果实

代表香料有：柠檬、甜橙。代表情绪有：为人忠心耿耿，多疑过虑，内心深处常有担心和不安，安全方面总是想得太多，常因此拖延。果实类性格者时常怀疑自己的能力，无论做得多好，都需要别人的肯定方能安心；尽责而勤奋工作的人；循规，爱家、爱朋友，非常热情；但过于顺从他人，也会带来不安全感和依赖性。

果实类的性格解析：内在和谐，安全感，被尊重，被认可，很善于做计划，情绪平稳，很可爱，朋友都喜欢他，对生命有热情。

果实类的健康解析：泌尿系统及视力容易出问题，水肿、跟身体缺水有关，所以很容易筋疲力尽，容易头痛（因便秘引起），生病时容易焦虑暴躁，因为害怕，所以觉得别人比较懂他的病。

7. 根茎

代表香料有：甘松、藿香。代表情绪是：平和，相信"忍一时风平浪静，退一步海阔天空"，对人决不苛求，凡事随遇而安。根茎类性格者怕冲突，容易退缩让步，万事以和为贵，有时会委屈自己；渴望人人能和平相处，可别人却说我"优柔寡断"；重视家庭价值的传统信仰者；有坚强的意志力并且可靠；喜欢稳定的生活；是说故事的高手。

根茎类的性格解析：和平使者，和平创造者，很不喜欢改变和争吵，很深厚的内在，很和平的人，生活很简单，调解者，与生俱来的治疗能力。

根茎类的健康解析：淋巴系统（脾脏、胰脏、胸腺）容易出问题，新陈代谢很慢，容易忽略生病，不太重视它的存在，女性容易月经不规律，痛经、有血块，很容易有囊肿、肌瘤，易有厌食症。

8. 木质

代表香料有：檀香、崖柏、花梨木。代表情绪有：对人直截了当，有正义感，他人喜欢我与否不重要，重要的是他们尊重我和敬畏我。喜欢带领并保护身边的人，木质性格者是一个温和、有胆识并且值得尊敬的人，是一个好的倾听者，并且会给出中肯的建议。

木质类的性格解析：控制、掌控之中，领导人，有非常强的毅力，非常独立，勇往直前，喜欢别人都听他的，喜欢做决定，非常要求被尊重。

木质类的健康解析：心血管系统容易出问题，容易痛风，女性容易月经不规律，典型的压力大的人，新陈代谢很快，生病时考验自己的意志力，所以用自己意志力来对抗疾病。

9. 树脂

代表香料有：沉香、乳香、没药、安息香。代表情绪有：我觉得凡事都应该有规有矩，我一直坚持自己的标准。我理性正直、做事有原则、有条理、有效率、事事力求完美，但别人说我过于挑剔、吹毛求疵。经常说的话："应该这样，不应该这样。"树脂类性格者拥有非常宽容和性灵的内在本质；非常理解他人，也很容易得到他人的信任；信仰公正，是个极度的自由主义者。

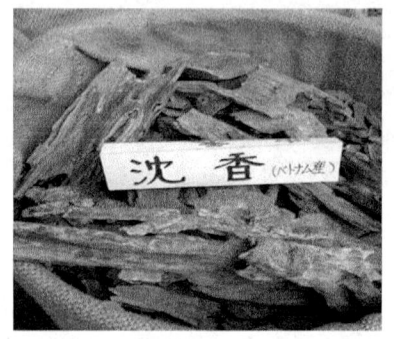

树脂类的性格解析：道德、公平、追求完美的境界、位置和目标，相信来世、今生、宗教，心里有很多包袱。

树脂类的健康解析：骨骼系统的问题（很容易有肌肉和关节的问题），新陈代谢比较高，容易头痛，女性容易痛经。一有不舒服马上做出反应，不会拖延立即去看医生，医生让他做什么就做什么，认为病就是病，和情绪无关。

四、中国古代香道文化

香学是中华传统文化的一脉重要分支，中华民族传统文化的许多方面都与它有着密切的关系，迷人的馨香伴随着中华民族走过了几千年的漫漫长路。中国香学史上，曾经像秋夜的天空，群星闪烁；像春天的原野，繁花似锦。历史上产生过众多香学大师，产生过彪炳史册、影响深远的香学著作。历代帝王将相、文人墨客、高僧大德无不用香、爱香、惜香，中国的上层社会两千多年来始终与香为伴，对香推崇有加。

（一）香料简介（以沉香和乳香为代表）

中国古代四大香料：沉、檀、龙、麝，分别是沉香、檀香、龙涎香、麝香。野生天然沉香的成因很复杂，是在许多偶然性条件下发生的。自然界生长成熟的沉香树，在受到伤害（雷击、风害、虫害、自然病变、人为致伤等）的情况下，出于本能，会分泌出树脂来修补伤口。在沉香树修补伤口的过程中，伤口巧遇黄绿墨耳等多种真菌，产生的抗体树脂与感染的真菌共同作用，在气候变化、温度、湿度适合的条件下，形成一种名称为苄基丙酮的物质，随着漫长时间的生化进程，又会渐渐形成名称为倍半萜和色酮类的化合物，这两大类物质就是沉香的主要成分。

如何学习沉香，说难也不难，重点就是"学习沉香起点要高"。一方面要结识"善知识"，跟从"善知识"来学习，这样才能有正知正见，才能少走弯路；另一方面，从分类、分级明确的沉香品种学起，事半功倍。就一般正常人的嗅觉敏感性和记忆力来说，只要多接触几次正品正香，并有心记忆，今后大概能以此作为沉香品级和价格的标杆。久而久之，自成"高手"。

当然，说易也不易，刚才说的是理想状态，遇见好沉香需要缘分，遇到善知识、鉴别善知识也不是件容易的事。从我多年学香的经历看来，只要有诚心和不懈的热情，到了一定时候和程度，善知识和好香就会自然呈现在你的面前——说起来很玄妙。

对于入门者，应知沉香产量虽以印尼加里曼丹为最大，但质量却以越南、柬埔寨为上。当然，从沉香鉴别分级的角度，是不问产地但以香气清浊优劣为主要标准的，产地最多是参考佐证。

《圣经·新约》记载，乳香是耶稣诞生时东方三贤者所送的三圣物之一（乳香、没药、黄金），象征神的气味。考古学家在埃及法老王图坦卡蒙的陵墓中发现了一个密封的陶罐，里面装着超过3000多年却依旧散发香气的软膏，经过分析，发现主要成分是乳香。作为最古老的文明古国，埃及人非常喜欢乳香，经常在日常保养、医疗、祭祀和木乃伊的制作上，把它与没药、松香等一起使用。

乳香有很多别名，如"沙漠的珍珠"（因为乳香生长于沙漠中），"上帝的眼泪"（流出的树脂如同眼泪），"白色黄金"，彼时，乳香的价值的确等同于黄金，是统治者权力与财富的象征。宋代，乳香贸易达到了前所未有的高度，贩卖乳香的商人从阿曼佐法尔地区出发，沿着印度洋航行，途经南海诸国后抵达中国。张择端的《清明上河图》中就绘有一家售卖乳香的香铺，香铺门前立有一个招牌——"刘家上色沉檀拣香"，招牌中的"拣香"就是宋代等级较高的乳香，类似阿曼的乳香（Hojari）。

（二）行香法式（用香方法）

行香法式可总结为"五法三类二用"。五法，是隔火灸法、空熏灸法、篆香焚法、焖香焚法、线香燃法。线香燃法在此是广义的，还包括同类枝香、盘香、锥香、塔香的燃法。

三类，就是从另外三个维度对以上五法进行分类，即以香材形态分、香材单合分、自他助力分。从香材形态分，原生态的小块木片或木屑一般以隔火灸法和空熏灸法来处置；半加工的（香末，仍可看出木质）一般以篆香焚法和焖香焚法来处置；全加工的线香、枝香等以线香燃法处置，全加工的香丸、香饼等则多以空熏灸法处置。按香材单合分，单香（如沉香、檀香）一般用隔火灸法，其他四法则可用单香亦可用合香。按自他助力分，自力解脱的有篆香焚法、焖香焚法和线香燃法；他力加持的有隔火灸法、空熏灸法。

二用，是指用香的两种目的，一者调动鼻识闻香，二者调动眼识观烟。隔火灸法、空熏灸法一般只为闻香，篆香焚法一般只为观烟（此法中香材不是第一等考虑的，篆形、烟气为主诉，其香则稍逊），而焖香焚法、线香燃法是闻香、观烟并举。下面重点介绍篆香焚法。

香篆：宋洪刍《香谱·香篆》："镂木以为之，以范香尘为篆文，然于饮席或佛像前，往往有至二三尺径者。"

宋王沂孙："梦深薇露，化作断魂心字。"宋蒋捷："何日归家洗客袍？银字笙调，心字香烧。"品味香篆："愁肠恰似沈香篆"。

篆香是一种生活；是一种态度。品味篆香，是一种情趣，一种心境。百转千回，篆香诠释的不正是人生的坎坷与忧愁么？也许那正是经历了万千磨难之后的一种回归，一种心境。

五、当代香文化的雅俗探讨

"燃我一生之忧伤，换你一丝之感悟"[1]，下面探讨一下香文化的雅和俗。通常大家都认为香道就是雅文化或精英文化，而我不大这么认为。香道的雅和俗是相对的，也是发展和流变的。香道不仅是精英的，也是大众的。

（一）辨雅俗

先来辨雅俗：一种情况是，"雅"和"俗"是指它们的主体性含义。"雅文化"向有"精英文化""贵族文化"之称，是指以上层文化群体为主体、满足较高层次文化需要的文化内容；"俗文化"亦有"平民文化""大众文化"之谓，其含义正相对应。

这是依主体分层所做的划分。此种划分中的"雅""俗"之间，至少对我们来说是没有高低贵贱之分，不应该包含褒贬用意。我国当前的趋势是文化价值主体的重心下沉，即民众的文化需求成为市场的主导力量。中国传统香道从历史上来说就是一种民俗。香道在历史上从俗走向雅，现在自然地从雅走向俗，应该承认这是一种具有历史合理性的进步，是文化"为人民服务"之必须。因此，每一个不把自己同大众对立起来的人，都不应该视之为危机和失落，而应视之为一种归位、落实和生机。

（二）价值评价

雅俗是指文化现象和产品品位的高低、情理的深浅、形式的文野、制作的精糙、走向的提高与普及等。这是依据文化的本质来判断文化现象价值的一个尺度。文化，就是"文"为上，"雅"为上，不"文"不"雅"便是缺少文化，便是蒙昧、落后和野蛮。"雅"和"俗"由此便意味着褒贬的评价。

应该注意分清它同前一种含义的界限："俗"和"雅"与"大众"和"精英"之间是不能画等号的。不能认为，大众文化只能是粗野简陋的，而精英文化则必然是高雅精致的。不应该忘记，《诗经》中的作品原本是当时的民谣俚曲，却可以成为后世的风雅之师；而许多当年被视作风雅之极的宫廷御制、状元文章，如今却和其他文化糟粕一道成了垃圾。历史证明，"大众文化"也可以有自己的精品，"精英文化"也难保不出粗俗之作。不论大众的文化还是精英的文化，都有自己"俗"和"雅"，都有自己从低向高、从浅入深、从粗到精的发展提高问题。

既然如此，那么问题的关键就在于要以什么样的标准来品评香道之雅俗。由

---

[1] 余振东，曹焕荣，高仲选，谢君国．中国香道 [M]．兰州：甘肃文化出版社出版，2008：38.

于过去的批判思考不充分，至今还有些观念是不明确的，甚至是带有偏见的。如：简单地视古为雅、视今为俗；以远为雅、以近为俗；以静为雅、以动为俗；以庄为雅，以谐为俗；以虚为雅、以实为俗；以寡为雅、以众为俗；等等。其中包含着的某些脱离现实、轻视大众的成分，是不符合现代文明价值观念的，是落后乃至错误的。这都是今后在传承和发扬香道中应该好好加以注意和研究的问题。

（三）精英与大众的整体关系

中国传统文化的基本精神、雅文化的哲学层次、雅文化的科学层次、俗文化的民俗层次与宗教文化，是环环相扣的。[①] 要在上述两种合理含义的基础上寻找"雅"和"俗"更深层次的基础，确立一种更为科学的观念，就应该想到它们的第三种含义：文化的生产和消费问题。就整个社会的文化体系而言，"俗文化"主要是指消费型文化，它以满足人们一些现实的（甚至感性的）、直接的精神需要为主，多属即时性的精神享受。例如，社会上流行的"俗文化"现象，其最大的特点是娱乐性，而且是普通群众可以参与其中的娱乐形式。娱乐和自娱主要是精神消费。虽然其中也有某些精神上的"生产"，如产生出娱乐者的新的精神感受，放松、愉快、自信等，但基本上还是在原有的精神层次上自我循环。由于消费文化本身就是要面向大众的，并且是便于和依赖于大众参与的，因此它也就成为"大众文化"。

与之相应，"雅文化"则是指生产型文化，它以满足人们一些超越直接感觉的、深层的、更富创造性的需要为主。"雅文化"的最大特点是探索性，在它被用于消费时则是观赏性。未经过相应训练的人一般难以参与进去，但却能够通过观赏学习而获益，在精神上有所升华。对雅文化的欣赏当然也是消费，但是这种消费却意味着向新的或更高层次的精神领域提升。因此，"雅文化"的第一成果总是"新"的、"深"的、"一次性（不重复）"的。这意味不仅要求它的提供者要不断地探索、深化和创造，为此而付出劳动和艰辛，而且要求观赏者、接受者也要具备一定的素质，付出相应的努力。文化生产的这一特点使它成为真正（不含贬义的）"精英文化"的基础。

于香道，在所谓"雅"与"俗"，或"精英"与"大众"之间，实际上就是一种精神文化上"生产"与"消费"的整体关系。[②] 对于我们这个社会和我们这个时代来说，"精英"与"大众"的主体分层并不意味着也决不应该理解为人与人之间在文化占有上的分裂和对立，而应该理解为同一文化体系自身结构和运

---

① 龙建国. 中国古代雅文化与俗文化 [M]. 南昌：江西人民出版社，2001：49.
② 劳伦斯·莱文. 雅，还是俗 [M]. 郭桂堃，译. 上海：译林出版社，2017：126.

转中的主体性分工与合作；"雅"和"俗"不是彼此根本排斥的价值评价，而是文化价值的具体层次和不同发展阶段，二者是应该、必须和能够统一的。

作为艺术门类的中国香学有着悠久的历史传统与文化积淀，却在近代以降全面中断。重建中国香学、恢复中国香道、还原传统香生活、践行传统香药观，既是丰富中国文化内容的本真需要，也是丰富中国艺术类型的必然需要，更是运用文化艺术的影响力实践提高民族自信心的现实需要。中国香学内涵厚重，不仅涵盖了文化问题、艺术问题、审美问题、信仰问题，同时也涵盖了疗愈养生的医学问题。经由"物"与"学"两个层面，即香品研发与学术重建的双向努力，可以使湮没已久的常识重新成为常识、束之高阁的常道重新成为常道，使得中国传统之为中国传统的一些基本思路、精神结构重新回归当下的现实现世生活。

结　语

人类有尚未开发的、未可限量的潜能，首先就是心理潜能。[①] 中国香学是一个渊源久远而又有广阔发展前景的文化课题。在日益国强民富的中国，它必将焕发出更加绚丽的光彩，挖掘、整理、继承、发扬这一传统文化有着十分积极的现实意义。公共关系的发展并非仅定位于组织形象塑造，而是旨在实现管理意志与社会公众权利意愿间的良性互动，追求发展与经济社会事业和人民群众健康需求的和谐发展，心理潜能中的香气与情绪开发就是最好的体现。

科学研究发现，不同的香气具有不同的功能，不仅影响人的情绪，也支配人的心理行为。如康乃馨和杏仁的香气能给人以美好往事的回忆，淡忘现实生活中的烦恼和忧虑，老年人或心事重重的人很适宜这种香气；水仙花、紫罗兰的香气可带您回到青年时代，产生温馨、舒畅之感，特别适宜脾气急躁或更年期妇女；菊花和薄荷的香气可激发少年儿童的智慧和灵感，增强求知欲和好奇心，在这种环境中待上几个小时会思维敏捷，记忆力增强，学习效率成倍提高；而茉莉、丁香花散发的香气使人产生沉静、轻松、无忧无虑之感。此外，橙子、柠檬、薄荷的香气给人以愉快的感受，并能产生一种止不住的工作情绪。生活中面对各种转折和挑战时，找出一个喜欢的香气，让香能量陪伴我们走过阴霾、抚平情绪；学着让情绪释放，而不再是压抑；学着静下心来用心去看，为生命注入新的力量。

伴随人们物质和文化生活的不断提高，中国香学这朵传统文化奇葩必将再度

[①] 谭昆智，韩诚，吴建华，刘少廷. 创新潜能开发研究 [M]. 广州：中山大学出版社，2016：178.

怒放于中华大地，正是：世间万物本具馨香，气味相同，终会香遇。重建中国香学、恢复中国香道、还原传统香生活、践行传统医药观的本质，是重建中国文化的精神向度问题。

思考题

1. 简述香道的内涵。
2. 简论香气对情绪的影响。
3. 简述中国古代香道文化。
4. 简述精英与大众的整体关系。
5. 论述当代香文化的雅俗探讨。
6. 为什么说：公共关系的发展并非仅定位于组织形象塑造，而是旨在实现管理意志与社会公众权利意愿间的良性互动，追求发展与经济社会事业和人民群众健康需求的和谐发展，而心理潜能中的香气与情绪开发，就是最好的体现？

第四章

艺术潜能

本章围绕公共艺术中公众"参与性"为轴心的理念，研究的核心主要是"公众参与"问题，发掘的对象是公共艺术参与方式中公众的艺术潜能需求，将公众需求放在首位，探讨艺术需求与公共艺术参与方式的内在联系以及对公共艺术创作如何起到良好的促进作用。艺术潜能是运用潜能开发工具激发人们对艺术的创新和创造能力，提升人们用形象来反映现实但比现实更有典型性的社会意识形态作品，包括文学、魔术、绘画、雕塑、建筑、音乐、舞蹈、戏剧、电影、曲艺、茶艺等。[①]

艺术可以从哲学与科学的角度来定义："哲学"是挑起争论，"科学"是终止争论，"艺术"则是哲学与科学的抽象实体。艺术是"艺"原有的含义更贴近"技艺"一词。"艺"原是才艺和技术的统称，词义很广，后慢慢加入各种优质思想而衍生出一种关于美、思想、境界的术语。

艺术有时被称为精致艺术或美术，是指凭借技巧、意愿、想象力、经验等综合人为因素的融合与平衡，以创作隐含美学的器物、环境、影像、动作或声音的表达模式，是和他人分享美的或有深意的情感与意识的用以表达既有感知且将个人或群体体验沉淀与展现的过程。

艺术潜能是人们在艺术创作中对社会生活的观察、体验和审美认识的技能或才能。每一种文学或艺术，总有多种适合于文艺样式的表现手法，个体的本领就是最充分地利用这些手法，创造出具有高度典型意义的作品。具体体现在对象的选取、情思的融化、想象、虚构和形式的建构，语言的运用等方面。

其实我们自己和我们身边的每一个人都具有艺术潜能，只是没有被开发出来而已。每个人都有一定的艺术潜能。艺术潜能在当代社会究竟具有怎样的价值和意义呢？对个体而言，艺术潜能是生命发展的主要动力，是全面提升个人身体素质与能力的重要路径。艺术潜能有助于培养人的认知能力，有助于培养人的创造能力，有助于提高人的审美能力，有助于提升人的心理调适能力，有助于培养人的社会交往能力，有助于人格的形成。

第一节　运动与潜能开发

每个人天生都拥有艺术精神和心灵。艺术潜能应该成为学习与生活的主旋律。本节旨在激发学生的运动兴趣，在运动中促进艺术潜能发展，了解自己在运

[①] 谭昆智，韩诚，吴建华，刘少廷. 创新潜能开发研究［M］. 广州：中山大学出版社，2016：145.

动中的自我心态管理，更好地自我充电，并在之后的运动过程中获得愉悦的情绪，更好地投入生活中。在运动中更客观地认识自己，扬长避短，找到自我运动管理的方法，通过运动与心理调适遇见更好的自己，全面提升个人身体素质与艺术潜能。快节奏的生活方式正在改变着年轻人的健身观念，如何满足年轻人不断变化的健身需求，是摆在健身行业创业者面前的一道新题目。

一、艺术健身的潜力

笔者是一名心理咨询师，同时也是一名健身教练培训导师。心理咨询师，顾名思义，就是负责心理健康的。那健身教练培训导师呢？主要的工作就是培训健身教练，那既然培训健身教练，首先我得是一个健身教练对不对？也就是为人们的身体健康服务。所以，我主要就是负责人们的身心健康的。

（一）健身减脂

健身教练的工作日常就是指导别人健身，一般有三类人群有健身需求：第一类人群，体重过重，要减脂减重，即减肥；第二类人群就是体重过轻，需要指导做增肌的行为训练；第三类是体重在正常范围，希望保持正常体重的情况下看起来更瘦更有线条，即身体线体雕刻，即常说的塑形。

（二）体态调整

健身减脂的三个类型都是围绕体重管理展开的。如某位体型偏瘦的女士发现她不单单是缺少脂肪保护，肌肉含量也比较少；她整个身体的体态会有一些变形，整个肩胛骨是有外凸的，这就是异状肩胛骨，使整个脊柱有点变形，带有含胸，同时整个胸腔也没有办法完全打开。这种类型的体态调整是健身教练指导服务范围内的功能性训练。为了让健身者在生活或工作中某个特定场景或特定动作下呈现更好的状态而展开设计的训练计划就是功能性训练，这是健身教练的工作范围之一。

最简单的体态调整项目就是检测驼背。目测法可以从旁边去看，正常的体态是耳垂肩峰，它是一条直线的，如果已经出现了驼背的话，不难发现她耳垂的正下方会比我们的肩峰要往前一点，头部会形成一个前引的状态。圆肩和驼背的形成很大一部分来自低头一族的情况，尤其是如果体脂较高或体重过大的话，在脖子后侧还容易出现脂肪堆积造成富贵包情况，像这种情况，我们就需要帮他做行为调整训练，让他将训练中的发力模式延续到生活中，从而改变他的体态，达到矫正的目的。

（三）康复训练

康复训练主要是针对在生活中或者在运动中某些动作受到了限制，然后帮其恢复到正常生理状态。如果有腰椎间盘突出所导致的腰痛，在其做完病理性治疗以后，需要做后续一些恢复性的练习，就会用到康复训练。

还有体能训练，主要是提高我们的心肺功能和整体耐力，这种类型属于体能训练。

（四）专项训练

针对专项的某个体育项目，希望提高某个体育专项的水平，那就要进行专项训练。举个例子，如果想要提高打篮球的能力，就会从打篮球的过程中去分析，看需要提高的点是弹跳力、持续耐力与体能上的耐力，还是提升投篮的准确率？

健身教练会分析每一点，针对他的特点帮他设定专项训练计划。例如：有一位男性朋友，他是跑马拉松的，他当时是希望提高跑马拉松的成绩，所以他也找了一位伙伴帮他去做训练，那位朋友帮他分析说跑马拉松主要是下肢运动比较多，而下肢跑步主要小腿发力，所以多训练小腿，让他一段时间内每天都锻炼小腿。但这些训练让他的下肢力量过重，最后导致他跑马拉松时加重了小腿的负荷，让他发挥失常。后来他来到健身处，健身教练再去看他训练，分析他跑马拉松主要的弱点是在心肺耐力上，所以后续健身教练改变了策略，重点训练体能和耐力，让他一次又一次实现了他自己的目标。

常来到工作室或健身房找到健身教练希望得到专业指导的还有一些不太常见的类型，像是少儿体适能、小朋友长高、感统训练，或是老人家的一些持续锻炼、恢复性锻炼之类的，或是产前产后修复，这些都是健身房的日常工作。

以上所选举的都是健身教练的工作范畴，也就是通过运动使健身者在身体上做一些改变，达到运动目标与目的。

二、艺术健身的感悟

在艺术健身高度发展的今天，任何训练的目的都是通过采用有效的方法和手段来最大限度地挖掘人的运动潜能，开发人体运动能力的极限，提高我们的竞技能力。

（一）运动能力通过训练来实现

运动能力的提高主要是通过训练实现的。通过运动训练，使自己的身体素质、运动机能得以提高，从而提高竞技能力。在这一过程中，训练负荷也是基本的因素之一。由于有了训练负荷的作用，人的机体和能力才能发生变化。作为健身教练，笔者谈到她的健身运动感悟：

我大学时候就开始创业，当时已经可以月入五六万了。那时几乎是无忧无虑，天天除了工作就是吃，最后体重一路飙升到160斤。于是我妈天天跟我说："你那么胖，还吃，也不去照照镜子。"因为我是个乐观星人，完全没把妈妈的话放在心上。直到有一天，我在自己店里工作，戴着口罩，店里进来了一位客人："咦，这不是我的高中同学吗，那会儿比较要好的玩伴。"正准备打招呼，这会儿她先打起了招呼，她说："阿姨，帮我拿一下那个东西。"这一句话就把我要说的话给噎回去了，被同龄人叫阿姨是什么心情？扎心，难过，但我是个乐观星人，很快就缓过来了。

又过了几天，我们家一位远房亲戚过来，然后她问我说："海欣，你准备什么时候摆酒啊？"在广东，摆酒可是结婚的意思，那我就很害羞啊，我大学才刚毕业。就回应他："哎，怎么问别人这个问题啦？"然后他就说："你现在已这样子了，再过两个月可就藏不住了。"什么意思？这是怀疑我怀孕了？算了，毕竟不是经常往来，没关系啦，我告诉自己不要放在心上。这两件事情已经打击了我一点点自信心。

但是接下来第三件事才是真正让我改变的事情。那一天，我收到一个请帖，是我初中同学的婚礼，然后我就去了。我记得非常清楚，那是一个西式婚礼，在婚礼上我们是吃自助餐的，从进入门口那一刻我就开始关注了。今天的菜有：菲力牛排、酱汁羊排、三文鱼,都是我喜欢的,还有各式各样的巧克力甜品、蛋糕,拿了些食物回到座位上了,把东西一放,发现就座的这一桌都是我们初中玩得较好的一群小伙伴。过了一会,其中一位男同学很认真地看着我跟我说:"海欣,好久不见,我想跟你说个事儿,不过这些话可能不太好听,但是我还是想要告诉你,你知道吗?当初你是我们班的女神。我妈经常会拿我来跟你做比较,她说你成绩好,长得又漂亮,总让我多跟你玩,多向你学习。当初的你就是我们班所有男生倾慕的对象,也是我们学习奋斗追赶的目标。而现在的你(稍微停顿了一下,上下打量了一下我,最后停留在我眼睛上)其实可以过得更好。"

他说完这些话以后,我的表情有点呆滞。我开始回想很多东西,以前的我是什么样子的,我是怎么样一步一步成为160斤的自己的,我是怎么样在一个本该花样年华的年纪,却活出了大妈的生活。然后,这一顿饭我真是难以下咽。

那一天后,我下定了决心,一定要成为更好的自己。首先我要做的第一件事就是改变我的体型,因为,健身就是付出就会有收获的行为,而且如果连身材都管理不好,那怎么管理自己的人生?所以我决定减肥。而我定下的目标是减掉30斤。

(二) 艺术健身最困难的是下定决心

我做好了一切的心理准备,一切最坏的打算,我只要朝着一个目标——我要减肥这件事就可以了,无论这个过程有多么困难,我一定不能放弃,这是我对自己做出的承诺。事实上,减肥并没有想象中困难,从我下定决心那一刻开始,我只需要按照我给自己制订的计划运动,然后再配合饮食。不知不觉中就瘦了,然后就看着那个体重秤上的数字一点一点往下降的时候,我当时就觉得无比的自豪感,然后就会觉得自己达成了一个又一个的目标,离自己的大目标越来越近的时候,我就越来越有动力。就这样,一个月之后我就成功降到了118斤。但胖是一口一口吃出来的,总不能一下子减得太快,其实对身体也是不友好的,所以我也就得了运动损伤。

瘦下来以后,很多人来问我究竟是怎么瘦的,于是就告诉了他们,我是"管

住嘴，迈开腿"！别人就会问，啊，那你是做什么运动瘦的呀？如果真的要重新开始去学一样运动，然后让自己变得专业，再在这个运动上面让自己瘦下来，其实还是有难度的。所以我选择了低难度、可操作性强且自己会做的运动，并不一定是自己擅长的，只要我会做，那运动就可以坚持，并不是很困难的事情，那这个减肥的工程就变得可行性强了。

我选择的是我相对擅长的运动：游泳。我还记得，刚开始减肥时，去到游泳池，碰到几个大妈，就会问我说，小女孩，你怎么那么早就过来游泳啊？我说对呀，我来减肥的。然后大妈就跟我说，嗯，上个月也有一个女孩子说来减肥，她是120斤来的，140斤走的。瞬间，我就好像受到了鼓舞，我一定不能成为那个样子。

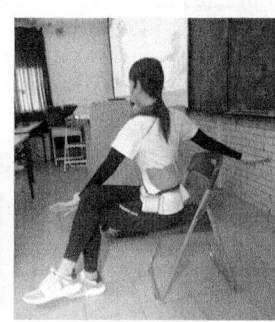

其实在整个减肥的过程中，坚持不是最困难的，下定决心才是最困难的。很多人说21天养成一个好习惯，其实从你下定决心要做这个事情开始，你就开始在培养这个习惯了，如果你要去做好这个东西，一天就够了，主要是下定决心这个事情，因为你一定要有目标才会有动力，所以适当的压力有时候也是好事情。

成为健身教练的初心就是希望帮助到更多的人，不要让他们像我一样为减肥付出大代价，可以得到专业的指导。我发现，我做健身教练时，我能服务到的人，我能帮助到的人是有限的，仅仅只有我身边的几位，但我知道其实需要帮助的人远不止这么少，所以我通过学习又考取了健身教练培训师，走上了培训健身教练的道路。

同时，我也希望说我带出来的学生，能够给他们更多的平台去搭载他们的专业性，让他们服务更多的人。这个时候我同时创办了我的连锁健身工作室，可以把我的初心传导给健身教练，去教导他们，去培训他们，让他们服务更多的需要运动指导的伙伴，让更多的人得到更专业的指导。

三、健身运动的原理

"生命在于运动"，经常运动可以保持体力不衰，适当用脑可以保持脑力不衰。"流水不腐，户枢不蠹"，运动（体力的和脑力的）是延缓衰老、防病抗病、延年益寿的重要手段。运动对改善心功能有好处。体育锻炼可以加强心肌收缩，改善心肌供氧，减少患心脏病的危险。在同一工作环境中，运动少的人比运动多的人更容易患冠心病。锻炼也有助于心脏病患者身体的康复，通过有计划地进行锻炼，循序渐进，就会慢慢恢复到原先那种健康而活跃的生活。健身能让大脑得到训练与潜意识开发。①

（一）身体质量指数（BMI）

我们身边会不会有这样的小伙伴，明明大家都觉得她已经很瘦了，可她整天挂在嘴边，就是说要减肥；还有是自己很胖，就是不肯承认自己胖的事实。其实这是正常现象，每个人看待自己可能跟别人看待自己会有一些差距，没有正确的意识到自己究竟在什么范围内。

这个时候，作为健身教练，我们会给大家介绍到以下 BMI 公式，也就是身体质量指数。BMI = 体重/身高^2。18.5~23.9 都是标准范围，那低于 18.5 就是偏瘦，23.9 以上就是偏重了，以这个为参照，你就可以清楚自己的状态，可以更好地去制订自己的运动计划，然后确认自己的身体塑造目标。下面单从体重管理这个角度来说明减脂原理。

（二）减脂原理

减脂就是六字真言："管住嘴、迈开腿。"只要我们的摄入跟我们的消耗之间有能量缺口，我们的身体就会燃烧脂肪来供能，这时你就会瘦。有的同学会问，那需要做什么运动？简单来说，只要你动起来就行了。有效燃脂状态是心率达到最高心率的 60%~80%，这是相对精准的说法，那我们平时日常运动如何知道自己到了没有呢？那就要看我们运动时的呼吸状态。

举个例子，我们在跑 400 米的时候应该会有比较强烈的感觉，在前面的路段，我们可以轻松地边聊天边跑；在第二圈的时候，前半圈可能你还能勉强跟你的同伴断断续续聊天，到快接近冲刺阶段的时候，你就会发现你都没有办法完整地说出一句话了，一般就是说一个字到两个字就会停顿、喘气，然后再说两个字再喘气，或者是不断喘气的状态，那就是你个人已经到了你自己的燃脂心率的状态了。

那是不是说减脂就要保持在我的燃脂心率一直持续在这个幅度呢？其实并不是，我们可以在我们的燃脂心率维持在可以接受的时间范围之内，再让它缓慢地降下来，然后再冲刺，这样在运动过程中来回，可以理解为变速跑的感觉。

---

① 泉水．激发潜能唤醒健康［M］．北京：中国现代出版社，2020：79．

刚说的运动方式，自己很懒，没办法好好运动，能不能靠节食来减肥呢？这是可以的，节食能够瘦，但节食它让你身体流失掉的不仅仅是脂肪，更会流失掉肌肉，如果身体没有肌肉来做支撑，或肌肉量减少，整个身体的皮肤就会出现松弛的状态，所以很多靠节食减下来的人，他的皮肤就很松弛。

（三）增肌塑形原理

接下来再谈谈增肌跟塑形。增肌就是增加身体的肌肉含量。为什么我们要增加身体的肌肉含量呢？那是因为肌肉可以让我们身体的水分被锁住，而且它可以让我们的基础消耗增加。要保持肌肉量，那就要摄入更多的蛋白质去让我们的肌肉消耗，这个时候即使我们吃多了，也不担心会长胖。

那么肌肉是怎么增加的？它像是一个橡皮筋，通过不断的锻炼，就是不断地去拉扯橡皮筋，在不断地拉扯过程中，肌纤维就会出现断裂，就像橡皮筋有裂缝一样，这个时候我们就会去补充一些食物，主要是补充蛋白质，这些蛋白质就会分解为蛋白酶，进一步转化为氨基酸，去做一个修补匠的工作，把我们肌肉裂缝的地方修补好，然后就会不断地发炎，让被修补的地方达到好状态，肌肉就会越来越强大。

增肌跟塑形最大的分别就是增肌增加的是白肌的含量，而塑形增加的是红肌的含量。白肌主要是力量，红肌主要是耐力。当我们需要取很重的东西的时候，我们会用到白肌比较多；如果我们需要做耐力型的训练，会用到红肌比较多。这时你要塑形，就要多做耐力型的训练来增加你的肌肉量；如果你要做增肌的话，就多做力量型的训练来增加你的肌肉维度。

蛋白质是我们身体能量的主要来源之一，蛋白质主要来源于什么食物？我们一般说的蛋白质是优质蛋白，常见的优质蛋白有：鸡蛋、鸡肉、牛肉、鱼肉，运动过后可以多补充。

有同学问，怎么样可快速让马甲线出现？这个问题可以这样分析：我们的马甲线一直都看不见，那是因为马甲线的外面披了厚厚的一层脂肪，把马甲线保护起来。只要我们"管住嘴，迈开腿"，把身体的脂肪含量给减下去后，马甲线就露出来了，这时你就发现，原来自己身材一直都很棒，我们只是把它还原而已。健身运动的原理剖析可以从健康定义开始。

（四）健康定义

有些人认为，只要我自己的身体没毛病，一切状态都好，那我就是很健康？下面告诉大家健康的定义。其实 WTO 有指出，健康应包括身体健康、心理健康、良好的社会适应性和道德健康。不是说一个人没有疾病，不体弱，他就是健康，而是指他的身体、心理和社会功能都处于良好的状态，才能称之为健康。

四、运动与社会适应

"健康第一"是运动与社会适应的重要方向,深入研究"健康第一"的内涵,抓住其精髓,基于艺术健身视角开发资源并积极创新教学方法,挖掘艺术健身中蕴含的健康美,增强我们终身运动意识,为养成良好的健身习惯奠定基础。

（一）个性化、碎片化的健身需求

《2021年轻人运动健身报告》显示[1],近五成年轻人为"摆脱亚健康"而健身。值得留意的是,《全民健身计划（2021—2025年）》提出,到2025年,经常参加体育锻炼人数比例达到38.5%。可以想见,随着全民健身观念日益深入国人心中,更多新产品、新业态、新模式会在家庭健身领域涌现。家庭健身这个市场还远未饱和,个性化、碎片化的健身需求是一个方向。

以我为例,我记得我刚成功减肥时就有运动损伤,所以心情也有些低落。我听了妈妈的建议,跟他一起去了一个悠闲路线进行徒步活动,那里有很多各行各业的人,其中有一位公交车司机大哥,他跟我说,在生活中,遇到不顺心也是很正常的。没有谁是一帆风顺的,他在家晚上也会为辅导孩子作业而烦恼,上班的时候也会为处理琐碎事情而烦恼,有时候还会跟太太因为孩子的事而拌嘴,会出现各种各样的情况,这都是生活的组成部分。只要自己适当做好调节,生活还不是可以照样过。那这些不良情绪一段时间就会让心灵垃圾桶装满,他就会在周末来参加一些徒步或是团体运动的活动,可以在运动过程中跟一些小伙伴去倾诉,还能出汗锻炼身体,一举多得,最终达到减压的目的,然后再把大自然的景色、把好的心情带回到生活和工作当中。

（二）健身过程增强个人与集体的相互交注性

一个心理健康的人应该具有宽容、热情、友爱与合群等品质,能够妥善处理人际关系。因为在体育运动的过程中,存在人与人之间、个人与集体之间、集体和集体之间的相互交往性。这种交往性可以使群体中的成员在体育运动中相互影响、相互作用,在情感上相互感染、相互沟通,从而增进了解。由于体育锻炼的集体性和公开性,在体育运动中的人际交往能够促进良好人际发展的关系,也有助于心理健康。

我们健身工作室经常会开展一些小团体课。在同一期班里,伙伴们第一次来的时候相互之间不认识,仅仅是一起排队做体测,之后一起运动,有一些交集以后就回去了。一期班一般都是一个月的时间,但是效果很快就显现。到第二次他

---

[1] 李璇. 年轻人健身：个性化、碎片化, 随时随地"动起来"[N]. 中国青年报, 2021-12-28: 7.

们来的时候，就开始相互可以点头了，也相互能记住上一次自己站的位置和自己四周伙伴的位置。到第三次来，他们都已经可以开玩笑，可以笑着跟对方打招呼，叫出对方的昵称。然后第四次、第五次以后，就不难想象他们都已经可以相互之间愉快沟通，相互倾诉。

今天自己在生活或工作中将有趣的事与大家分享，这不仅是运动锻炼了身体，还有更温馨的感情分享。奥运之年，全民皆言运动，在全民健身口号的带领下，人们更多地走入健身房或到户外呼吸新鲜空气，在运动过程中，亲情、友情、爱情无处不在。

五、运动心理调适及建设

运动能强壮肌肉，灵活关节，改善心肺功能，促进新陈代谢，增加肺活量。运动能使人精神旺盛，心情舒畅。人体在锻炼的时候会释放出许多有益的激素，能调节人的情绪和心境，增强抵抗力，有益于身心健康。运动是保持青春的妙方，是延年益寿的良药。[1]

（一）运动与心理调适

运动有助于获得良好的情绪。运动之所以能够调节情绪，是因为体育锻炼的参与者能够体验到运动带来的愉快的感觉。心理学家认为，适度的体育锻炼能够促进人体释放一种多肽物质——内啡肽，它能使人们获得愉悦、兴奋的情绪体验，尤其是参加那些自己喜爱和擅长的体育锻炼，可以使人从中得到乐趣，振奋精神，从而产生良好的情绪状态。运动使人快乐，这句话是有科学根据的。

健身者最喜欢上的课程之一是运动减压课程，在课上，我们会带着一群各行各业、年龄段都不一样的伙伴一起玩游戏，然后在玩游戏的过程中让他们释放工作中、生活中的压力，暂时忘记所有的烦恼，全身心融入运动当中，融入玩游戏的氛围当中，然后看他们开心、大笑的样子。其实这个过程是相互给予的，看到别人开心，自己也会特别开心。

（二）运动与心理建设

一个人具有正确的自我观，就意味着他能客观地认识自己和对待自己。体育运动有助于认识自我，体育运动大多是集体性、竞争性的活动，自己能力的高低、修养的好坏、魅力的大小都会明显地表现出来，使自己对自我有一个比较符合实际的认知。竞争的成功可以提高自信心和抱负水平，可以得到同伴和集体的

---

[1] 陈晨晨. 有氧运动是"永葆青春"特效药［J］. 祝您健康, 2006（01）: 44.

承认，从而正确的认识自己的社会价值。

体育还有助于我们自我教育，在体育运动中暴露自己的缺点，发现自己的优点，将长处发扬光大，对自己的缺点和不足努力改正和克服，正确对待成功与失败。在体育运动中，很多体育规则都是设定好的，那我们在已经设定好的规则里面就能够发现自己这一项运动水平怎么样，从而得到一个正确的自我认识，可以扬长补短，充分收获自己在运动中的喜悦。最后，祝福大家在运动的过程中，不仅仅能够收获到身体形态上的改变，还能够收获心理上的愉悦，能够在运动中发现自己的潜能，祝愿大家在不久的将来都能成为更好的自己！

结　语

运用公共关系理论及公共关系发展现状客观分析公共关系对于艺术健身展的积极意义，依据艺术健身的潜力、艺术健身的感悟、健身运动的原理、运动与社会适应、运动心理调适及建设的公共关系在品牌塑造、内在管理方面的作用，艺术健身通过建立有效的公关管理方式来提升组织整体实力，带动艺术健身的良性竞争与发展的有效途径。

艺术健身和健身潜能教育通常会在学生们人生的很长一段时间才会真正显现，这种时间跨度不是说明艺术的不重要，恰恰是艺术重要性的体现。运动有助于发展潜能，经常参加体育锻炼可以使个体的注意力、记忆力、观察力、思维和想象等能力得到充分的发展，提高其活动效率。研究表明，由于体育锻炼能有效地促进血液循环，增强心肺功能，使大脑获取更多的氧气，给大脑的记忆和思维能力提供必要的物质保障，从而提高脑力劳动的效率。要想让学生拥有更积极、健康的心理状态和强健体魄，不妨从每天保持体育锻炼入手。[①]

每一次我们给健身教练开培训班的时候，都会问大家是怎么走进健身行业的，这个时候每一个教练都几乎会告之自己的增肌过程，或者是自己的减脂过程，再或者是自己的塑形过程，大多是因为运动改变了自己，不仅仅是身体上的改变，而是通过身体上的改变，让他们的生活方式也发生改变，从而整个人都得到了改变。

国际前沿的健身理念和训练方法告诉我们：如果人体是一辆车，该如何提高这辆车的性能？运动医学知识体系认为，从人体的心肺、核心、速度反应敏捷以

---

① 杨积宏. 运动是治愈身心的"良药"[J]. 家长（上旬刊），2021（08）：28.

及平衡等方面做生动阐述，帮助健身朋友更全面、准确地看待健康以及健身活动，更好地享受美好生活。

> **思考题**
>
> 1. 你喜爱的运动有哪些？你希望通过运动让身体做如何改变？
> 2. 你在运动时的感受是什么？你希望通过运动如何做心理调适？
> 3. 通过这节课，你有什么新的启发？
> 4. 简述运动心理调适及建设。
> 5. 论述运动与社会适应。
> 6. 请运用公共关系理论及公共关系发展现状，客观分析公共关系对于艺术健身展的积极意义？

第二节　运动康复

教学目标：

艺术潜能是运用潜能开发工具激发人们对艺术的创新和创造能力，提升人们用形象来反映现实但比现实更有典型性的社会意识形态作品，[①] 让学生了解并挖掘人体运动的潜能。掌握日常运动常识，学会通过体态评估与动态测试来快速判断身体是否健康，假如出现了亚健康状态，该如何通过运动康复来改善身体健康状况，从而通过运动康复方式达到不药而愈。

运动潜能集艺术、体育、娱乐于一体，是一项深受人们喜爱的高雅活动，是一项融合了体育、艺术、健康和美的运动项目，对于提高广大人民群众的身体素质和艺术水平具有积极作用。在全民健身运动的浪潮下，基于人们的需要以及社会的需要，越来越多的人加入健身活动的队伍中来。

[①] 谭昆智，韩诚，吴建华，刘少廷. 创新潜能开发研究 [M]．广州：中山大学出版社，2016：145.

一、运动能力潜能

在终身体育和全民体育观念深入人心的背景下，运动潜能的形式日益多元化，我们也围绕运动潜能教学进行了深入探索。生活中，很多人只注重自己智力方面的培养，却忽略了其运动能力的发展，其实这很不利于个人的全面发展，影响个人综合素质的提升。适当地开发自己的运动潜能，不仅可以增强身体对营养的吸收，还能使骨骼变得强壮，同时还能锻炼自己的意志和性格。

（一）更高更快更强

运动潜能作为提高大众运动意识和培养运动能力的重要途径，可以给运动潜能学习带来新的发展方向。让人们全身心投入运动潜能过程中，是我们健身教师思考的一个重要问题。2021年东京奥运会我国著名百米飞人苏炳添在比赛过程中犹如一道黄色闪电，跑出9秒83的创纪录成绩。[1] 继110米跨栏项目刘翔的12秒88之后，成为中国短跑之光，震惊世人。这些为国争光的奥运健儿们为什么可以获得如此惊人的成绩？就是因为他们通过科学的训练方式激发身体内部的潜能，去追逐奥运更高更快更强的精神。

但是对于普通人而言，并不需要过度追求像职业运动员那样的训练强度，就算是很有天分的职业运动员，也会因为过度训练而导致身体受伤。对于我们普通人而言，只需要保持适量的运动强度，就可以全面提升身体素质。全面的身体素质包括力量、爆发力、速度、平衡、反应、协调、敏捷、柔韧、耐力、心肺功能等。

（二）长期缺少运动的坏处

科学使人进步，但科学的原动力是人性的懒惰。纵观人类的发展史，有许多发明都是人类为了省时省力而去做的科学研究。从职业运动员的角度来说，奥运会的纪录每届都在刷新，但是从普通人的平均身体素质来说，因为我们每天运动的时间比农耕时代要少得多，所以现代人的身体素质反而比不上古代人。

1. 肥胖

作为全世界最发达的国家，美国的肥胖率从2000年的30.5%升至2020年的46.2%。这20年因为肥胖而引起的高血压、冠心病、糖尿病等疾病更是增加了10倍以上。

2. 肌肉萎缩和骨质疏松

一些中老年人或者骨折患者因为害怕受伤，所以长期静坐或卧床，导致横纹

---

[1] 王林. 苏炳添9秒83破纪录：运动员名单上唯一的80后，坚持参赛只为1目标［N］. 江城晚报，2021-8-2：1.

肌营养障碍、肌纤维变细甚至消失等导致肌肉体质缩小。当人的肌肉结构处于废用状态时,最容易出现肌肉萎缩的症状,从而无力行动和受限,身体的钙质进一步流失导致骨质疏松,进入恶性循环。

3. 心肺功能下降

心肺功能不好的表现分几种不同的类型,轻者在爬楼梯或者爬山的时候很容易出现气喘、呼吸困难、出冷汗、头疼等症状。重者则日常都会出现胸闷、气短、心慌、心悸、伴随着呼吸困难等症状(如果出现重症,则需到医院及时就医)。

(三) 运动康复的好处

当人们感觉身体不舒服的时候会去看医生,如果牙痛的话会去看牙科,皮肤瘙痒会去看皮肤科,肚子痛会去看消化科等。但是为什么在我们肌肉无力酸痛紧张的时候却找不到肌肉科,过度肥胖的时候找不到减肥科,肺活量低下导致气喘气短找不到心肺功能科等等相关科室?这是因为在医学界上述症状绝大部分可以通过运动来解决,[①] 通过比日常更大强度的针对性运动处方,可以激发人体自身的运动康复潜能,从而恢复健康状况。因为在非病毒性、细菌性等入侵引起的疾病中,通过提升自身的身体素质就可以激发人体潜能,达到提升免疫能力、排毒功能等效果,让身体达到真正的不药而愈。

如果是因为心肺功能不够而引起的心慌、气喘等症状,可以通过跑步、骑单车、游泳等有氧运动来加强人体心肺功能潜能。

如果是因为缺少运动引起的肥胖,则可以通过运动来消耗身体多余的热量,

---

① 中医护理学习题集 [M]. 北京:人民卫生出版社,2018:67.

并且通过提升肌肉量来提高我们的基础代谢,从而达到减肥效果,呈现人体自然美态潜能。

如果是因为身体损伤而导致某部分肌肉长期不锻炼,引起的萎缩、无力、受限等症状,则可以通过针对局部肌肉的锻炼改善该情况,激发人体自身运动康复潜能。

二、运动康复的诊断

在运动潜能改革深入发展的背景下,运动康复真正走入了大众视野之中,为我们运动潜能的学习带来了多元化元素。实践证明,运动康复教学很大程度上提高了我们参与运动潜能学习的兴趣,对激发我们的运动潜能提供了重要帮助。运动康复潜能激发是通过系统的、具有针对性的功能运动训练,并在充分考虑组织生理恢复周期的情况下对相关组织结构以及身体整体器官产生刺激,使其达到生物形态和功能的积极适应,从而恢复健康。

(一)体态评估

体态评估的组成主要是以下两方面:一是主观信息,一般情况和病史、职业生活方式、医疗情况、个人信息等。二是客观情况,生理评估、心肺耐力测试、静态和动态知识评估、运动表现评估等。本节我们主要介绍静态身体姿势评估。

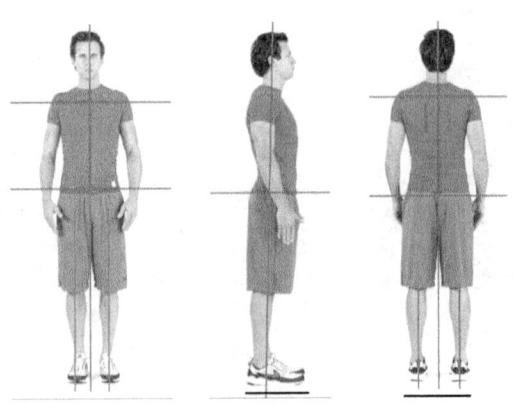

注:上图为作者健身房的宣传图。

神经肌肉效率:神经系统和肌肉系统协作良好,使人体可以更好地完成动作。最佳的身体姿势排列可以使我们的神经肌肉效率最佳,帮助我们产生有效和安全的动作。

良好的身体姿势可以确保我们身体肌肉最佳的排列——适宜的"长度—张

力"关系，有效激发身体潜力运行，使得我们在整个人体活动系统（也叫运动链）有良好的关节活动，并能有效吸收和分解所承受的压力，消除关节过度的压力，换句话说，良好的身体姿势可以帮助保持肌肉在最佳长度，帮助我们的肌肉有效地工作，保证适合的关节活动度和最大的力量输出，同时减少受伤的机会。

良好的身体姿势可以帮助人体产生高水平的功能力量，如果我们身体姿势不好，我们的动作模式也会受影响，我们的肌肉也会不平衡，这些人体失调的情况容易导致我们日常一些常见的损伤，如脚踝扭伤、肌腱炎、下背疼痛等。或许某些轻症状人群仅仅是体态不在中立位，暂时没有出现无力、受限、疼痛、麻痹等症状，但是受伤风险是比正常体态要大大提高的，这个时候恰好就是通过激发人体自身运动康复潜能方式来恢复健康是最佳手段。静态姿势评估可以看出我们身体姿势有哪些偏差，主要看出被评估者的三大问题：内旋变形综合征；下交叉综合征；上交叉综合征。

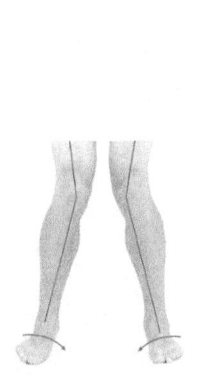  

（内旋变形综合征） （下交叉综合征） （上交叉综合征）

注：上图为作者健身房的宣传图。

下面我们就这三个问题逐个分析：

1. 内旋变形综合征：脚内转、膝盖内收和内旋（膝外翻）

表1

变短的肌肉 （需要静态拉伸）	变长的肌肉 （需要锻炼强化）	关节力学的改变	可能引起的损伤
腓肠肌	胫骨前肌	增加：膝盖内收	足底筋膜炎
比目鱼肌	胫骨后肌	膝盖内旋	胫后肌腱炎
腓骨肌群	股内侧肌	足部内转	髌骨肌腱发炎

续表

变短的肌肉 (需要静态拉伸)	变长的肌肉 (需要锻炼强化)	关节力学的改变	可能引起的损伤
大腿内收肌群	臀中肌	足部外璇	下背部疼痛
髂胫束前部	臀大肌	减少：踝关节背屈	
臀部屈肌	臀部外璇肌群	踝关节内翻	
股二头肌			

2. 下交叉综合征：骨盆前倾，下背过度向前拱起

表2

变短的肌肉 (需要静态拉伸)	变长的肌肉 (需要锻炼强化)	关节力学的改变	可能引起的损伤
腓肠肌	胫骨前肌	增加：	下背部疼痛
比目鱼肌	胫骨后肌	腰部伸展	腘绳肌拉伤
背阔肌	臀中肌	减少：	膝盖前部疼痛
大腿内收肌群	臀大肌	臀部伸展	
竖脊肌	腹横肌		
臀部屈肌	腹内斜肌		

3. 上交叉综合征：头部前倾，圆肩

表3

变短的肌肉 (需要静态拉伸)	变长的肌肉 (需要锻炼强化)	关节力学的改变	可能引起的损伤
斜方肌上部	深层颈部屈肌	增加：	头痛
肩胛提肌	前锯肌	颈部伸展	肱二头肌肌腱炎
胸锁乳突肌	菱形肌	肩胛前探	肩袖肌群撞击征
斜角肌	斜方肌	肩胛抬高	胸廓出口综合征
背阔肌	小圆肌	减少：	
大圆肌	冈下肌	肩部伸展	
肩胛下肌		肩部外璇	

续表

变短的肌肉 （需要静态拉伸）	变长的肌肉 （需要锻炼强化）	关节力学的改变	可能引起的损伤
胸大肌/胸小肌			

静态姿势评估（人体动力链）检查关键点：

人体动力链检查——通过三个面的检查，分别是正面、侧面、后面。

检查关键部位：足和脚踝、膝盖、腰—骨盆—臀部、肩部、头和颈椎。

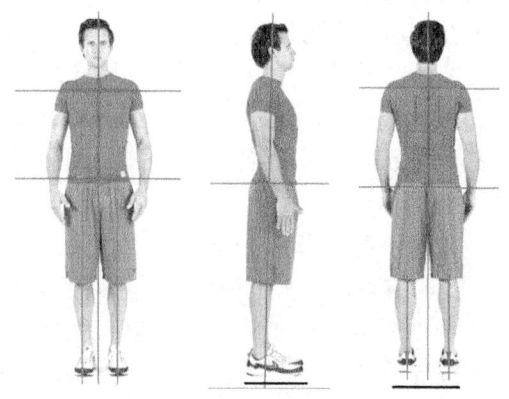

注：作者健身房的宣传图

正面观检查要点：

（1）脚和脚踝：直并平行，不内转，不外璇。

（2）膝盖：和脚趾方向一致，没有内收，没有外展。

（3）腰—骨盆—臀部：骨盆与后上髂胫束在同一个横向平面上。

（4）肩部：没有耸肩，没有圆肩。

（5）头部：自然中立位，没有倾斜，没有旋转。

侧面观检查要点：

（1）脚和脚踝：自然位置，大腿与足底垂直。

（2）膝盖：自然位置，没有屈曲，没有超伸。

（3）腰—骨盆—臀部：自然位置，骨盆没有前倾（腰椎没有超伸），骨盆没有后倾（腰椎屈曲）。

（4）肩部：正常，脊柱后突的曲线，没有圆肩。

（5）头部：自然中立位，没有过度前探。

后面观检查要点：

（1）脚和脚踝：脚跟竖直并平行，没有过度内转。

（2）膝盖：自然位置，没有内收，没有外转。

（3）腰—骨盆—臀部：骨盆与后上髂胫束在同一横向平面上。

（4）肩部：没有耸肩、没有圆肩，两边肩膀在同一高度上，肩胛骨内侧边界基本平行，肩胛骨间大概7~10厘米之间的距离。

（5）头部：自然中立位，没有倾斜，没有旋转。

（二）关节活动受限

关节活动受限一般是指人的各个关节因局部损害或各种原因导致的活动弱于健康时的运动范围、幅度、频率等，严重者在日常生活中需要他人帮助。其中部分人是因为疾病或先天性畸形等影响骨骼、关节、肌肉等运动系统，均会影响正常的活动功能，导致关节活动受限。我们在这里主要是讨论因为日常缺乏锻炼导致的肌肉萎缩或无力、因为过度或者错误运动（劳作）导致的关节/韧带/肌肉等身体损伤这两类问题。导致关节活动受限常见的原因主要有如下：

1. 关节内部一些骨性的阻挡

这种情况往往见于人体一些关节的严重损伤，如关节的脱位（半脱位）或者是关节内部的骨折。此时有可能在关节内部有一系列的骨性阻挡物，进而使关节活动受限。这种类型损伤需要及时就医，通过客观的医学影像来判断严重程度，采取有效治疗手段进行治疗。

无论哪种医学治疗手段，最后还是需要通过系统而有针对性的运动康复手段尽可能恢复到伤前标准。因为人体的潜能是巨大的，大部分人在受伤之后过度保护伤患处，伤患处长期得不到有效锻炼，导致伤患处肌肉萎缩和骨质疏松。患者通过激发人体运动康复潜能的专项抗阻训练，可以萎缩肌纤维肥大，恢复受伤部位正常的活动度以及消除疼痛。笔者曾经因为肱骨骨内肿瘤病变导致左手肱骨骨折（就是上臂部），左肱骨通过手术植入大量人造骨，也打上了钢板和数十颗钢钉，但是由于坚持不懈的自我康复，现在左肩受伤部位关节不单灵活依旧，而且力量更胜往昔一筹。

2. 关节内部的粘连所导致

此类病变往往见于人体有了关节的相关损伤，而且在恢复过程中没有进行相应的功能锻炼，此时就导致关节内部出现了一系列粘连的组织，继而导致关节活动度下降。这种类型情况通常不影响生活，一般来说不需要到医院就医，患者通过激发人体运动康复潜能的专项拉伸训练，自身对活动度受限关节进行静态拉伸即可以短时间内增强该关节的灵活性，这种快速回复灵活度的静态拉伸效果通常维持时间不长，但是长期进行针对性的静态拉伸可以有效改善这种情况。

3. 关节的挛缩所导致

此类情况往往见于患者存在一些肢体的严重缺血或者是一些肢体软组织的严重损伤，像烧伤之类。此时会导致关节出现挛缩，并发关节活动受限，与此同时，肌肉有可能会因增生产生结缔组织，进一步阻碍关节的灵活性。这种情况建议用激光治疗软化结缔组织，并通过上述所讲的静态拉伸方式进行改善。

4. 严重的疼痛所导致

比如，由于人体关节部位的外伤或者是周围的一些神经受刺激，导致此处有严重的疼痛。此时患者为了自我保护，就会反射性地不去活动这个关节，久而久之就会使其产生活动受限。

在这种情况下，如果是已经引起炎症或者肌肉/神经损伤的话，严重者可口服或者外敷消炎药物，消炎后应该克服心理障碍，不要过度恐惧疼痛，相信自身运动康复潜能可以修复机体功能，主动去活动受限的关节，在可以接受的疼痛程度（把疼痛分成100份，1份是极度轻微疼痛，100份是无法忍受的疼痛；在30份之内都是对人体无害并且可以接受的）上每次调整更大的关节活动度，长此以往，情况将会极大改善。

5. 长期保持某种体态而引发

这种情况常出现在以下几类人群中：

（1）长期使用电子产品（手机/电脑等），有的人会因为娱乐或者工作长期使用电子产品（手机/电脑）而保持一个姿势不动，引起圆肩、驼背、头前引等体态问题，久而久之出现头部不能大角度地抬起，手臂不可以90度垂直地面举起等关节活动受限问题。其实现在都市人除了过度使用电子产品导致这个问题，还会出现在长期开车、打麻将、伏案工作等行为人群身上。

（2）长期局部肌肉群发力/受力，比如说挑夫长期两边肩膀受压、腰部肌肉长期固定发力，深层腰部肌肉虽然很发达，但是也很紧张（多裂肌/腰方肌等），导致弯腰、转身、提膝等关节活动受限。

这类型人群平时多做一些类似瑜伽和舞蹈类的大幅度动作和动态拉伸就可以改善此类局部肌肉紧张/发达问题。不过容易让人忽略的是，这种局部肌肉紧张/发达通常伴随着局部对抗肌肉的松弛无力，所以在拉伸紧张/发达肌群的同时，应该加强锻炼此肌群的对抗肌群，这样关节活动受限的情况将会快速缓解。

（三）疼痛症状

肌肉疼痛/酸痛可由运动、感染性疾病等疾病引起。其原因有：

（1）组织牵引：肌肉损伤而起。

（2）肌肉痉挛：肌肉的反复性抽筋而起。

（3）结缔组织：肌肉的结缔组织受伤（如肌腱）而起。

由感染性疾病引起的肌肉疼痛/酸痛需要尽快到医院就医，本节所述人体运动康复潜能开发仅指物理性的运动创伤肌肉疼痛/酸痛。

其他肌肉疼痛/酸痛还包括：

1. 酒后肌肉酸痛

酒精过量可以首先在肌肉中产生大量的肌酸和乳酸，导致四肢肌肉酸痛及全身肌肉酸痛，并有肿胀感。酒精中大量酸性物质进入肌肉，引起肌肉和骨关节酸痛。

2. 骨质疏松症

四肢长骨和肌肉无规律的酸痛是骨质疏松症的临床表现，其主要表现为老年人全身不明原因的疼痛，脊椎侧弯，驼背，四肢长骨和肌肉无规律的酸痛，钙沉积，骨质退行性病变，肌肉萎缩，骨折及骨折并发症等。

3. 腰背酸痛

以腰部、背部、肩部、腿部的放射性疼痛、酸痛、挤压痛、咳嗽痛、牵拉痛等为主，轻则影响正常生活，重则损害健康，严重者可丧失劳动能力。

4. 抽筋

抽筋，学名肌肉痉挛，是一种肌肉自发的强直性收缩。常见的腿抽筋其实是小腿肌肉痉挛，表现为小腿肌肉如腓肠肌突然变得很硬，疼痛难忍，可持续几秒到数十秒钟之久。

5. 肌肉紧张性疼痛

这是神经衰弱的一种临床表现，以精神易兴奋却又易疲劳为特征，常伴有紧张、烦恼、易激惹等情绪症状及肌肉紧张性疼痛、睡眠障碍等生理功能紊乱症状。事实上，肌肉的慢性疼痛/酸痛是因肌肉的损伤分裂所形成。在超出极限的剧烈运动后数小时到24小时左右出现的肌肉疼痛/酸痛通常持续时间在1~3天。其原因不外是肌肉受伤、肌肉痉挛或结缔组织异常所引起，一般认为结缔组织异常是引起肌肉疼痛/酸痛的最大原因。

（四）肌肉无力症状

肌无力大体分为四种不同类型：

（1）肌无力病是神经肌肉传递障碍所导致的一种慢性疾病。该病的发生与遗传因素有一定的关系，任何年龄均可罹病，但以10~35岁最多见，这类型患者通过人体运动康复潜能可以改善部分症状，但应及时就医进行胸腺手术，本文不过多阐述。

（2）由中风、脑出血、脑肿瘤、脑外伤、脑缺氧等脑干受损引起的后遗症，这类型患者在就医后应及时进行人体运动康复潜能处方治疗，一旦错过康复黄金期（如中风后遗症运动康复黄金期是 3~6 个月）就较难痊愈。近年国内这类发病患者越来越年轻化，特别是在酗酒、熬夜、暴晒等行为后突发出现。

（3）因为神经系统出现粘连和传导障碍而影响肌肉无力症状，人体所有动作均是由"大脑发出信号—神经传导信号—肌肉作出收缩反应—完成动作"这一过程，如需了解身体肌肉无力是否因神经系统出现问题，可到医院做肌电图检查确认。

（4）长期缺乏锻炼引起的肌肉流失和萎缩，特别是长期卧床、久坐等人群，会出现"手无缚鸡之力"这种现象。这类患者只需要通过长期的人体运动康复潜能针对性训练就可以解决问题，但是要注意不要操之过急，因为运动和锻炼的过程本来就是撕裂肌肉的过程，只有通过运动和锻炼之后的蛋白质补充以及足够的睡眠，才会增强我们的肌体。如操之过急，一下太大运动量，就会超过当时身体负荷极限而出现运动损伤问题，欲速不达，出现反效果。

三、人体潜能运动康复的处方

人体潜能运动康复一般来说就是针对人体的骨骼、神经、肌肉这三个板块的问题进行分析处理，本节仅讨论分析比较浅层面的肌肉板块。

肌肉是人体重要的组成部分，正常健康的人体全身的肌肉共有 639 块，约由 60 亿条肌纤维组成，其中最长的肌纤维达 60 厘米，最短的仅有 1 毫米左右。大块肌肉有 2000 克重，小块的肌肉仅有几克。一般人的肌肉占体重的 35%~45%。肌肉内毛细血管的总长度达 10 万公里，可绕地球两圈半。

按结构和功能的不同，肌肉又可分为平滑肌、心肌和骨骼肌三种。平滑肌主要构成内脏和血管，具有收缩缓慢、持久、不易疲劳等特点；心肌构成心壁，两者都不随人的意志收缩，故称不随意肌或平滑肌；骨骼肌分布于头、颈、躯干和四肢，通常附着于骨，骨骼肌收缩迅速、有力、容易疲劳，可随人的意志舒缩，故称随意肌或骨骼肌。骨骼肌在显微镜下观察呈横纹状，故又称横纹肌。

下面根据不随意肌和随意肌的分类各举一个人体运动康复潜能运动处方的例子。

（一）不随意肌之心肺功能

人体全身均需要依靠氧气燃烧体内储存的能量，让它们变成热能，器官及肌肉得到热能才能活动。氧气由肺部吸入，故肺部容量大小及活动次数便很重要；心脏则负责把氧气，通过血液循环系统送到各个器官及部位，故心脏跳动的强弱会影响血液的流量。心肌一旦出现问题，身体也会随之出现各种问题。

心肺功能包括血液的循环速度、心脏跳动的强弱、肺部的容量及次数。而要量度心肺功能，最好便是进行运动测试，因为人体运动时对氧气的需求量十分大，故最能"考验"心脏及肺部的活动能力。心肺功能指的是人的摄氧和转化氧气成为能量的能力。整个过程牵涉心脏制血及泵血功能、肺部摄氧及交换气体能力、血液循环系统携带氧气至全身各部位的效率，以及肌肉使用这些氧气的功能。心肺功能良好，说明身体主要机能都可健康运作，从而可推断出患慢性疾病如心血管病、内分泌系统疾病、呼吸系统疾病的概率较低。

心肺功能运动处方：有氧运动可锻炼心肺功能。一般来说，温和、达最高心跳率（即220减去自己年龄）60%至70%的运动量，消脂功能最好。在运动中的能量消耗有40%来自脂肪、60%为碳水化合物，如果要锻炼心肺功能，则需达到最高心跳70%以上的剧烈运动，此时能量消耗90%为碳水化合物、10%为脂肪。

例如，太过肥胖者需要运动消脂，虽然剧烈运动消耗的热量大，但是不适合一开始便急于进行太剧烈的运动，因其心肺功能仍不能应付；或需先以温和运动消脂，并提高基本心肺功能，逐渐减重瘦身后才能增强运动量，以锻炼心肺功能，进一步提高消脂效果。一般人并不清楚本身的心肺功能到什么水平，必须进行心肺功能测试，评估体能和身体状况后才开始进行适合的运动，逐步锻炼与提升心肺功能。

增强心肺功能可以有效预防心脏病的发生，以规则性、持续性、有节奏的运动最有效；至于大运动，如举重，则对心肺功能没有促进作用。能够促进心肺功能的运动，大致分3类：

第一类，有一定运动量，对心肺功能的促进最为有效的运动，如骑车、游泳、爬楼梯、慢跑、快速走路、爬山等。每周从事这类运动3至4次，每次30分钟，即可收到很好的效果。

第二类，运动虽然不激烈，但仍然是可以选择的运动，每周3至4次，每次30分钟以上，对心肺功能有促进的功能。比如，中速快走、网球、篮球等。

第三类，不太激烈或是不持续性的运动，虽然对心肺功能的促进有限，但仍能改善肌肉张力，减少精神紧张，消耗多余的热量。其中低运动量的园艺工作、家务事、跳舞等，只要能每天持续做，也能降低心脏病发病率。

尽管有这么多运动可以选择，但是有些心脏病患者对于运动还是有些顾虑。经常有报道，有人在运动中心脏病发作而死亡。这是由于过度运动造成的。长期不运动的人需要遵照慢慢递增运动量的方式来运动，唯有这样，才能减少运动危险性并得到运动的最大益处，人体运动康复潜能激发是一个有计划的过程，人体自身达到一个阶段目标才可以接下一阶段目标的系统变化，潜能需要激发，但是不能透支。

运动中发病大部分是由于运动过于激烈或时间过长，尤其是长期不运动的人较容易发生。其实这些都是能够预防的，在发作前心脏可能有一些警讯，如胸闷、头晕、呼吸困难、眩晕等。当有这样的征兆出现时，要马上停止运动，并找医生诊断。

对心脏病患者来说，最佳的运动量可以通过测量心率来判断，用170减掉年龄后，再乘上90%，就是运动后的最佳心率。

测量心率的方法是在运动停止后，马上测量15秒的心率，把这个值乘以4。比较后就可以知道运动量是否合适。

（二）随意肌之腰背肌群

腰背部疼痛是困扰很多人的一种劳损性疾病，又叫腰背肌肌肉筋膜炎、腰肌劳损。腰背部疼痛/肌筋膜炎/腰肌劳损/腰椎间盘突出症这些类型，均可以通过针对性的人体运动康复潜能训练达到减缓和治愈的疗效。下面列举一些针对性的运动处方训练方案：

LBP-腰背部疼痛/肌筋膜炎/腰肌劳损/腰椎病
康复练习法

LBP-1战立位腘绳肌拉伸练习
LBP-2猫和骆驼练习
LBP-3四肢抬高练习
LBP-4骨盆上翘练习
LBP-5仰卧起坐练习
LBP-6臀肌拉伸练习
LBP-7伸展练习
LBP-8侧卧位支撑练习

注：作者健身房的宣传相片。

187

LBP-1 站立位腘绳肌拉伸练习：
（1）患侧腿伸直，并把脚跟放在约 40 厘米高的矮凳上；
（2）以髋关节为轴，将身体向前倾，直到感觉大腿后方有轻度的牵拉感并维持姿势不动；
（3）注意保持双肩平衡、背部挺直，不要转肩或弓背；
（4）练习时，每日 3 组，每组做 3 次，每次坚持 15~30 秒钟。

LBP-2 猫和骆驼练习：
（1）跪位于瑜伽垫或硬板床上，双手双膝撑地；
（2）腹部放松下垂，使背部塌陷，并维持姿势 5 秒钟；
（3）然后腹部收紧，使背部向上弓，并维持姿势 5 秒钟；
（4）练习时，每日 3 次，每组做 3 次。

LBP-3 四肢抬高练习：
（1）跪位于瑜伽垫或硬板床上，双膝双手撑地；
（2）腹肌收缩绷紧，然后抬起左侧手臂手指尽力向前伸，同时抬起右侧腿，脚尖尽力向后伸，维持姿势不动；
（3）缓慢放松回到原位，换对侧手臂和腿继续练习；
（4）练习时，每天 3 组，每组 10 次，每次每侧坚持 5 秒钟。

LBP-4 骨盆上翘练习：
（1）仰卧位，双膝屈曲，双脚掌着地；
（2）腹肌收缩绷紧，骨盆上翘，感觉背部紧紧顶住床板，维持姿势不动，然后放松回到原位；
（3）练习时，每天 3 组，每组 10 次，每次坚持 5 秒钟。

LBP-5 仰卧起坐练习：
（1）仰卧位，双膝屈曲，双脚掌着地；
（2）腹肌收紧，低头含胸，用下颌尽力向伸胸前，双臂前平举，尽力伸向远方；
（3）感觉双肩已经离开床板，维持姿势不动；
（4）如果感觉双臂前平举容易完成，可以尝试双手交叉抱头，双肘打开，提高难度；
（5）练习时，每天 3 组，每组 10 次，每次坚持 3 秒钟。

LBP-6 臀肌拉伸练习：
（1）仰卧位，双膝屈曲，跷二郎腿，使右侧腿踝关节搭在左侧大腿上；
（2）双手交叉抱住左侧大腿，并用力拉向胸前，感觉右侧臀肌和大腿外侧有牵拉感，维持姿势不动；

（3）同样方法交换双腿再练习；
（4）练习时，每天3组，每组每侧3次，每次坚持15~30秒钟。

LBP-7 伸展练习：
（1）俯卧位，身体和四肢放松，维持5分钟；
（2）如果因为疼痛难以完成，可以在胸下垫一个软枕或靠垫，维持5分钟；
（3）如果能够轻松俯卧位5分钟，可以开始尝试下面的练习；
a）俯卧位，以双肘屈曲以前臂撑地，维持5分钟；
b）手臂放松回到原位，休息1分钟；
c）然后双侧手掌撑地，肘关节伸直，将上半身撑起，同时保持髋关节不离地，维持姿势不动1秒钟，然后放松回到原位；
d）练习时，不应该有腿部疼痛感，但是腰背部疼痛是正常的；
e）练习时，每天4组，每组10次，每组间休息2分钟。

LBP-8 侧卧位支撑练习：
（1）左侧卧位，左肘弯曲，以前臂撑地，左肩左髋左脚保持在一条直线上；
（2）右手叉腰，腰部用力向上抬起，以左臂左脚撑地，并维持姿势不动；
（3）然后腰部放松回到原位，同样方法交换对侧再练习；
（4）如果感觉完成有困难，可以先把双侧髋关节和膝关节屈曲45度进行练习；
（5）练习时，每天3组，每组3次，每次至少坚持15秒钟，时间越长越好。

结　语

以我国全民健身的公共关系管理及运行机制作为研究对象，目的是准确理解并把握全民健身的公共关系管理工作、运行机制、未来定位等问题，期望在运动康复上能够引起社会更多地关注全民健身的活动，从而为推动新时期国家体育事业的发展贡献力量。

运动潜能是当前人们喜爱运动项目，以娱乐性、健身性为特色，提升自己的体能素质。在运动潜能运动中，人们会出现技能增长慢、锻炼效果不理想等问题。所以，关注运动潜能核心力量训练，挖掘人们核心肌群的运动潜能，为运动潜能提供坚实的身体素质基础；而人体运动康复潜能激发就是切入点。人体运动康复潜能激发是体育和医学的交叉学科，原本的目的是服务体育事业的。康复治疗属于医学亚学科。人体运动康复潜能和康复治疗里的物理治疗的运动治疗在国内有点异曲同工，很多医院都在做物理治疗科的运动治疗。

艺术潜能是运用潜能开发工具激发人们对艺术的创新和创造能力，提升人们用形象来反映现实但比现实更有典型性的社会意识形态作品。① 具体来讲，人体运动康复潜能是一套系统化的、完善复杂的治疗疗程：以现有的最先进的运动科学（如运动生物力学、运动解剖学）和医学（如生物学、病理生理学）为理论基础；通过运动治疗康复师，运用各种运动康复方法（需要器械的或者不需要器械的/主动地和被动地）对病人进行人体运动康复潜能激发，以达到激活患者机体功能和形态的适应进程，加快患者机体功能的恢复，这也是一种艺术潜能的反映。

文化自信和健康中国是新时代赋予健身艺术教育者的使命，任何课程内容都要时刻遵循"立德树人"理念。根植于古代中华民族优秀传统文化的健身艺术，其历史悠久，源远流长，承载着中华民族的各种思维习惯和智慧。健身潜能开发不仅能够提高学生的生理机能，还能够有效加强学生的美育和思想道德教育。

思考题

1. 通过本章内容，你是否清楚知道什么情况下应该去医院检查，什么情况下应该自我开具人体运动康复潜能处方去解决自身或他人问题？

2. 你知道自己体态是否健康吗？通过什么办法调整？

3. 在公共关系管理工作上，如何提升人体运动康复潜能，让自己和他人更加健康？

第三节　音乐潜能开发让我们成长

教学目标：

本节从音乐本体和公共关系视角，对音乐潜能进行个案开发研究，以学会尤克里里为切入点，提出对音乐潜能开发的对策与展望。音乐对人类智力的作用，首先表现在它能加强人的记忆力。欣赏或演奏乐曲，能强化人的精神、神经系统的功能，使视觉记忆、听觉记忆都得到锻炼，并能加强情绪体验记忆。如何运用音乐艺术激发我们的潜能，让我

---

① 谭昆智，韩诚，吴建华，刘少廷. 创新潜能开发研究 [M]. 广州：中山大学出版社，2016：145.

> 们每个人在成长的过程中有着愉悦心情；让人生充满激情。其实音乐潜能是每个人都具备的，我们应该通过什么样的方式把我们的音乐潜能开发得更好呢？
>
> 在构建融合性音乐课堂教学实践体系时，要坚持以现代音乐与生态美学的有机融合为基础，通过合理设置音乐课堂形态，丰富课堂的人文内涵，全面拓宽音乐课堂的教学空间。

引　言

喜欢音乐的人，特别是爱玩乐器的人，不仅有较强的记忆力，而且记忆的敏捷性、持久性、准确性都比正常人突出。生理学家也为我们找到了有关音乐促进记忆的奥秘：因为人的记忆过程与大脑的"边缘系统"密切相关，而音乐能刺激"边缘系统"分泌的激素、酶、乙酰胆碱等增多，这些物质会对中枢神经系统的功能产生广泛的影响，促进了记忆能力。

一、音乐潜能开发的艺术价值

从大众音乐审美的视域对音乐潜能现象进行探究，针对音乐艺术价值的特点、流行传播特征以及作品的叙述性与潜能性特征展开分析，从新媒体时代背景下艺术价值方面进行思考。

（一）音乐是听觉和情绪的潜能开发

音乐是情绪艺术，是一种展示的诉诸听觉的艺术，是以声表情，抒情的艺术，所谓"乐者出于人心"，音乐是人情绪的表达。生活中的矛盾引发人内心的情感，感情一被引出，必寻物质以表现其自身，在发声上的表现则形成音乐。音乐的本质是激发人的情绪。

正如我们的孕妇在怀孕期间很多医生都会建议多听一些美妙的音乐，因为胎教音乐可以刺激大脑细胞的兴奋，改变下丘脑递质的释放，促使母体分泌出有益于健康的激素，如酶、乙酰胆碱等，使身体保持在极佳的状态，促进腹中胎儿的健康成长。另外，胎教音乐对准妈妈也是有好处的，能帮助孕妇减轻妊娠反应，调节孕妇的心理、情绪和生理机能，使孕妈妈们精神放松、情绪愉快并使各个系统处于正常的状态，所以应尽量选择一些轻柔的胎教音乐。

（二）艺术歌曲创作的潜能开发

艺术歌曲有它自身的创作特点与艺术规律，在这个领域，古今中外积累下来的经典作品很多，它们大多经过历史的筛选与时间的考验，成为歌曲创作中的精品，① 艺术歌曲有人称为音乐会歌曲，是专为室内音乐会（室内乐）创作的音乐。

一般来说，艺术歌曲不同于通俗歌曲，它不会产生短时的"轰动效应"，在听众中造成的是一种隽永流长的艺术感受。一首优秀的艺术歌曲将不受时空的限制而保留下来。比如：安远民歌《斑鸠调》是流行于江西地区的小调，形式活泼，歌曲赞美了斑鸠鸣叫、桃花盛开、杜鹃吐艳、秧田翠绿的大好春光。歌曲具有林田乡村的韵味，由于赣南地区林木四季常青，林中的鸟儿也十分繁多，四季啼鸣。而那斑鸠的声音更是让人陶醉，让人潜意识产生了表现斑鸠歌唱的《斑鸠调》。②

古人说过："凡音之起，由人心生也。"意思是人的感情促使音乐的产生。人们常常听到一只雄鸟在鸣叫，往往是为了吸引雌鸟的注意。而人作为高级动物，男女之间也会用声音来表达爱慕之情。中国古代的《诗经》里就有"琴瑟友之"的诗句，意思是用奏琴来表达与对方交朋友的愿望。有人会用唱的方式来开发他的音乐潜能，抒发他们对生活的向往，也有人会用工具（如琴、鼓、吉他等）来演奏音乐，抒发他们对美好事物的情怀。

日常生活中，有一些熟悉的歌曲，如周华健的《朋友》、张学友的《祝福》等，总是出现在毕业联欢会，或朋友饯行的告别会上，这些旋律既能打动我们的内心，又可以增进朋友之间的友情，让人快乐！

（三）音乐艺术的抒情性与表现性

实践是检验真理的唯一标准，艺术不只是一种感受，它也有其自身的理论支持，艺术表现具有一定的科学性。通过音乐表演的实践进一步得出详细的音乐理论框架，是对音乐科学性的一种补充，也增强了音乐的艺术性。

1. 从审美上看，音乐是情绪的表达

从审美上看，音乐不能用纯理智的方式去看待，音乐以其节奏的长短、高低、急缓的关系使得听者所费的心力和所用的心的活动也不一致，使听者心中自起一种节奏与音乐的节奏相平行，这种高而缓或低而急的心力活动，听者心中逐渐感觉一种欢欣鼓舞或抑郁凄恻的情绪，使得听者能够体验到其中的情感。一首《你是我的阳光》，明快的曲调，让我们的心定格在快乐的时光里。听着美妙的音乐，可以让人全身心放松，用心灵去开发心智，音乐可以让观念转变，音乐是脑力潜能的开发。我建议每天都哼哼歌、弹弹琴等，有利于身心的健康，有利于

---

① 龚耀年. 谈谈艺术歌曲创作（一）[J]. 音乐教育与创作，2012（10）：4.
② 李婧. 浅谈音乐与情绪的关系：以"斑鸠调"为例 [J]. 音乐时空，2013（06）：47.

脑力的开发。另外，除了唱歌外，我建议有条件的学生可以学弹吉他、打鼓等，因为十指动全身，手指灵活了头脑也就灵光了，年轻的人头脑更好使，老年人不容易得老人痴呆。

2. 音乐的本质是唤起人的情绪

情绪是通过分享的而不是传播的。虽然每个人对音乐的情绪反应会不一样，但是"由于人的共性，又都会分享到一种重要的人类感觉"。

美妙的音乐可以让人愉悦，伤感的音乐让人泪目，激昂的音乐让人充满斗志，人的情绪可以改变一切。一首《义勇军进行曲》，唤起了四万万同胞团结一心，全民抗日；一首《游击队之歌》，激励了全国军民捍卫国土、痛击日寇的斗志；一首《歌唱祖国》、激发了亿万同胞热爱祖国、建设祖国的无限热情。这些歌曲至今仍保持着经久不衰的魅力。

同时，真理源于实践，理论也源于实践，通过对实践的总结和观察进一步体现音乐艺术的特性，对于音乐理论来说是很有必要的。[①]

（四）别压抑你的潜能

别压抑潜意识的本能，这是你生活的全部动力和热情，潜能开发就是用有效的方式开发自身的内在潜力。做事情缺乏热情和动力，往往都是因为你压抑太久了，你需要释放你的潜能，将你的潜意识想法通过合理化手段实现它，你会发现真正的自我。

1. 急中生智

人在危急时刻，智慧会突然千百倍地迸发而出，这就是常常说的绝处逢生潜能的动力深藏在我们的深层意识当中，也就是我们的潜意识中，也就是人类原本具备却忘了使用的能力，这种能力我们称为"潜力"。

2. 听觉刺激法

声音的力量可以影响你的信念，带来积极的行动。音乐是通过听觉刺激潜意识进而影响脑波状态，也就是说，音乐可以刺激脑力的潜能意识。一般人都只发挥了十分之一的潜能，想要将自己的音乐潜能开发得淋漓尽致，必须在求知的过程中让自己学习更多的技能，让自己更强大。

二、音乐是心灵沟通的桥梁

音乐与教育是一个颇为浪漫的话题。世间事物有真善美三种不同的价值，教育的功用就在于顺应人类求真、向善、爱美的本性，使一个人在这三方面得到最

---

① 何建蜀. 音乐艺术的抒情性与表现性研究［J］. 艺术品鉴，2021（17）：74.

大限度地调和，以达到完美的生活。让人在感受音乐之美之余，体悟音乐潜能开发的作用。

（一）音乐潜能激发活跃思维

有效地导入活动能够在一开始就抓住学生，吸引他们的注意力，使他们产生期待和向往的心理，自然地融进学习中，从而为整节课打下基础，做好铺垫。音乐教学可以激发人的活跃思维，为新授课做好铺垫。音乐潜能的导入能够调动学生的学习兴趣，激发学生强烈的求知欲。加上肢体语言导入，让学生在活动中活跃思维。

莫扎特在20岁时成为宫廷首席乐师却没有任何创作，酷爱音乐使他思维活跃，让他挣脱了束缚后成为一名自由音乐家而达到音乐创作的巅峰。

在音乐潜能开发这块我深有体会：因为长得帅、长得漂亮、颜值高会比较受欢迎，我长得一般，那就更要用音乐来展现我的魅力，让别人对我有印象才行；我经常外出见到很多陌生的朋友，一开始别人都对我不感冒，我大叔一个，"毫无颜值可言"，又不是什么领导，现在是没官没权力的人。但是，当我把我的小小尤克里里拿出来一弹一唱，很快歌声琴声就把大家感染了，气氛开始活跃起来了，音乐的感染力是超强的！让我们用心灵沟通架起音乐的桥梁，随着五彩的旋律在音乐的天空里遨游飞翔![1]

（二）音乐推动人际关系趋向和谐

音乐减压治疗和人际关系疏导可以有效提升我们的人际交往能力。[2] 音乐通过促进人际关系来维持心理健康，人是社会群居的，天然倾向于同社会中的他人取得和谐。音乐艺术以沟通交流的方式起聚合作用，推动人际关系趋向和谐。

大家都非常熟悉的《国际歌》，列宁在纪念《欧仁·鲍狄埃》的文章中热切地写道："无论你走到哪里，无论你是什么肤色，无论你是在异国他乡，你都可以凭《国际歌》熟悉的曲调，为自己找到同志和朋友。"列宁的这段名言，鼓舞了那个时代众多国家的无产者为共产主义努力奋斗的斗志。列宁对《国际歌》的评价充分证明了音乐是人与人沟通的心灵桥梁。

三、学会尤克里里的潜能开发

音乐潜能开发最好的切入点就是尤克里里。尤克里里的学习展现了音乐的现

---

[1] 蔡秀兰. 用心灵沟通架起音乐的桥梁：新课程改革教学随想 [J]. 小学教学参考, 2009 (21)：14.
[2] 许梦珂. 音乐疗法对大学生人际关系的促进作用：以某高校为例 [J]. 黄山学院学报, 2021, 23 (01)：34.

实主义表达和潜力。① 重视和发掘这种潜力，或许可以让尤克里里真正地释放出更多的艺术潜能。

（一）尤克里里的前世今生

尤克里里是一种夏威夷的四弦拨弦乐器，发明于葡萄牙、盛行于夏威夷，归属在吉他乐器一族。因为简单易学，民间有一说法，这是一个适合大人及儿童，并且好听易学可爱，又能激发节奏潜能的乐器。只要它在手中，没有你不会弹的歌曲。

"Ukulele"的意思是"到来的礼物"——uku（礼物），lele（到来），读作：oo-koo-ley-ley。19世纪时，来自葡萄牙的移民带着Ukulele来到了夏威夷，成为当地类似小型吉他的乐器。20世纪初，Ukulele在美国各地获得关注，并渐渐传到了全球。

1879年，葡萄牙的专业手工艺人和乐器制作家ManuelNunes、JoaoFernandes、AugustineDias来到夏威夷群岛，他们作为移民在甘蔗田作业的同时发明和发展了来自家乡本土的琴。

夏威夷人不仅惊讶于这种琴音色的优美，还惊讶于演奏者的手指在指板上的快速地移动。从那时起，夏威夷人就把这种琴称作"Ukulele"，意思是"跳跃的跳蚤"。不管Ukulele琴背后真实的故事是什么，它成为夏威夷最流行的乐器。这主要归功于上面所提到的三位手工艺家。

Ukulele琴还受到来自皇家和贵族的推崇，例如，国王Kalakaua，皇后Emma和皇后Liliuokalani，他们都弹奏过Ukulele琴，从而使Ukulele琴得到了更多夏威夷人的接受，从渔民、芋头种植者，到国王、皇后，大家都学习和演奏Ukulele琴。大约在1915年左右，Ukulele琴风靡北美大陆。夏威夷音乐袭击了旧金山市，随即横扫美国，刺激了Ukulele琴在北美大陆的销售。这股旋风还穿过大西洋刮到了英国

（二）短短15分钟学会尤克里里

乐器是一种很好的社交工具，它能够帮你打开局面，帮你融入一个陌生的群体，尤其是像尤克里里这么有趣的乐器。

1. 指法分为左手指法和右手指法

左手指法练习前，要保证指甲干净利落，不要留长指甲，练习时，我们左手的整个手掌是比较随意地托着琴颈，然后左手的大拇指要垂直在指板上，并且其他四个手指的姿势也都是这样的，每根手指的第一个指关节垂直在指板上，指尖用力按住琴弦。

---

① 秦兰珺.回归现实主义，释放游戏的艺术潜能［N］.中国艺术报，2021-11-8：2.

现代 潜能开发新论

右手拨弦时，主要是用到右手的大拇指、食指、中指，其中大拇指负责从上往下拨第3和第4弦；食指负责拨第2弦。这里要注意，第2弦是往上勾，中指负责第1弦，同样也是往上勾。右手扫弦就是用手指以均匀的速度从四根弦上轻轻扫过，扫弦主要用到右手的大拇指和食指，在操作过程中，我们手腕要学会放松，要灵活用力，同时要注意，食指使用指甲向下扫弦，而大拇指是用指肚向上扫弦。

2. 了解和弦，熟悉和弦的转换

我们先记住 C 和弦，再到 F 和弦，然后 G7 和弦就可以了。每个和弦由上往下各弹 4 下，谱如下。

C////C////F////C////，F////C////C////G7////C////；G7////G7////C////C////，学会这几个和弦的转换跟着谱子重复练，熟悉了简单的一首歌就自然而然可以弹唱了。

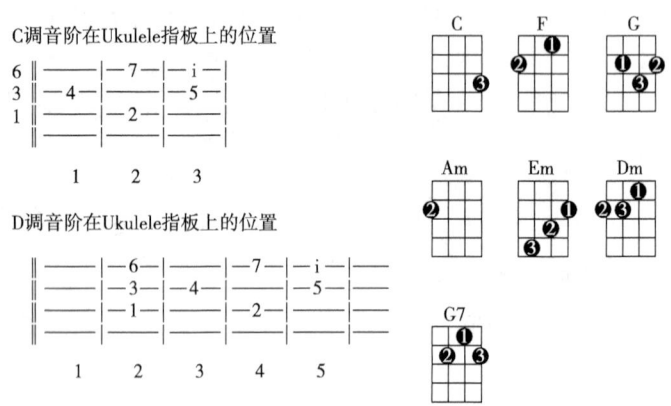

对我们来说，学习尤克里里让人的呼吸、心跳、血压等生理活动都有一定的节律，当音乐的节奏和这些节律相吻合的时候，就会使人放松，音乐还可以促使人体分泌有益于放松的物质来促进心理健康。音乐最直接的就是发泄情绪、舒缓情绪，这就是音乐抒情。

第四章　艺术潜能

音乐是重要的艺术表现形式，音乐理论体系的完善是凸显音乐艺术性的重要手段。[1] 若想理解音乐理论体系，就需要与实践有机结合。我们通过学习尤克里里，在弹奏尤克里里的实践中不断总结完善自己的技巧。同时，见证音乐理论的可靠性和实用性。对音乐艺术中抒情性和表现性的凸显加以分析探讨，结合实践对理论加以分析验证，真正了解音乐艺术的魅力所在。

结　语

音乐活动是校园文化的一部分，也是传播校园形象的重要工作。音乐潜能开发作为一种面向学生的公共关系手段，依照公共关系理念实现传播和推广。音乐是通过声音来传播的，作曲的人通常在创作时都会融入自己的所思所想，而演奏者则通过乐器按照乐谱来演奏，不断变化乐曲的旋律和曲调，把演奏者自己对乐曲的理解、自己的情感演奏出来。可以说，音乐不仅仅是声音的传播，也是个人情感的传递。

更进一步说，音乐也是健康的传递。人的呼吸、心跳、血压等生理活动都有一定的节律，当音乐的节奏和这些节律相吻合时候，就会使人放松，从而促进了心理健康。

随着音乐艺术的不断发展，音乐潜能开发也在不断地探索中形成，在此过程中，应不断加深对音乐艺术审美特性的探究，[2] 进而更好地从潜能角度为其提供理论支撑，帮助音乐艺术向更高的层次发展。通过为学生创设沉浸式音乐学习场

---

[1] 刘格. 解析音乐艺术的抒情性与表现性［J］. 艺术品鉴，2021（30）：52.
[2] 徐尧. 音乐艺术的抒情性与表现性研究［J］. 艺术品鉴，2021（08）：21.

景，构建生态、自然、绿色的音乐学习课堂，使学生在生动活泼的课堂氛围中充分挖掘音乐学习诉求，探寻学生感兴趣的音乐学习内容，感受音乐艺术的多元魅力。课程阐释了音乐潜能与生态美学，体现了新世纪以来音乐教育的追求和探索。积极挖掘现代音乐潜能中蕴含的生态美学，是当前创新音乐课堂形态的重要方式，通过创设生动、形象的音乐课堂，使学生充分体会音乐课堂的融合魅力，真正实现音乐教学的理想成效。

思考题

1. 你最喜欢听什么样的音乐，听的时候有什么感觉？
2. 你会用什么方式开发你的音乐潜能？
3. 音乐在你的身边发生了什么样的作用？
4. 为什么睡觉时候听一些轻音乐有催眠的作用？
5. 如何学会尤克里里的潜能开发？
6. 论述音乐活动是校园文化的一部分，也是传播校园形象的重要工作。

第四节　魔术与潜能开发

教学目标：

世界发展日新月异，科技的进步带给世界极大变革，而创新是世界发展的最大动力，也是最具国际影响力企业的核心竞争力。[①] 从广义来说，凡是呈现于视觉上不可思议的事，都可称之为魔术。而我们下功夫去学习，然后让人们去观看这种不可思议的现象，就是"表演魔术"。魔术是一门艺术，也是一门科学。在这里，我希望能借由自己微薄的力量，慢慢提升人们学习及观赏魔术的风气，从中探索魔术奥秘，开发艺术潜能。

中国魔术艺术历史悠久，其中既蕴含着东方独有的巧思绝技，也融合了历代生产力发展、制造业水平提升的精华。中国魔术艺术随着民族交融、朝代变迁、丝绸之路、南洋谋生等多种渠道传播至世界，从风格上影响了整个东亚地区魔术艺术的发展，在技法巧思上为全世界魔术艺术做出了贡献。

---

① 阿勒. 从传统媒体到新媒体时代，发生了哪些变化［N］. 时代之声，2017-8-3：3.

引　言

　　确定公关目标，分析公关对象，明确组织公关策划的动机和目的，做到有的放矢。明确组织面对的公众是谁，从而根据不同的对象采取相应的公关策略。目前，新媒体的发展为魔术创作者提供了新的平台，也创造了新的价值。在新媒体环境下，魔术产业改变了原有的形态和利益格局，使利益多元化。魔术具有强大的视觉冲击力，通过短视频的加持，将魔术以一种美轮美奂、极具观赏性的形式呈现出来。[1] 短视频还具有互动性、时尚性的特点：一是短视频内魔术结合移动直播，在节目内容上强调与网友的互动，让网友身临其境，参与其中；二是短视频内魔术以具有现代感、时尚感的镜头语言和环节设置，传播和弘扬文化，使魔术为年轻网友打开心智空间。

　　优秀的魔术师既是专才也是通才，因为魔术涉猎的知识面很广，星、光、电、理、化还有心理学等。但是万变不离其宗，艺术潜能中的魔术潜能开发重在培养人的三种潜能：逆向思维能力、引导能力与应变能力。[2]

一、逆向思维能力

　　逆向思维也叫求异思维，它是对司空见惯的似乎已成定论的事物或观点反过来思考的一种思维方式。敢于"反其道而思之"，让思维向对立面的方向发展，从问题的反面深入地进行探索，树立新思想，创立新形象。当大家都朝着一个固定的思维方向思考问题时，而你却独自朝相反的方向思索，这样的思维方式就叫逆向思维。人们习惯于沿着事物发展的正方向去思考问题并寻求解决办法。其实，对于某些问题，尤其是一些特殊问题，从结论往回推，倒过来思考，从求解回到已知条件，反过去想或许会使问题简单化。

（一）逆向思维启示

　　生活中让人困惑的事情不胜枚举，但是利用逆向思维，又觉得也没有想象中那么不堪，换个角度来想事情，或许就柳暗花明了。逆向思维能让我们想明白很多事情，更能找到事情的根源和解决办法。[3]

　　1. 试看看我入行第一天的启示

　　我年轻时非常喜欢魔术，但苦于无人教授，一直无法入门，后来因缘际遇，我结识了我的师傅（三四十年代的岭南魔术大师），但师傅不是所有要拜师的人都收为徒弟的，他要首先测试一下"我与他是否有缘、是否与魔术有缘"，否则

---

[1] 傅琰东. 新媒体环境下视频魔术师的四种类型［J］. 杂技与魔术，2021（04）：35.
[2] 谭昆智，韩诚，吴建华，刘少廷. 创新潜能开发研究［M］. 广州：中山大学出版社，2016：158.
[3] 王娅楠. 艺术潜能开发［M］. 北京：金盾出版社，2015：57.

不会收我为徒。他把一条一米左右长的绳子摆在我面前，条件是：双手不能放开绳子的两端，要将绳子打上一个死结。

注：图为作者上课现场所拍摄相片

"手不离绳"（大家试试，可以吗？）我比画、动手和思考了十五分钟，弄得满头大汗还是无法完成，按这条件真的无法进行的。看来拜师是不成了，我摇头表示放弃，但师傅最后一句话使我豁然开朗，他说："绳子是不能自己打结的，但你的手可以打结，我们叫：它不动你动，它不变你变。"我马上根据他的提示，双手先打结然后再拿起绳子两端，轻轻一拉，绳子就打上了死结……

"手不离绳"是打不来结的，但人的双手可以，"它不动你动，它不变你变"就是逆向思维的运用。

2. 司马光砸缸的启示

有人落水，常规的思维模式是"救人离水"，而司马光面对紧急险情，运用逆向思维，果断地用石头把缸砸破，"让水离人"，救了小伙伴性命。[①]

逆向是与正向比较而言的，正向是指常规的、常识的、公认的或习惯的想法与做法。逆向思维则恰恰相反，是对传统、惯例、常识的反叛，是对常规的挑战，它能够克服思维定式，破除由经验和习惯造成的僵化的认识模式。

---

① 杨永青．司马光砸缸［M］．北京：新蕾出版社，2013：58.

（二）逆向思维的新颖性

循规蹈矩的思维和按传统方式解决问题虽然简单，但容易使思路僵化、刻板，摆脱不掉习惯的束缚，得到的往往是一些司空见惯的答案。其实，任何事物都有多方面属性。由于受过去经验的影响，人们容易看到熟悉的一面，而对另一面却视而不见。逆向思维能克服了这一障碍，给人以耳目一新的感觉。在日常生活中有许多通过逆向思维取得成功的例子。

某时装店的经理不小心将一条高档呢裙烧了一个洞，其身价一落千丈。如果用织补法补救也只是蒙混过关，欺骗顾客。这位经理突发奇想，干脆在小洞的周围又挖了许多小洞，并精于修饰，将其命名为"凤尾裙"。一下子，"凤尾裙"销路顿开，该时装店也出了名。逆向思维带来了可观的经济效益。无跟袜的诞生与"凤尾裙"异曲同工。因为袜跟容易破，而且一破就毁了一双袜子，商家运用逆向思维，试制成功无跟袜，创造了非常好的商机。

逆向思维可以使人年轻。每个人都要走向明年，明年会比今年大一岁，所以今年比明年年轻一岁。对于老年人，这样的逆向思维可以让人越活越年轻；对于年轻人，则可以珍惜时间，更加努力。这就是"逆向思维创造奇迹"。

（三）逆向思维法的类型

逆向思维在于寻求突破，[①] 这是逆向思维的始发面；拷问已知，这是逆向思维的递进层面；独辟新径，这是逆向思维的深入层面；返正归真，这是逆向思维的成熟层面。在艺术潜能开发过程中，有时需要我们打破正常的思维方式，运用逆向思维，从已知事物的对立面和相反方向去思考、去操作创造行为，以求得新的答解。

1. 反转型逆向思维法

这种方法是指从已知事物的相反方向进行思考，产生发明构思的途径。"事物的相反方向"常常从事物的功能、结构、因果关系等三个方面做反向思维。比如，市场上出售的无烟煎鱼锅就是把原有煎鱼锅的热源，由锅的下面安装到锅的上面。这是利用逆向思维对结构进行反转型思考的产物。

2. 转换型逆向思维法

这是指在研究问题时，由于解决该问题的手段受阻，而转换成另一种手段，或转换思考的角度，以使问题顺利解决的思维方法。

如历史上被传为佳话的司马光砸缸救落水儿童的故事，实质上就是一个用转换型逆向思维法的例子。

[①] 何其捷.关于编辑逆向思维的案例精析［J］.苏州大学学报，2001（05）66.

3. 缺点逆向思维法

这是一种利用事物的缺点，将缺点变为可利用的东西，化被动为主动，化不利为有利的思维方法。这种方法并不以克服事物的缺点为目的，相反，它是将缺点化弊为利，找到解决方法。

（四）逆向思维的方向性

一个人只能在一个时刻做一件事，一个人只能在一个时刻朝一个方向，所以我们在一个时刻思维时，就只能朝一个方向思考，这是思维和运用的相互结合，这就要求我们在思维的时候要有方向。我们知道，在某一时刻的思维方向可以是各种各样，方向也可以在空间中存在，所以我们就可以用空间来给各种各样的思维方向下定义，这就是人们常用的思维归类方法。

最简单的思维方向是线性方向，它是由线思维演绎而来，分为正向思维和逆向思维两种。人们最常用的思维是垂线思维，也就是正向思维，而容易忽视了逆向思维，它应该和正向思维处于同等地位。复杂的思维方向就是发散和辐合思维，发散思维的方向是向外，辐合思维的方向是向内，要说明的是，它们不是线性思维。

发散思维就是由一个起点或多个起点向外发散，辐合思维只能有多个起点向里聚合为一点。常用是发散思维，这种思维不是解答各种算术题、应用题、方程题的思维，而是解答开放性试题的思维。

[解密魔术师大卫[①]怎样变走美国自由女神]：

其实很简单，大卫让观者在舞台一个方向上看到自由女神，然后台帘一遮，利用音乐和灯光迷惑观众，把舞台转到另外一个方向，打开台帘，观众当然看不到自由神（什么录像机也无用，因为都是同一方向，跟着观众转），台帘一遮，音乐响起，舞台又回到原来的方向，台帘一打开，自由女神又回来了。这就是巧妙地利用了"逆向思维"——观众没有想到的地方：舞台在变！观众在变！变了方向而已！好多好看的魔术其实大部分都是利用"逆向思维"在表演和创作的！

二、引导能力

进入21世纪后，引导能力将对一个组织的发展起着越来越重要的作用，它将是构成组织竞争力的重要组成部分，从而成为决定组织成败的一个重要因素。同样，引导能力在探索魔术奥秘，开发艺术潜能中也发挥着重要作用，所以，我

---

① 大卫·科波菲尔（David Copperfield），美国魔术师、世界知名的魔术师。

们先谈谈引导的魅力。

（一）魔术引导的魅力

魔术是一种以随机应变为核心的表演艺术，是一门集知识性、科学性、趣味性于一体的艺术。魔术依据科学的原理，运用特制的道具，巧妙地综合了视觉传达、心理学、化学数学、光学、物理学及形体表演等，是不同科学领域的高智慧表演艺术。[①]

1. 魔术给人带来的快乐

对于魔术师来说，表演时看到每个人的笑容，自己也会跟着快乐起来。魔术，是一门古老的艺术，它带给观众的不仅仅是快乐，更多的是惊喜与感动，记住自己第一次看到魔术的那一份感动，并把它传递下去。热爱魔术越深越久，感悟就会超越我自己的想象，呈现神奇表象背后的是无尽的感情，总能在生活点滴里带给观众的冲击和感动，这一份情感值得珍惜和记忆。

从观众的视角来看，魔术效果的境界分类、昂贵道具、绚丽手法会产生惊人的效果。它抓住了观众，即人的心理，认为这就是一个好魔术，看得开心。魔术师和观众保持一定距离并去吸引、欣赏甚至崇拜，这种引导设计的流程就是：思路、设计与针对性。

2. 设计效果，感受开心

从观众角度思考剖析，魔术引导观众快乐与开心，感受魔术魅力，体会奇怪、神奇、惊喜与永远的回忆。

（1）奇怪。随便一个道具、一个魔术手法练成之后，不加修饰，便直接展示的结果。当你的魔术效果像智力游戏一样被观众猜来猜去的时候，它离神奇就很远了。观众一脸茫然不知所措，完全感受不到魔术师想干什么，当魔术师做出奇异的举动，完全没有引导和解释的话，观众会有直接的免疫力去理解"这是一件奇怪的

---

① 赵宇. 魔术的魅力 [J]. 戏剧之家（上半月），2010（07）：52.

事情"。这说明:"心是需要引导的"。

（2）神奇。一个魔术节目应具备基本特性，它不是智力游戏，它让观众觉得好玩与神奇。如何做到神奇呢？效果加描述、故事、引导，就水到渠成。

故事要恰到好处，符合常识及基本逻辑，同时还有一个不合理的假设，但又用正常的逻辑去推理，得到奇妙而不合常理的结论。这种推理合理性和判断不合理之间的冲突就形成了人脑的兴奋点，恰好这个结果正好是观众曾经未完成的梦想。

（3）惊喜。魔术需要小说的高潮和结局，用魔术讲一个完整的故事，而不是仅有开端和发展。这样才能像脍炙人口的电影里高潮的情节，给观众带来惊喜，让观众记住。让观众记住，很需要魔术师的功力，不仅要把一个个独立的效果串联成线，还需要逐步增加效果的神奇度，最后显现有力的收尾，构成完整的结构。把魔术节目打上神奇烙印，用完美的高潮和结局打造惊喜。魔术的逻辑架构带上奇妙的感受被观众记下来，去体会，去感受，去欣赏。整体结构让每一个效果都得到强化和理解与回味。魔术手法只占10%，引导却占了剩下的全部。

（4）永远的回忆。什么样的事情观众能记忆一辈子？逻辑故事与惊喜画面是首要条件，但那只是过眼烟云，随风飘散。真正能成为永远回忆的是场面的震撼、惊喜的设计，更重要的是用魔术的方式去触动观众的内心，体会感人的景象，让突然出现在眼前的那一刻是最幸福的，它将会成为观众永远的回忆，大家最开心的时刻。

（二）"运用"认知规律让表演符合现实

魔术表演中的结果本身在现实世界中是不存在的，如果观众稍一回神就马上意识到这是事先放入的，那么魔术师之前所做的一切引导、铺垫都成了徒劳（且不谈是否利用了托或是原创等），即使观众不知道表演的机关在哪里，神奇的心理冲击力也已经大打折扣。

"运用"认知规律是让表演在每一点上都符合规律，看起来是对的、是真的（观众现场随意选的硬币是观众的，并作了记号），但整个过程的逻辑关系又是不合理的、是假的（被我扔进去的硬币却是观众自己的），这样我就很好地让观众把焦点转移到了自己的思维上，也从另一方面淡化了观众对我此前各种行为的怀疑。

所以，恰恰就是要运用人们认知上的"自我信任"，也就是对真实的肯定，来强化魔术的神奇效果，所以我微信个性签名是：您说她假时她亦真！您说她真时她亦假，真真假假，假假真真——这就是魔术。那么从魔术师的角度，怎样才能创造出有神奇效果的"错觉"呢？

（三）魔术的错误引导法

让大家再返回到我最拿手的近景魔术之"错误引导"这一主题。近景魔术的错误引导法（简称为"错引"）就是创造"错觉"的工具与手段。一般来讲，错误引导法分为两类，一个是物理行为错引；一个是心理意识错引。在实际应用中，这两类是相互交融的。为了方便读者理解，下面我将两类错引法分别加以叙述。

1. 物理行为错引

这类错引凡是有一定魔术基础的表演者都有所了解，简单地讲，就是在视觉上通过表演者的行为转移观众的注意力，也就是俗话说的"声东击西"，以达到"视觉错觉"的目的。物理行为错引的方法有转换、解释、模拟、假装、托词/借口法等。

举例讲，我经常表演的"神奇的日子"节目，其中用耳朵听牌的动作，就使用了托词与借口法。说每张牌代表他们每个人的运气，然后让他们举高牌，最后他们的牌却代表今天是：某年某月某日的神奇日子。从实际表演的角度，我们可以将物理错引归纳为：

（1）眼神接触。最好的方式是在表演的前期阶段尽量多地与观众有眼神的接触与交流，这样做的目的是让观众通过与你进行眼神接触产生放松感，同时对你建立起信任感。当然，任何时候都不要用眼睛看自己要做秘密动作的手或地方。

（2）动作自然。在表演过程中，所有的动作都应该自然放松，并且要合情合理。例如，在牌垫上表演时，手臂不要在牌垫上有交叉动作，双手尽可能地在牌垫的范围内动作。另外，千万要避免双手快速和断续的动作。还有一点是，如果一定要做一些"取藏放"的动作，可以遵照美国已故近景魔术泰斗 Dai Vernon 的一句箴言："A large movement covers a small movement."翻译成中文就是说：小的动作掩盖于大的动作之中。[①] 换句话讲，就是做一个自然合理的大幅度的动作，在这个动作的过程中完成你真正想要做的秘密动作，因为观众的眼神是会被大幅度的动作所吸引的。我常表演的"三绳互变"叫声"变"同时双手一拉，三绳一样长到位！其实拉的动作过程就是变化过程，我称之为"动中求变"。

（3）节奏把握。Timing（节奏）可以翻译为"分寸"或"火候"，但对魔术表演来讲，还是觉得不够贴切，简言之，Timing 就是在表演过程中，动作不仅要自然，还要像乐曲一样有节拍，顿挫有序，尤其是在关键的环节，要一气呵成，

---

① DIRDA M. 魔术秘史［N］. 界面新闻，2018-7-24：2.

不能快，也不能慢，必须合拍。表情投入在表演过程中，首先要学会用自己的眼神去引领观众，与此同时，面部表情与情绪也要与所做的魔术内容相匹配，这样会让观众在不知不觉中沉浸到你所期待的魔幻状态中。

（4）幽默语言。在表演过程中，有时你需要讲一些笑话来掩盖你所要进行的秘密动作。这里的关键是在观众笑出声或鼓掌的那一时刻，你要抓住这个空当做你的秘密动作。

（5）设立兴趣点。在表演流程的设计里，要根据表演内容的需要有意识地加入相应的"兴趣点"（"关键点"）。"兴趣点"就是你需要观众关注的地方。在表演过程中，当你将观众的注意力合理地引导到你所要他们关注的地方时，比如说另一个方向、上衣口袋或是牌盒等，你的另一只手的秘密动作就要在此时同时进行。

所有以上这些物理行为错引原则都不是孤立存在的。在实际应用中，相互的组合越多越好。组合关系使符号之间的关系呈现出有序性，反映了系统组织结构的基本法则，是以较小的单位组合成较大的单位必须遵守的，是组合关系的具体运用，充分反映了规则的概括性，为潜能开发的组合提供了无数的可能。

2. 心理意识错引

错觉是人在特定条件下对客观事物的歪曲知觉，即不符合客观实际的知觉，可发生在视觉、听觉等多个方面。错觉的研究意义及其在魔术中的应用，[①] 如果从心理学角度再深一层次的探讨"错觉"，我们可以这样描述人的思维特征：

（1）每个人都存在思维惯性，即强势惯性、前提惯性、语境惯性和群体惯性等。如果魔术师在设计魔术节目时懂得有意识地加入引导观众思维惯性的元素，那自然就能让观众在自己心里产生"逻辑错觉"。

（2）魔术师可以利用人的大脑的自我诱发机制，引导观众绕过理智思维途径，直通魔术师预埋在观众大脑内的记忆点，让观众在自己心里产生"记忆错觉"。从某种意义上讲，这类错引法是相对隐蔽且不露痕迹的。了解并掌握这类错引法，对于表演近景魔术节目的针对性设计是有很大的帮助的。

从本质上讲，心理错引转移的不是人的注意力，而是在人的知觉层面让人不自觉地产生信任感，也即由最初的怀疑和提防自动地转换为不怀疑，认为这是自己大脑理性的正确逻辑思维的产物。因为每一个人从思维本体上讲都是完全认同自己的逻辑判断的，而不是相信外人。魔术师恰恰就是利用这一点。古语说：攻心为上。相应的心理错引方式方法有暗示、演绎、混淆、期待、重复等。

[①] 宋丹. 在潜意识中发现更强大的自己 [M]. 北京：企业管理出版社，2020：125.

记得我经常玩的"读心术"魔术吗？就是运用了暗示、演绎、混淆、期待等，因为观众认同的是自己记住的号码，而不是魔术师的话。你做到这一点的话，在心理上，你就成功地实现了混淆式错误引导法，恭喜你！

注：作者提供的上课现场照片

（四）实际表演的心理错引

魔术能够激发学生的好奇心，锻炼动手能力，培养良好学习品质，从而有效促进实际表演的开展。从实际表演的角度，我们可以将心理错引归纳为以下几个部分：

1. 语言诱导

在表演过程中，将眼前的客观事实用简洁的语言做一个描述，并在每一个事实点上都争取得到观众的首肯，这样观众在心理上就会不知不觉地产生思维惯性，同时也就对表演者产生了信任感。扑克魔术"神奇的日子"就属于这种形态。

2. 预设目标

在表演过程中，给观众一个效果的期待描述，在这种状态下，观众的心理兴趣点就会关注在预期的效果上，也即受到了暗示错引。而表演者可以从容地进行秘密动作。魔术"硬币穿桌子"就属于这种形态。

3. 强迫记忆

在表演过程中，表演者通过重复的语言或动作在观众的心里产生了一个短时记忆，这个短时记忆会在一定时刻占据观众的记忆空间，而表演者就可以利用这段时间进行相应的秘密动作，当最终效果出现时，观众的记忆里只存有先前的短时记忆，因此也就产生了"记忆错觉"。魔术表演中的"交代"步骤是制造"记忆错觉"和进行秘密动作的最佳时刻。魔术"杯与球"、"硬币矩阵"就属于这种形态。

4. 自我肯定

在表演过程中，表演者通过语言或动作引导，使观众的逻辑思维产生概念混淆，由此产生连带的"正确"逻辑结论，即自我肯定。魔术"皮筋互穿"就属于这种形态。

5. 互动参与

在表演过程中，表演者通过邀请观众参与的方式，以达到观众心里的自我信任感。因为，每个人都是绝对相信自己的感观认知的。如果表演者适时加入一些轻微的肢体接触，在大家心里又多了一个"兴趣点"暗示。魔术"海绵球"就属于这种形态。

6. 伪逻辑路径

在表演过程中，表演者通过语言或动作的逻辑演绎制造了一个看似真相的假象，让观众在心里信服并放松警惕，而表演者在这个过程中把握节奏，就可以从容地进行秘密动作。我的原创魔术"起死回生"（让烧毁的纸牌在另一个观众的橙子里复原）就属于这种形态。

所有以上这些心理意识的错引原则都不是孤立存在的。在实际应用中，相互组合及与物理错引的结合越合拍越好。

三、应变能力

应变能力是指自然人或法人在外界事物发生改变时所做出的反应，可能是本能的，也可能是经过大量思考后，所做出的决策。① 应变能力用在魔术表演上，其实就是"控场能力"。

（一）应变能力的作用

1. 在表演现场变化中应对的创意

在魔术表演中，无论是普通魔术演员还是著名魔术师，都有过怯场、紧张等心理问题，在影响演出结果的同时，也大大打击了表演者的积极性。针对怯场、紧张、心理障碍等几种意外因素进行分析，提出应变能力的切入点：加强魔术意识、理解魔术精髓、积累魔术演出经验和提升魔术水平。

2. 表演中能审时度势，随机应变

在魔术表演中，表演者必须随时在现场察言观色（观众是点头还是摇头，是

---

① 胡西淳，庄雅稚. 应变能力的提升与自测 [M]. 北京：中共中央党校出版社，2006：9.

全神贯注还是心不在焉),掌握动向,因势灵活调整教法,使观众在现场兴趣盎然,乐于学习且印象深刻。

3. 在变动中辨明方向,了解观众的需求

对待观众,要认真投入地去倾听,有经验地去感受、体会观众的意见和需求。作为演出的执行者和监督者,有责任去总结和改进相关缺点,有义务落实各种操作有难度的事情;在演出策划经验方面更是要做到有足够的特色能吸引观众的目光,在选用节目时需要精心的选择、编排和彩排,并且需要熟练地掌握。

(二) 应变能力的差异

我们每个人的应变能力可能不尽相同,造成这种差异的主要原因,一方面可能有先天的因素,如多血质的人比黏液质的人应变能力高;另一方面也可能有后天的因素,如长期从事紧张工作的人比工作安逸的人应变能力高。魔术师天天面对不同的人群、不同的情景,他(她)的"应变能力"可不能低!应变能力也是可以通过练习和表演魔术的方法加以培养的。

注:作者提供的上课现场相片

(三) 应变能力的提高

应变能力是当代人应当具有的基本能力之一。在全媒体社会中,我们每个人每天都要面对比过去成倍增长的信息,如何迅速地分析这些信息,是人们把握时代脉搏、跟上时代潮流的关键，它需要我们具有良好的应变能力。现在介绍几种提高应变能力的方式：

1. 冷静

无论表演现场情景是多么的窘迫和险恶，也不能盲目应对。在表演中，应使自己由盲目变为理智。

2. 忍耐

无论观众的言语多么的尖刻，用意多么的恶毒，也不能急于求应，要忍之再忍，压抑怒气，在忍耐中三思，寻找机会去"应变"。

3. 摸底

不管现场观众的行为多么的刻薄和狡猾，既不能愤然而上，更不能惧怕而"降"，要摸清观众的底细和意图，同时要想尽办法去"摸底"，做到知己知彼，方能"反败为胜"。

4. 探穴

不管观众气势多盛，多么得意，也不能硬攻乱撞，而是要发现对方的弱点、漏洞或疏忽，探准"穴位"，发射"重磅炸弹"，出奇制胜。

5. 灵活

有时观众（或情势）在你应变前忽然发生急变，或事态更复杂难办等，既不能一味逃避退缩，也不能一味强攻硬击，而要灵活地根据已发生了的情况迅速做出新的判断，灵活机智地选择新的适应新情况的新应变方法，使自己始终保持应变的主动。

注：作者提供的上课现场相片。

结 语

魔术与潜能开发课程的公关传播方式充满创意,在课堂现场互动中,每个细节都展现出魔术艺术的独特魅力。本节拟通过与公共关系学专业学生授课时的即兴魔术表演,尝试在社会心理和公共关系知觉范畴内对魔术表演中出现的情状及其背后的动因进行讨论,以对魔术作为表演艺术综合体形成更丰富的认知,更好地服务于公共关系课程的实践活动。

每个人都有一定的艺术潜能。艺术潜能是指个人的艺术天赋。培养艺术潜能,要培养对审美要素的感受力,可以到大自然中感受现实生活中的色彩、线条、平衡、对称、节奏、韵律等美的要素,生动的、活的审美源泉;可以激发内在的艺术潜能。探索魔术奥秘,开发艺术潜能的功效在于:让内向文静的学习者变得开朗自信;让活泼好动的学习者变得更具有表现力;让孤僻、沉默寡言的学习者自信表达。魔术的魅力在于其巧妙的构思和原理总能给人带来预想不到的神奇效果,调动我们好奇和探究奥秘的神经。神秘莫测的魔术不仅具有独特的艺术价值,而且是一种益智游戏,能培养心灵的智慧,开发大脑的潜能,提升自信。我们认为魔术表演是娱乐别人、快乐自己的过程。正是寓教于乐,其乐无穷。

魔术是唯美的艺术,近景魔术也是一种唯美的舞台艺术,需要视觉化效果,给观众带来超级艺术享受。同时,为大学生表演,要将魔术的神秘与古典的韵味结合起来,让场景暖心、轻松、有趣,举手投足间释放着胸有成竹、开心诙谐的味道,带领同学们享受一段奇幻的时光。

思考题

1. 简述魔术的逆向思维能力。
2. 简述魔术的引导能力。
3. 简述魔术的应变能力。
4. 论述魔术的逆向思维法类型。
5. 谈谈如何提高你的应变能力?
6. 谈谈魔术与潜能开发课程的公关传播方式也充满创意,在课堂现场互动中,每个细节都展现出魔术艺术的独特魅力的感悟?

第五节　荣耀登台　潜能启航

教学目标：

公共关系演讲是语言系统、声音系统、表演系统、主体形象系统、时境系统构成的综合性的艺术实践活动，比起单一形式的口语或文字表达，具有更大的鼓动力、感染力和说服力。搞好公共关系演讲，必须讲究开场白的艺术、有声语言艺术、态势语言艺术与结束语的艺术。不用在意世界有多大，激发自身的潜能，努力朝自己的目标拼搏，你总会站在世界的最高峰。天安门国旗护卫队的战士们用标准化的动作创造了奇迹，他们已做到丝毫不差、纹丝不动，他们制造着震撼，维护着国家的尊严。

在外人看似不可能的事，他们能变成可能。对于我们每个人来说，都可以创造属于自己的奇迹。我们眼中的不可能多是内心的恐惧，或者别人的失败让自己望而却步。然而，我们要战胜自己，激发潜能，才会超越"不可能"，挑战自己，创造奇迹。

《吕氏春秋》有云："流水不腐，户枢不蠹，动也。"现代科学研究证明：人的大脑有无限的潜能，"动"则得以发挥，不动则死水一潭。只有让学生"动"起来，他们的精神状态才高度亢奋，思维活动才能异常积极，自主创新的潜能才能得到发挥。演讲作为人类语言交际中的一种重要形式，见证着人类文化和人文精神的进步，体现着人类认识和把握世界的方式。演讲与"动"的潜能相结合是最好的潜能开发。

引　言

学会自我介绍[1]：各位中山大学新华学院公共关系专业的同学们，大家下午好，非常高兴今天我们一起来学习《荣耀登台　潜能启航》这堂课。首先请允许老师把自己介绍给大家，老师是广东莞慧教育的创始人，同样也是中山大学新华学院聘请的讲师，也是广东省社会学会潜能开发委员会的会员。

---

[1] 这是作者在2021年9月20日学期一下午为中山大学新华学院19、20级公共关系学专业上课时的教学稿。

祖籍黑龙江，民族是朝鲜族，那么在职业生涯当中也有一些坚持的事项，在此也和大家做个分享——有33年的时间坚持演讲和分享，因为父亲是教师，他从小就把我推上讲台，各种演讲，各种分享，那时也不知道什么叫恐惧，一直到现在成就了做这一份教育培训事业；坚持了25年自学的好习惯，坚持20年养生为精力充电，坚持16年做公益事业，坚持15年做教育培训工作，坚持13年亲子沟通的经验分享，坚持10年夫妻共修人体空间医学，坚持9年做日周年总结规划，希望这份坚持的精神能与大家共勉。

为什么我们要把《荣耀登台 潜能启航》带给大家，是因为在这么多的职业生涯道路上，遇到很多刚就业或入职已3~5年的职场人，因为苦于在公众场合发言、分享而无法表达自己想法、观点乃至梦想，阻碍了他人生发展，也在一定程度上限制了他人脉的拓宽、个人品牌的塑造。两年前有一位经营企业近20年的董事长走进这个板块学习的课堂，他的企业年营业额达到2个亿，他说他自从上大学就是一位怕上台讲话的人，如果他能有幸在大学时代就接触这门课程，他的影响力、他的成就应该远不止现在。

基于在这样重要的时机，很多人无法把荣耀的信心传达出去，也无法把自己具备的这份潜能更好地发挥出来，那么希望我们在这个还没有毕业的时候就接触到这种专项训练，进而在毕业进入职场后，能够迅速地将自己的能力潜质发挥出来，打造个人品牌，为企业争光，为自己的升职加薪注入一份力量。

因势利导、循序渐进地训练，发挥演讲潜质，打造个人品牌。演讲应该考虑：自己的兴趣和爱好、价值观、使命和目标、性格与能力。现在进行分享：一潜名、二潜声、三潜定、四潜台、五潜曲。

一、潜名

"名"是名字的名;"声"是声音的声;"定"是淡定的定;"台"是讲台的台;"曲"三部曲的曲。好,那接下来将从第一个方面潜名开始讲起。

每个人都会在各种场合把自己介绍给他人,可是能否在第一时间把我们的名字说出来并让别人能够迅速地记住呢?也许未必。我们常常会以"**您好,我是×××,来自××企业(学校),我的爱好是××"基本是这样的模式对吗?试想,今天出席的场合就您一个人介绍还好,如果是十几、几十、上百人的活动,能否被众人记住?

(一) 一"名"惊人的方法

这里的名是名字的名,让别人记得住,我们才有一切的可能。首先从名字它有什么意义一起来看看。名字实际上它是有时代性、期冀和纪念性。[1] 你看,如果名字当中有"建国"二字,那么他出生的年代是什么时候呢?是20世纪40年代,在1949年。那么他名字当中有"援朝"呢?是1951年出生。毛主席把他的女儿命名为李敏、李讷,希望她们讷于言,敏于行。也有这样的名字——王李桃,父母姓王姓李,还有比如说,张纪南,是为了纪念南丁格尔。

(二) 解字法、联想法和故事法

著名节目主持人陈鲁豫,她妈妈是山东人,爸爸是河南人,故起名鲁豫。名字除了有这样的意义之外,实际上要介绍的还有方法,即解字法、联想法和故事法。比如说李木子,父母都姓李;再如,王冬雪,冬天下雪时候生的,起名冬雪。老师叫许丽华,许是言午许,丽是美丽的丽,华是中华的华,希望中华因我而美丽。还有故事法,郭红霞,日落西山红霞飞,战士打靶把营归。在我们介绍名字的时候,要避免有反面的比喻、负面的联想和不安全的这种幽默。

二、潜声

潜名之后,现在将进入到最动听的声音,也就是潜声这个环节。最动听的声音,也许有人认为好听的声音是甜美的,有人说好听的声音是清脆的。请思考最美的声音是不是用心发出来的呢?三年前老师曾经去一家残疾人就业康复中心做公益授课,根据中心主任的要求,为她们带去的课程是提升表达力的内容,希望她们敢于说话,善于交流,进而未来能够获得一份职业,为谋生做

---

[1] 王琳,李凤仪,陈秋颖. 荣耀时刻 [J]. 中信出版集团,2016:52.

准备。

（一）用心发出最美声音

老师进行授课时，发现他们连自己的名字都说不出来，吐字困难。尽管如此，经过一堂课不断地鼓励，不断上台训练，当课程结束时走上来一位12岁左右的男生，他叫豆豆，轻轻地拍着老师的肩膀，慢慢地说出了几个字："老——师——辛——苦——了，谢——谢——你"，当时老师感动的泪水情不自禁地流了下来，他用他艰难的声音说出了他内心最美的心声，表达了感激之情。在这里，将咱们内心最真实的话语真诚地表达出来，穿透彼此的心灵，称之为"高速路"。

（二）声音气势的高速路

什么是"高速路"呢？在公众场合演讲发言的时候，人多场合大，音量首先要比之前更高一些，如果声音很小对方听不到，人的气势就无法体现出来。另外就是语速，在公众场合讲话的时候，语速要随着内容的轻重缓急进行调整，很多时候在台上讲话语速过快，口头禅相对会比较多，"嗯啊嗯啊"，这样既影响了演讲的流畅性，也影响了听众的聆听和对演讲者信任感的建立。语速快慢有没标准呢？有的，以180~230字/分为宜。

心路就是把内心的这个通路打通，让讲话者与听众彼此心心相印，如果声音能够穿透他的心灵，唤醒他沉睡的心灵，激发他无限的潜能，你和我心与心是相通的，用心讲话，而不是用嘴来讲话的。那么，这就是老师和大家讲的关于潜声的高速路的内容。

三、潜定

现在讲第三个板块，叫潜定。定，让开场变成淡定、气场是十足的状态，与内在的潜意识挂通，请潜意识来指挥来帮助，让在台上的人能够保持这份淡定。那么，将从以下三方面进行分享：第一个是笑定，第二个是站定，第三个是眼定[1]。

（一）笑定

上台的时候，如果心里感到紧张，表情会不自觉地严肃起来，人也没有笑容或者是笑的有些小气，偶尔伴有用手捂着嘴的现象，这样的表现无法匹配大气的场合，无法展现大的格局、大的思想、大的精神。笑不定会有什么样的表现呢？有的人捂嘴，有的人用牙齿咬嘴唇，这样的细微动作会给人留下紧张、严肃、不

---

[1] 殷亚敏.21天掌握当众讲话诀窍[M].北京：机械工业出版社，2020：87.

放松的印象。那么，用什么样的方法来克服这个笑不定的状况呢？

这里可以用一个字"引"，即引导的引，将右手放在左肩高度，画一个大大的对号，眼睛跟着手走，同时停留三秒钟，好，请看一下，这样做到了，眼笑、嘴笑、心笑三笑合一。这里的眼笑是指眉开眼笑，眉毛不紧锁，形成川子眉；嘴笑是嘴角上扬，露出 6~8 颗牙齿，笑让人的声音好听，因为口腔张大，气流如山洪般推出，震动声带。

大家不妨现在试一试，先不要笑，说一句"李总，您好，很高兴认识您"。听下这句话的声音，再做一组试验，先准备好笑容再说"李总，您好，很高兴认识您"。听这句话和上一句没有微笑的有什么不同？如果您忘记了第一句话的声音状态，不妨把这两句话都录制下来，再回听，会明显听出第一句话缺少生机与活力，第二句话充满了亲切友好、阳光自信是吗？是的，笑着说话不仅声音好听，笑让人身体更健康，笑一笑，十年少笑，还能让人缘更好。

都说爱笑的人运气不会差，伸手不打笑脸人。笑是美德，对于不同的行业，笑的意义将有所不同。比方说，在医院住院部医生查房时，医生对着患者笑再给鼓励的话"恢复不错，好多了啊"，这个伴随笑容的话语让患者充满希望。笑也是功德，如果我们每天黑着脸，身边人以为您哪里不舒服，或者自己做错了什么让您不舒服，倍感压力，如果您尝试笑着面对生活，都说不是因生活美好而笑，而是笑着笑着真的也美好起来了，您好我好大家好，自己好自己快乐是一种能力，让更多人好更多人快乐是魅力，也是积功累德的事情。送一句接地气的话："不要用狰狞的面孔惩罚善良的人"，每每你忘记笑的时候，看看镜子中的自己，想起这句话，自动笑了起来。祝福您笑口常开，好运连连。

（二）站定

上台的时候，有时候因内心紧张，会有不同的站姿出现，比如，身体左右摇摆，脚步前后移动，还有抖腿、抱臂等姿态，这样会给人留下不稳重、不自信甚至不靠谱的印象，那该怎么办呢？

站在台上，首先要注重的是挺拔，挺拔是关键。女生两脚跟并拢，两脚尖距离大约一拳左右即可，膝盖并拢，腰要立；男生可以两脚与肩同宽站立，腰要立，肩要展，这里有12字标准可以提供给大家："头正目平面笑，身正肩展颈直。"常常和大家开玩笑地说：想"长高"有秘诀，把脖子拉直，颈部拉长试一试，你可以把右手放头顶百会处，拉起这里的头发，停留5秒钟，感受下颈部有被拉长 3~5 厘米的感觉，祝贺你今天身高又上升一个高度，其实当我们站直了，气顺了，气势自然跟着上来了。站直、站稳，这里需要提示的细节是：停三秒再开口，给观众思考、了解你的时间，也给自己稳胆、稳语速、稳场的时间。

(三) 眼定

除了站定之外，还要做的就是眼定，即调整眼神。在台上的时候时常会忘记和台下人的眼神互动，好像不敢看观众，要么看天棚，要么看地下，眼神躲闪，会表现出"目中无人"的印象，其实你本意也许并不是这样，却给他人造成了误解，所以需要想办法改变这样的局面，调整眼神，调整和台下人的融洽关系，做到目中有人，不会给别人传达冷漠、傲慢、自卑乃至鄙视这种错误的印象。那么，眼定的方法是怎样的呢？

首先来训练定视，即看着对方眼睛保持不动，眼睛不要总眨，也不要左右移动漂浮不定，同时尽量看观众的眼部三角区，看的部位、面积、大小依关系远近而定。如果是公务关系，眼睛到额头的正小三角形比较合适；如果是社交关系，看眼睛到下巴倒大三角形的位置比较合适；如果是亲密关系，看的面积可以增大，双眼到胸呈大的倒立三角形。

那么，目光礼仪中与他人对视的时间是 60% ~ 100%，怎么理解？如果与他人交流 10 分钟，争取确保有 6 ~ 10 分钟的时间看着对方，表示内心对他人的尊重，其余时间可以从他人的视线中移开，若有所思地点头，眼神向下看，离开他们的双眼，给彼此思考空间，表达专注在聆听中的状态。

除了看的部位和时间，还有看的方式需要注意。不礼貌的方式有斜视和扫视。扫视就是浑身上下打量他人，令人感到极没有安全感。正确的目光礼仪是正视，假如你看了你左手边的人再看右手边的人的时候是从左到右眼神平移，这瞬间不眨眼，不然容易引起对左手边人不满和蔑视的歧义。

讲完这些内容，还是希望大家在登台的那一刻给自己一个提醒，站定、眼定、笑定、停三秒再开口，心中默念 123，"尊敬的领导，亲爱的嘉宾，大家好"，同时伸出右手，左手持麦克风的下端。切记，麦头对着口腔、麦尾对着观众时是唱歌时持麦的方式，手握麦柄中间通常是领导的持麦方式，作为主持分享主讲，我们持麦尾的位置即可，左手持麦，右手方便做手势，以右为尊。开场有语言文字，有尊卑体现，有手势配合，有声音逐层递进升高，"大—家—好""好"是最高音，如果以这样的方式开场，相信立刻可以在三秒钟内建立起好印象，不仅吸引了观众的眼球，也吸引了他们的注意力。

四、潜台

除了以上三点之外，在台上还要打造个人公众品牌形象，也就是台风的训练。因为只有台风做到标准化、专业化，才能博得他人对讲话者的好印象，深得民心。台风可分为三部分：上台、台中和退台。

（一）上台

如果有音响配合，请等音乐响起再上台，这样不仅有氛围，也有良好的状态，因为你会有一种被大家迎接倍受欢迎的感觉，能够让人以欢快的心情上台，就不会让自己感到太紧张，不会紧张到大脑一片空白的地步。在准备上台之前请将服饰、发型、女士的妆容形象打理好，避免衣服有哪里的扣子没扣好，拉链没拉好，发型避免有凌乱之处，上台前最好在镜前做自我形象检查。

上台的时候如果你是被邀请方，那么首先不是直接从主持人那里拿到麦克风，而是先握手表示感谢，再从对方手中接过麦克风，是双手接过，同时收到麦克风，左手单手持麦克风的尾部，麦头距离口腔有一拳的距离，不遮住口腔。切记不要为了试麦克风声音如何不停地用手去拍麦头或者大声地"喂，喂，喂"，因为这样对观众来说是听觉的一种干扰。如果想试麦的声音如何，可以这样："您好，这个声音可以吗？"这样既能听到自己的声音在麦克风中传出来的效果，同时也可以通过观众的回应得知声音合适与否。

（二）台中

已经登上台后，讲话者的台风打造要注意三个方面：三定、手势加脚位。什么是三定呢？就是站定不要来回移动，站直站稳挺拔是关键。眼睛不要左右漂浮不定，上下来回移动，要目视观众。笑定，展开笑容，嘴角上扬，有亲切和放松之感。

在讲话过程当中会有手势呈现，表达内容的生动、逻辑的清晰都呈现在手势当中。手是我们的指挥棒，它还可以调整讲话者的语速。切记以单指食指指向观众，这样非常不礼貌。那么，什么样的手势合适呢？以掌为单位，五指并拢。当需要阐明第一点、第二点、第三点这样的情况时，可以是以右手食指单指、中指还有无名指依次出现。

在脚位方面，男生可以两脚打开与肩同宽，女生则两脚跟并拢，两膝尽量不要有缝隙，站台上注意避开投影的灯光，避免刺眼，影响观看台下的观众，站的位置在讲台居中，不偏左也不偏右为宜，照顾得到观众的感受。

说到手势，那手势也分了上、中、下三个区，肩膀以上为上区，肩膀到腰间为中区，腰以下为下区。肩膀以上为上区，表示出积极的意义，比如说，"新的一年我们一起努力加油向前冲"，相对应的手势向上向前呈拳头状即可。不可能是向下做这手势，与说话内容不相匹配。那么平时在上台介绍自己时会说，我就是一个热爱分享、热爱讲台的人，这个时候手势在中区进行活动，掌心从心口窝缓缓移动慢慢展开。中区做的手势传达的是平和的、中庸的思想。当讲话者在腰以下即下区做手势时是无意义的，也有蔑视意味的，所以尽量避免使用。在互动时，脚是怎么移动的呢，一般是左三步一停或者右三步一停，尽量不下去巡场，除非下去看一下我们台下人的笔记书写情况。以上讲的是台中部分的三定、手势和脚位。

（三）退台

讲完话或者分享结束的时候要退台。退台是从上台反方向退，特殊情况下也可以从上台方向退。当然，这里不要忘记为在场的领导及忠实的观众鞠躬致谢，鞠躬的要领是快下慢上，以腰部为轴，头、颈、背成一条直线，切忌头与颈成分离状态，头部突出，与颈、背不在一条线上。鞠躬的节拍是12俯身，345起身，起身之后的关键是要有极致的微笑留给大家而不是面无表情的冷漠。

在这里要说明的是，退台后要有回应，因为通常主持人会说感谢分享之类的话，这时可以是鞠躬回应，也可以是挥手致意。

以上就是第四部分——潜台当中的上台、台中和退台的相关要领和注意礼仪细节。大家也可以参考观看央视主持人大赛这类的节目，增强台风训练的意识。

五、潜曲

潜曲就是在上台讲话的时候也是有开头、中间、结尾三部曲，这三部曲讲话让人的逻辑更加的清晰，听众听得更加明白。这三部曲可以用人体的形象形容，就是头、身、尾。

（一）开头

头是什么呢？就是讲话的开头要有问候和自我介绍，问候有尊卑，有领导先问候领导再问候嘉宾，有老师先问候老师再问候同学。自我介绍在最先的潜名、一"名"惊人当中进行了说明，需要补充的是，这里可以从三方面展开：一是姓名、职业或者院校、优势；二是我能为大家提供什么帮助；三是希望大家给予我的帮助是什么？在第一点当中可以大胆展示自我优势，方便他人迅速了解你的特长，为日后交流合作做铺垫。第二点当中把你能为大家提供的项目、服务做个说明，方便他人更了解你所在领域，为后续有更多链接做铺垫。第三点当中的希望大家给我的帮助，坦诚说出来也给了想伸出友谊之手的有缘人一个机会，何乐不为？

（二）中间

为了便于记忆，中间的内容会采取一简二活的方式表达，一简是什么？就是你的观点要简单，大道至简，能用一个字就不用一个词，能用一个词就不用一个短语，能用一个短语就不用一句话。比如说中医诊断四法是什么？你一定能脱口而出：望闻问切。真可谓"真传一句话，假传万卷书"。二活是指用数字、细节、故事来论述你的观点，也就是一简，便于听众不去记也自动记住了，因为人人爱听故事却不爱听大道理。

接下来通过一个例子来说明一简二活的运用。"尊敬的老师，亲爱的同学们，大家好，我是来自中山大学新华学院公共关系的许丽华，接下来由我来为大家分享幸福快乐的人生一定要做到'三乐'：

第一乐是自得其乐，比如说业余时间，我们听听音乐，看看书，发发呆，培养一个兴趣爱好；第二乐是知足常乐，比如说珍惜自己的家人、健康、事业，而不去羡慕别人开的名车，住豪宅；第三乐是助人为乐，看到老人上车给让个座，遇到乞丐帮助一下。"

这段三乐说中的"知足常乐""自得其乐""助人为乐"就是用一简的方式表达观点，每个观点后面的例子就是二活的方式进行表述。讲完了讲话三部曲中的头、身，接下来讲尾的部分。尾有两方面，就是感谢和祝福，感谢台下嘉宾的聆听，祝福可以是身体健康、家庭幸福、事业顺利等积极美好的话语。

（三）结尾

下面通过一个"三说"例子把潜曲的三部曲进行说明。"尊敬的老师，亲爱的同学们，大家好，我是来自中大新华学院公关关系专业的许丽华，言午许，美丽的丽，中华的华，希望我为美丽中华贡献一份力量，我的优势是善于演讲，我能为大家提供的就是提升公众讲话的能力，我希望得到的帮助是当你身边有人因为公众讲话感到困惑时希望你能想到我，我愿意尝试帮助他，不要让成功卡在讲话上。要成为公众讲话高手你要做到'三说'——敢说、说清、说好。"

1. 敢说

你首先要突破紧张这道坎，勇敢站起来讲出来，站在台上放松，表情看起来不僵硬，眼神不漂浮不定，站立时不会左右摇摆。那么如何做到敢说？我们可以通过三定训练我们的胆量，也就是笑定、站定、眼定。

2. 说清

能否让听众不去记笔记依然可以记住一堂课或者一小时的分享，很大程度上取决于讲话者的逻辑是否清晰，不去刻意记也记得住。如何做到呢？一简二活，即观点大道至简，案例鲜活，可以是故事，可以是细节描述，也可以是数据对比说明。

3. 说好

作为公众人物，我们所讲的内容要正面、正向、积极，催人上进，发人深省，同时在互动中我们多去欣赏和认同他人，多些赞美与鼓励。

"以上是老师与大家讲的打造公众讲话高手要具备的'三说'内容，希望对您有所帮助，再次感谢您的聆听，有不足之处敬请批评指正。同时，祝福您全家：身心健康、家庭幸福、事业成功。"

在这三部曲的"三说"例子中，也可以通过手势增强逻辑性与生动性，说到一伸出右手食指，说到二伸出右手的食指与中指，说到三伸出右手中指、无名指和小指（根据个人习惯食指、中指、无名指也可以），手与眼的距离大约20厘米，手掌与手腕成一条直线。这就是潜曲讲话三部曲的内容。

演讲是人类交流思想、阐述观点、传播信息的重要手段，也是演讲者展示自我、推销自我的一种很好的方式。演讲教学训练的一个小小的"星火"可成"燎原之势"。艺术潜能通过文化、思想、审美诸方面的完整结合，充分发挥各项艺术的优势潜能，为社会主义精神文明建设做出了积极贡献，是社会主义精神文明建设不可或缺的精神食粮。[①]

结　语

本节针对大学生演讲潜能的需求，以思维模式优化为核心，以心理素质优化为基础，凸显渐进有序的口才交际系统化训练，旨在培养学生优秀的口头表达能力，提高他们的综合素质和创造性思维水平。我们既要注重口语理论知识的学习，又涉及口语提高的基本途径、语言素养的培养以及操作技巧。在此，非常感谢大家的聆听，希望大家未来在各种场合都能够自信、大方、荣耀的登台，发挥我们的潜能，让听众受益，让我们彼此成就。

在这个新媒体盛行的时代，各种各样的平台传达着制作人的观点，演讲能给人们带来语言魅力的同时亦发人深思，由于疫情关系，课程在线上与线下平台的传达，让同学们更加感同身受，或许这就是演讲艺术。从演讲本身到潜能开发的承载，从语言本身加演讲潜能的渲染，让这一艺术表达更加受到同学们的期待。

演讲艺术的潜能开发表达，让青春的声音有更多的人听到，演讲是门艺术，

---

① 谭昆智，韩诚，吴建华，刘少廷. 创新潜能开发研究 [M]. 广州：中山大学出版社，2016：143.

而演讲潜能不仅是将这门艺术表达，更是将这门艺术记录。当然，我们也不是一味地去盲从它表现的内容，在思考以后感受它带来的冲击，品味它来自各个方面的魅力。在这个复杂的世界里，用最直白的艺术表达去感受生活带给我们的美好。

? 思考题

1. 社会活动家需要通过演讲实现社会目标，律师需要通过驳斥对方证明自己的言论，科学家通过言论更深入地表达自己的科学证据。中国正在逐渐走向世界，传统的隐含表达不能完全满足公众的需要。演讲者在参加演说之前要做好充分准备。要做到成功演讲，我们必须有自信，充满活力。在整个演讲过程中，应该给人以情感饱满、温暖的感觉。演讲者成功情绪的准备能够非常吸引观众。同学们从演讲者生动、饱满、温暖、精力充沛的演讲中，既能够收获知识，也可以享受艺术，还能感受到积极向上的力量。所以，为了激励别人，一个成功的演讲者必须是积极阳光的。并且在整个演讲过程中，行动应该有条不紊，要本着少而且精的原则进行展开，这体现的就是演讲潜能的开发。

请同学们用100字左右书写出来介绍你自己，尝试把名字当中的意义写出来，让别人听了之后就能记住，同时愿意和你深度的交流，互通有无。

2. 语速测试。同学们可以做一个测试，测试我们的语速，一分钟讲多少字，快了调慢，慢了调快，保证一分钟在180～230字左右。测试的方法可以是通过录音翻译成文字再统计文字的方式。

3. 为了让大家能掌握好所学，我们给自己一个任务："总结今年展望明年"呈现一次高规格的演讲，我们要感觉台下像有300人一样聆听你的演讲，郑重，大气、荣耀地去登台。

4. 站定、眼定、笑定、停三秒再开口，娴熟的掌握这个开场，掌握三部曲，开场的时候尊敬的领导，亲爱的同学大家好。接下来做自我介绍，我是中山大学新华学院公共关系的＊＊＊，我演讲主题……总结今年展望明年，内容当中用一简二活，如果不记得就想一下"三乐说"，希望大家能把这个台风运用好，展现得更加得体、高素养，形象方面，请提前做准备，符合上台的场合文化。这个演讲建议录制成视频，可以分享，也可以用来观察我们的优点以及要改进的地方。

第六节　烘焙艺术的潜能创新

教学目标：

将烘焙艺术的潜能创新放置于公共关系语境下进行研究是一个富有挑战性的课题。本节从烘焙艺术理论和实践的角度展开研究。烘焙有爱，用甜食温暖味蕾，探索不一样的烘焙，启发更广阔的思维。

近年来，烘焙行业中新中式糕点烘焙品牌不断爆发，融合中式元素的创新烘焙产品更加受到消费者青睐。但行业的同质化竞争也在不断加剧，产品创新、服务创新都是影响消费者选择的重要因素。品牌若想获得长足的发展，仍需要立足于产品质量，创造更好的消费体验。本文重点阐述如何激发烘焙潜能，烘焙潜能激发的因素，以及烘焙潜能的运用。

一、烘焙艺术潜能的概念

人人都喜欢美食，不仅喜欢吃的过程，许多人还喜欢制作过程中的幸福感。甜美诱人的蛋糕、造型可爱的饼干、清香松软的面包，这些人人都爱的美味皆是烘焙的产物。要做好烘焙这件事，必须拥有科学家和艺术家的双重头脑。从广义上来说，烘焙艺术指的是烘烤食物过程的一种转变方式，是一门人人都可以学习的精湛手艺。史书记载，奠定现代烘焙食品工业的先驱者是古埃及人。

（一）埃及人最早采用发酵的方法

埃及人最早发现并采用发酵的方法来制作烘焙食品之中的面包。古埃及人已经会使用谷物制备各种食品，例如，将捣碎的小麦粉掺水和马铃薯及盐拌在一起调制成面团，然后放在土窑内烘烤，往往会有一些面团剩余下来，自然地利用了空气中的野生酵母，产生了发酵，当人们用这些剩余的发酵面团制作食品时，惊奇地发现得到了松软而有弹性的面包。

埃及人最初所使用的烤炉是一种用泥土筑成的圆形烤炉，它上部是有开口的，使空气保持流通，底部生火，等到炉内温度达到一定高度时将火熄灭，拨出炉灰，将调好的面团放入炉底，利用炉内余热烤熟。用这种炉子烤出的面包风味纯正，香气浓郁，很受人们欢迎，这种工艺一直流传至今。

（二）现代烘焙技术翻天覆地的变化

现代烘焙技术与远古时期相比已发生了翻天覆地的变化，现代的烘焙往往结合多种艺术元素和跨行业元素。有许多烘焙师都是其他行业的佼佼者，由于兴趣爱好等原因改行成为烘焙大师。他们将自己所学的专业知识巧妙地融入烘焙食物里面，制作出了各式各样惊叹业界的烘焙食物。

例如，乌克兰设计师 Dinara Kasko 毕业之后从事建筑师、摄影师等工作，她在自身领域取得一定成绩的时候还念念不忘自己当初的梦想——烘焙师，最后她成功回归到她最爱的糕点领域。她将建筑知识完美地运用在烘焙美学上，制作出惊叹于业界的新颖外型的"几何形"蛋糕。从这个设计师的例子我们可以看出，烘焙不仅局限于是一门简单的流水线手艺，也是人体大脑潜能开发的综合表现，Dinara Kasko 由于兴趣爱好的潜能激发，将所学的建筑知识完美地融入烘焙里面，成就了她烘焙大师的地位。

Dinara Kasko 烘焙的艺术作品

对于糕点，可能每个人都有相近的印象——明亮整洁的糕点店，熟悉的各色糕点，熟悉的样子、颜色和味道。但乌克兰糕点师 Dinara Kasko 不这么想，她运用一些实验技术制作出的糕点完全出乎人们所见所想。她的大部分糕点更像是陈列在当代艺术博物馆的创作，而让人惊讶的是这一切都是能吃的，① 这就是艺术潜能的体现！

一位优秀的烘焙大师，除了会不断提高烘焙手艺，还会从生活的点点滴滴，根据消费者的各种需求加入多种元素，把自己的潜能开发出来，将不可能变成可能。例如，SK 糖王周毅翻糖大师、为人低调的高颜值烘焙师罗丹等将中国元素放入烘焙中，化腐朽为神奇。学习和研究烘焙，可以不断提高自身的观察能力、

---

① 恨甜．恨甜几何与构成，来自乌克兰美女设计师 Dinara Kasko 的糕点建筑学［EB/OL］．［2016-10-7］．https：//www.douban.com/note/585381294/.

逆向思维能力，不断开发自身无限的潜能。

二、烘焙艺术的潜能开发

烘焙专项训练令人想起烘焙学校，可惜烘焙分类又特别多。会做面包的师傅不一定会做蛋糕。同样地，会做奶油蛋糕的师傅也不一定会做翻糖。好多人会有同样疑问，应该选哪种比较好。这就是因人而异了，需要自己去实践，通过不断地实践才会了解自己最喜欢哪种类型的烘焙，从而选择入门基础，只要学会自己喜欢的类型，其他款式可慢慢拓展。

（一）我的烘焙经历

从笔者的烘焙经历更能够体会潜能开发。好多人看到我时，会说你小时候一定是画画有天分\厨艺有天分。记得高中时，曾经为了把猪扒解冻，用热水浸泡，居然猪扒表层熟了，只好继续硬着头皮去煎，结果猪扒好像石头般硬，而且有一面焦了，这就是所谓的黑暗料理。比起煎猪扒，还有一次更经典。因家里大人都去上班了，想洗菜煮个泡面，更用洗洁精洗，当时不像现在方便，可以上网查食谱，只能靠感觉去做，幸好当时大人回来阻止了，不然就会发生误吞洗洁精的事故。

谈到烘焙，相信很多女生都有个烘焙梦，我当时买了个小型夹式的烤蛋糕机，由于操作失误，误把电线夹到里面了，幸好姐姐及时发现，避免了一次重大火灾事故的发生，自此之后，家里人由于担心和后怕，不准许我独自进入厨房。多年之后，当时的高中同学问起我做那行，我答是烘焙，他们都用奇异眼神看着我，居然我也可当烘焙师。世事无绝对，只要喜欢，努力去做，哪一行都能发光发热。

（二）因喜爱而坚持

在我29岁左右，当时眼看快要30了，而且一直带着3个孩子远在美国，看到小朋友喜欢吃甜品，就上网去学。跟大众一样，一开始在网上学总会失败，试过各种各样的配方都不成功，有烤焦的，有打发不起的，有不熟的，也开始自我怀疑。偶然看到有烘焙课程，于是开始报班跟老师学，忙起来的时候，晚上也要背着孩子去做蛋糕，做到凌晨三点，第二天7点又起来送小朋友回学校。

那段时间虽然累，但却是最快乐的时光。因为喜爱才会坚持。学会基本奶油蛋糕和翻糖后，我跟着老公回广州定居，因家人在香港，所以时常会回去。每次回香港的时候，也会花时间去学习各种类型的烘焙，因为有想做的，所以想进修一下，最后考上了英国皇家烘焙大师证。

经历了3年不停地学习，慢慢地把蛋糕放在朋友圈，当时在广州没什么朋友,刚到广州人生路不熟,后来客户订了蛋糕,有了口碑,介绍给另一位朋友,就这样一步步走下来。

(三) 在分享中成为好友

有些人会疑问,是有门路认识大企业吗?其实没有。说起企业,是从万达广场活动开始。当时那位客人是曾经订过蛋糕的,经她介绍给公司,跟我订了800个纸杯蛋糕。当时我只有两个40寸烤箱,一底可以烤30个纸杯蛋糕,要烤16~17小时才能完成。全天没有睡觉,一直通宵熬夜,最终用了17个小时烤完。送蛋糕时,看到客户开着小汽车来接货,难以装下这批蛋糕,就主动跟她提议可以免费帮她送货上门。由于大家的真诚,慢慢地我和客户也成为好友。当时的我已是6个孩子的妈妈,她好奇地问我,怎样做到可兼顾这么多孩子,聊着聊着,好多客户也成了好朋友。人生不一定要有利益才能成为朋友,通过分享下也能成为好友。

经历了多位客传客的介绍,除了蛋糕、甜品台外,也开始了DIY蛋糕教学。过了一段时间,家庭跟事业可以相互平衡,加上多家媒体的报道,接了有轨电车DIY教学。当时,有轨电车要求客户从万圣围广场到琶醍,我就有点好奇,爸爸妈妈要带小朋友坐趟有轨电车去琶醍,有点费力气。所以他们提出英语车厢教学,介绍了一家英语机构现场来一个英语车厢教学,之后也请了一位魔术师做表演,到最后做烘焙DIY,整个流程下来这样完成了一个活动。

由于活动做得好,所以有轨电车邀请其他烘焙以外的活动,像摊位游戏、王子公主派对、万圣节活动等,再一次超出烘焙范围。有好多人会问,万圣节活动既然不是我的专长,能做得好吗?当时我跟策划公司邀请了一家密室逃脱机构合作,我们玩了多家密室逃脱,还是觉得跟他的concept一致,他的团队训练帮助了50位扮演万圣节者,让整个活动很顺利地开展下去,由策划活动到宣传广告等,所有细节也让我们的团队成长了不少,一边玩一边学习,在活动期间也会加入烘焙DIY元素。

在活动中,其实收获的不一定是金钱,有时候更吸纳了新的客源,与其被动地去等待资源,倒不如主动出击,在活动中植入广告比起传统植入更有效果。蛋糕不再单单是烘焙成品,更可以天马行空想象更多,每一个行业都可跟蛋糕有关联,不要让自己局限在同一个位置,也不要让自己局限于某一个行业,跨界合作也许发展得更远。

三、烘焙艺术的心理剖析

艺术家的幻想不是使观众形成性兴奋,而是通过幻想作品使观众的"与作家相同的无意识愿望冲动"得到满足。这是"前期快感原则"的表现。[1]

（一）抒发压力和情绪出口

在烘焙心理学中，波士顿大学心理和脑科学系副教授 Donna Pincus 指出，无论是画画、音乐或是烘焙，都是一种抒发压力和情绪的出口。当你专注于烘焙的过程中时，你可以切身感受到鸡蛋液和面粉、糖粉变为蛋糕浆，那种由慢而快的节奏；奶油从液体变为固体的神奇物理变化，在烘焙师的巧手下变成各式各样的图案和造型；闻到巧克力融化时的香甜……整个烘焙过程要有宁静的心、积极向上的情绪，这是正能量的展现方式之一，优秀烘焙师在工作之余享受着宁静和放松，在忘我的烘焙中心灵得到空前释放。

英国烘焙大赛的冠军 John Whaite 就曾说过，烘焙在他对抗躁郁症时非常有帮助。由此可见，烘焙确实能够平缓负能量。从某种角度而言，烘焙食品也可以舒缓人们的工作和生活压力，提升个人的幸福感。

（二）感情沟通，自我了解

自己独处时悠闲自在地做上一份小食甜品，过上闲情逸致的生活，也不失为一种乐趣；两人世界时与爱人携手做份蛋糕的甜蜜愉悦，对彼此来说何尝不是一种有意义的存在；在等待孩子玩耍的时间烤一份饼干，也是一种不可多得的体验。由此可见，在当今社会，烘焙的意义远不止于吃，还有感情沟通、自我了解等意义。

马萨诸塞大学心理和脑科学系教授 Susan Whitbourne 指出，百味陈杂的情感未必能一时三刻单靠言语表达，透过食物传达你想说的话是较佳表达情感的媒介。[2] 做一些甜点送人的同时也表达了对他们的爱与感谢。

有时候不需要语言，用食物就能够传达出你的心意。由此可见，烘焙不只是自我沟通，亦是与他人沟通的良好方式。大众往往广义上把思维局限于一种事物、一个品牌、一个门店，近年来，为了满足不同消费者的心理需求，许多烘焙大师通过从心理学方面把烘焙作品引领成一种艺术，不是仅仅表现为一个品种，而是上升为一门艺术。通过甜品的色彩营造不同的造型，不再简单地追求味觉的满足，而是给人一场视觉、触觉、心灵的盛宴。

（三）烘焙横跨的专业领域

随着社会的不断变化，引导能力在这个时代发挥了重要的作用，开发我们的逻辑思维，除了智商情商高以外，还可以将别人的引导能力激发出来。2021年，引导能力亦成为烘焙重要的一部分，一个外国大师 Dinara Kasko，本来他是一名

---

[1] 杰克·斯佩克特.弗洛伊德的美学：心理分析与艺术研究［M］.郑州：河南大学出版社，2019：89.
[2] Buntleman. 烘焙减压法 2019 年 6 月 6 日，见 https：//weibo.com/ttarticle/p/show

建筑师，后来因为自己的兴趣去做烘焙师，他从建筑学学到的创意和画图的手法运用在设计蛋糕的点子上，他用 3D 打印技术做成了今天的蛋糕硅胶模具，将一个个蛋糕变了雕塑和建筑，将不可能变成了可能，除了传统的烘焙，烘焙还可以横跨两个以及两个以上的专业领域和引导能力。

注：作者授课现场拍摄的相片

（四）跳出舒适圈，找到新自我

在现代生活中，大部分人认为煮饭、煮菜、烘焙等食物制造比较适合女生做，其实这只是我们在心理上想当然的事情和表面上所看到的现象。现在也有许多男生也可开始学习烘焙，心灵手巧的不只有女生，男生也可以。

古语有云：天生我材必有用。每个人都有优点和缺点，有些人可能推迟发掘自己的潜能，有些人会在某些事情某个经历中突然激发出来，所以我们要不断地去尝试新的事物，才知道有哪些本领是适合自己的，往往发掘自己的潜能时出现的障碍是自己给予跨不出第一步的借口，因胆怯而使自己没做第一次尝试。只有尝试过，才知道自己适不适合，跳出自己的舒适圈，找到新的自己，破壳而出。

（五）烘焙温暖时刻，记忆甜蜜滋味

在心理学的结构里面，弗罗伊德认为人的心理分为三个层次：意识、前意识、潜意识。意识只是表面的注意中心部分，[①] 包括情感、判断、决定、幻想等精神活动基础；前意识是意识同潜意识之间的过渡领域，是我们曾经的回忆；潜意识是潜伏在人的内心深处，我们自己意识不到的。其实我们是并不了解我们自己。21 世纪，我们的潜能突然爆发，本来做不好的事情瞬间领悟到了，并且完

---

① 杰克·斯佩克特. 弗洛伊德的美学：心理分析与艺术研究 [M]. 郑州：河南大学出版社，2019：54.

成得很好。

1. 发现潜能，运用潜能

如何发现潜能，是通过学习和发现新事物，从而发掘到自身的潜能所在。就好像做烘焙一样，主观性上我们往往觉得女生在烘焙方面会比较在行，反而男生在接触、学习烘焙后，才发现男生也有做烘焙的天赋。其实不管男女，只要你下定决心去做烘焙的时候，你的潜能就已经被启发出来，我们踏不出那一步是因为受我们本身的心理影响，觉得这不是我们男生熟能生巧的事情，但事实证明，烘焙不分男女，去实践后男生也会发现自己也有做烘焙的潜能。

2. 将跨界事物融为一体

原本我们是做烘焙订单，在一次偶然的机会，某英语机构了解到创办人是国外留学归来，想跟我们来一场英语烘焙 DIY 教学，想跨界用英语教学，我当时答应了，以为只试做一场，但后来发现现场反应比想象的热烈，后又承接了四天的教学活动，四天里做了 35 场，一共 350 多个家庭参加，所以当时很愕然，因为只有一位导师口语交流比较流畅，其中一位导师问，你需要什么水平的英语，后来我发现有关于烘焙涉及的英语单词也可以在活动中跟他们学。

最后完成了四天的多人烘焙活动。原来烘焙不单是教学，还可以加进英语、游戏等跨界事物，巧妙地将两者合二为一。就好像上述提到的建筑师，将建筑跟甜品合而为一，可以将两个看起来毫无关联的事物合为一体，变成我们说的创新元素。

四、烘焙艺术的潜能创新

烘焙的意义不只在于吃。当今生活节奏的加快，生活水平的提高，致使我们不得不跟上社会的步伐，但也可能慢慢地减少了我们放在"兴趣"的事情上。烘焙是近几年越来越受大家追捧的一种休闲方式，忘掉急促的步伐，忘掉时间的流逝，自己可以一个人享受制作时的快感，忘掉身边的不开心；也可以跟孩子一起合作做一次烘焙，就像童年玩的过家家，不一定要做得好，至少在自己眼里它是一个精制品，即使不好吃，也可以吃出幸福的味道。让时间过慢一些，对生活充满热爱。

（一）烘焙与社会适应

1. 烘焙，通往心灵的桥梁

在社会群体里面还有一些值得我们去关心的集体，那就是心智障碍者。其实他们跟我们一样，都是普通人，而他们的父母只是认为为了安全，以最基本的人身安全为由不让他们出门。但儿童、少年始终都要长大成年，他们以后都会有自己喜欢做的事情，逐渐长大的他们，更不能用看待儿童的眼光去看待，我们需要正确地引导他们走自己的路。

深圳有一个案例，刘科元西点蛋糕咖啡烘焙学院携手深圳市守望心智障碍者家庭关爱协会开办了一次大龄青年烘焙班。这次课程是为了让心智障碍青年可以有一技之长，为了他们以后能够更好地融入社会，让社会接纳他们而开展的。据了解，这期课程不仅讲授烘焙的知识，也穿插社会适应课程，包括情绪控制、自我决定的能力、事情分析的能力、人际交往和互动等。美味的食物可以带来美好的心情，家长与孩子共同体验，在手作中寻找快乐，给孩子找一条出路。[①] 最后深圳守望协会嫣爽对烘焙班毕业以后的规划做介绍。她说："在经过专业烘焙之后，将孩子们推荐就业，届时有专门的机构对接，让孩子们能自食其力，从而真正融入社会，创造自己的价值。"同时，参加烘焙班的每一位青年，持有深圳市残疾人联合会颁发的"残疾证"，均可获得60%政府补助。

2. 烘焙心理调控与社会建设

烘焙强调释放情绪，不仅能在技术上提高，更可以帮助缓解低落的情绪，改善心情，获取快乐的秘诀。烘焙可以作为治疗心理健康的方法。

在美国纽约，一名社会工作者：朱莉·奥哈纳，她的疗法帮助人们克服了很多问题，她表示"当你在厨房时——无论你是在烹饪还是在烘焙——都需要一定程度的专注，专注于当下。"[②] 尤其是在烘焙时。烘焙确实需要循序渐进，遵照食谱，更加精确。揉面团或是擀面，你可以充分享受当下，能够放松，抛开所有其他的想法，只关注当下。能够做到这一点真的有很大的好处，能够放松、缓解压力，并真正提高一个人的生活满意度。奥哈纳还表示，烘焙是充满爱的过程，它不仅能令你感觉良好，还能产生一些有形的东西，即你能触摸和吃到的东西！她称烘焙是爱的劳动。当你在烘焙时，你经历了整个过程，这真的是一种爱的劳动，最终得到的成品美食不仅是有形的，而且是可食用的，我们的饮食经历常常与家庭记忆和故事联系在一起。我们记得祖母做的饭菜，我们教孩子们家人最爱的重要食谱。奥哈纳说，所有面包师都知道，送出美味的烘焙食品会让给予者和接受者的感觉一样好。她称烘焙是双赢。

（二）烘焙艺术创新

2020年初，一场由"电饭煲蛋糕"引发的家用烘焙逆势增长，这个话题阅读量将近10亿，而且每天都有不少人去挑战。据了解，这个电饭煲蛋糕的做法有三点：一是做法逻辑简单，二是容易操作，三是使用的工具是每个家庭都必备

---

① 用烘焙点亮心智障碍者的人生 [EB/OL]. [2019-04-14]. 搜狐新闻.
② 烘焙有益于心理健康 [N]. 喜马拉雅, 2020-4-10: 3.

的电饭煲。

注：作者授课现场拍摄的相片。

这一话题出来后，全城都去挑战，并且在各媒体每天都被晒出来，在微博、微信、抖音等各种社交软件我们都能看到的，在文案里我们可以看到成功与失败的喜悦，以及失败后无奈却又去重新挑战的决心。随着这一话题的兴起，致使许多人激发他们本身的潜能，由挑战到成功的展示，或者失败后再到成功，无一不体现潜能是我们去做一件事的一个因素。讲到这里，外因也是激发潜能的一种因素，特定的社会环境，特别的时间点，或者千变万化的时代都会使潜能在一件事、一个时间点、一个突破口给激发出来。

1. 疫情下的烘焙

突如其来的疫情让全世界都按了停顿键，面对无色无味又不能看到的新冠病毒，我们充满了惊慌、焦虑。一方面要待在家几个月甚至大半年，另一方也担心疫情影响家人的健康。一天一天过去，大家都在寻找宅在家的快乐，慢慢地通过一些现有的工具来做电饭煲蛋糕，如舒芙里等。在朋友圈分享快乐，更有人在视频号发起做电饭煲蛋糕挑战，一度成为全民话题，各种花式做蛋糕方法，把原来抑郁的负能量转化成正能量，原来简单的快乐就是能同朋友分享美食，不一定说要有大厨般的水平，平凡地做一个电饭煲蛋糕也是快乐。

2. 疫情下的机会

正所谓乱世出英雄，疫情使许多的店铺倒闭，此外，大部分人都宅在家中，许多商店都经营不下去，我们也因此受到影响。一方面烘焙线下教学停顿了，另一方面蛋糕订单也停顿了。那时，我们团队商议把烘焙教学转成在线教学。虽然不擅长拍摄，但不断地去改善、调整，也经历无数次的修改视频和学习，视频拍摄好很多了。

之前提及的电饭煲挑战，让好多卖原材料的商家看到了生机，像面粉、酵母、牛油等开始供不应求。这次疫情的影响也让商家看到了转型、合并、跨界等这一商机，成为一个新的商家。

从烘焙潜能开发的角度看，由于新一代烘焙产品用户中年轻女性所占比例较高，出于瘦身需求，追求不增加脂肪含量成为她们选择食品的重要因素，同时新鲜度也成为人们对烘焙食品的主要考量因素。注重品质与健康的产品价格势必会略高，但消费者愿意花高价格购买高品质的产品，而且店家的利润也会随之升高。这是店家与消费者都乐见的。

结　语

本节从公共关系的角度界定了"烘焙艺术潜能创新"的研究范围，阐述了公共关系语境下研讨烘焙艺术创新研究的意义，搭建本节烘焙艺术主体研究思路与构架。

我们自己和我们身边的每一个人都具有艺术潜能，只是没有被开发出来而已。艺术感知与体验是艺术创作与表现的前提，并为创作与表现提供了素材。我们不能只注重创作了什么，而应该注重创作的体验过程。艺术的巨大潜能在于它的不确定性和无限表达空间，培育的方式千变万化，我们要从观念上重视学生艺术能力的发挥。所以，烘焙艺术从观念上要体现的是知觉的区分，即表层知觉和深层知觉。通过知觉过程的无意识结构进行主动的创作或被动的欣赏，从深层艺术心理的角度分析具象形式因素的生成、发展、结构和作用，遵循支配表层知觉的原则。[1]

烘焙的过程是艺术，也是科学。富有诗意的烘焙在操作过程中却不能简单地"随性而为"，它是一门相当严谨的科学。甜蜜的趣闻，甜点的知识，蛋糕甜点，不仅味道诱人，就连名字也都充满传奇色彩（磅蛋糕、提拉米苏、甜甜圈、纸杯蛋糕、可颂、泡芙与拿破仑）。烘焙艺术潜能开发一直都需要时间来实现，时间的长期消耗并不是说你不具有，只是还没到时候，还需要等待。烘焙有助于提高个人的专注力、条理性与个人的创新能力。结果比过程更重要，[2] 真正给予自己的还是从内心油然而

---

[1] 安东.埃伦茨维希.艺术视听觉心理分析：无意识知觉理论引论[M].北京：中国人民大学出版社，1989：67.

[2] 丁兴良，林俊，黎燕.项目流程管理：过程比结果更重要[M].北京：经济管理出版社，2008：37.

生的开心，整个过程中不管成功或者失败，过程都是美好的，那些努力都是一点一滴注入进去的，所以说烘焙是传递甜蜜爱意的一种方式。

思考题

1. 疫情期间你有尝试过在家做烘焙吗？最终成功与否？
2. 你觉得在厨艺中能领悟到什么？
3. 通过这节课的学习有什么启发？
4. 论述烘焙艺术的潜能创新。
5. 论述公共关系语境下研讨烘焙艺术创新研究的意义，搭建本节烘焙艺术主体的研究思路与构架。

第七节 策划艺术潜能开发

教学目标：

读大学的目的是培养和训练大学生的好奇心和想象力，只有这样才能产生创新能力。公共关系策划是手段，其核心是解决以下三个问题：①寻求传播沟通的内容和公众易于接受的方式；②提高传播沟通的效能；③完备公关工作体系。正是：用眼睛去观察、用心灵去感知、用头脑去思考、用双手去实践。策划是一种程序，本质上是一种运用脑力的理性行为。策划是一种设计，一种安排，一种选择，或是一种决定，是一张改变现状的规划蓝图。

引 言

1988年，在夏书章教授的呼吁和指导下，在以王乐夫教授为代表的前辈学人的努力下，中山大学接续1905年创建的广东法政学堂百年学科渊源，正式恢复设立政治学与行政学系，为学院现有的政治学与公共管理学两大学科奠定了共同的学术班底，开启了两大学科融合发展的传统。2001年，中山大学在政治学与行政学系的基础上成立了中山大学政治与公共事务管理学院，学科建设迈上一个新的台阶。2021年中山大学政治与公共事务管理学院20周年院庆时，学院的发展更上一层楼。

一、学院新形象片出炉，献礼院庆

2021年11月13日，在中山大学东校园政治与公共事务管理学院举办了建院20周年庆活动。大学能够永恒的是：学术与思想。大道之行，系于善政；旧邦新命，臻于良治。二十岁，稍回眸，再出发。在不确定的年代，一场返璞归真的典仪，将传递一份确定的心意：致敬每一位为学院发展付出努力的人！

（一）传递学院和学科价值观及未来愿景

中山大学政治与公共事务管理学院举办建院20周年庆的形象片要体现：二十载栉风沐雨，弦歌不辍；新时代不忘初心，砥砺前行。政治与公共事务管理学院建院20周年时用形象片的形式，让时间定格，让光影留存。已面世的形象片是一种全新尝试，有历史感，去行政化，重在传递学院和学科的价值观，以及面向未来的愿景。

本节从中山大学政治与公共事务管理学院20周年院庆形象片出炉，献礼院庆的特色：小问题做大文章。通过一个20岁的学生进校三年的学习成长，传播了学院"问学·问政·问德"的文化与精神。强调大学能够永恒的是：学术与思想。这就是"人人心中有，个个口中无"地介绍了学院"不忘初心，砥砺前行"的成长故事。其策划艺术潜能体现的是"另辟蹊径，返璞归真的形象片创意"。

（二）形象片的筹备、拍摄和后期制作

历时4个月的筹备、拍摄和后期制作，参与人员数十人，奔赴校园各个角落，拍摄时长上百小时，学院新形象片出炉，献礼院庆。这是一个关于成长的故事，这是一份关于你和我的回忆。形象片的动人瞬间体现在：

（1）艺术的感受能力。面对各种问题的时候，要通过艺术修养的测试来判断，所以必须对艺术作品有敏锐的感受力，并能够用清晰的语言把你的感受描述出来。

（2）细致的生活观察能力。生活是艺术的源泉，善于观察生活的人往往是热爱生活的人、对生活比较敏感的人，作品一定要感染观众、感动观众。

（3）形象思维的能力。这是每一个艺术创作活动都需要的，追求的是如何使形象片具有强烈的情绪感染力、深刻的思想性和完美的整体感。在独创性上，不仅在于表现技巧或形式上的新颖，更重要的是对生活的深入观察、感受和理解。

你是否还记得初入校园时懵懂的自己？求学问道，孜孜不倦；每日往返的学院楼，温暖又熟悉；在这里，不用统一的模板复制人生。

第四章 艺术潜能

235

现代 潜能开发新论

第四章 艺术潜能

注：图片来自"中山大学政治与公共事务管理学院20周年院庆形象片"截图

注：图片来自"中山大学政治与公共事务管理学院20周年院庆形象片"截图。

237

大家都是自己成长故事的主角，也是书写学院发展历史的一员，20岁，稍回眸，再出发。

二、能够打动人心的学院形象片

怎样通过形象片宣介你们的学院，并能够打动人心？宣介的主要原则和策略是什么？这些都值得我们去研究和探讨。

（一）学院形象的本质与要素

学校形象的本质要素是一个与社会有着广泛联系的办学实体。从传播学角度讲，任何一所学校都有属于自己的社会形象。学校的社会形象对学校生存和发展的影响程度越来越显著。因此，研究认识学院形象片的宣介要素就非常必要。

1. 学院形象片的宣介要素

学院形象片的本质是传播，传播要素主要有：谁传播（who）；传播什么（says what）；通过什么渠道（which channel）；向谁传播（to whom）；传播的效果怎样（what effects），即拉斯韦尔的5W模式。

2. 拍摄学院宣传片的重点

在拍摄学院宣传片时，可以从传者、受众、内容、方式、效果五个方面去思考。重点要考虑的问题有：

（1）以学生视角作为切入点。遵从学生视角，不像传统的学院宣传片和公众号，往往偏重于成人视角，好像这些东西是做给领导看的，是给成人看的。恰恰忽视了学院是学生的学院，学生是学院的主体。

（2）成人视角的推介行政色彩太浓，大多是讲办学理念和办学成绩，显得空洞、程式化。一般学院宣传片的开头可能是学校概况，介绍学校的历史和成绩，或突出历史上各级领导关怀学校的照片，结尾是校长、书记的讲话总结，行政色彩有余而教育温度不足。学院的网站或者公众号的内容也往往主要是领导视察、学院会议，而缺少学生活动，这是基本的定位不当和视角偏差。成人视角更多的是外部视角，是从高处的俯视，是从外部的观看，总有一层隔膜的感觉。

（3）学生视角展现的是学生的青春气息。与成人视角有所不同。中山大学政治与公共事务管理学院20周年的形象片就完全是从校园里学生日常生活的角度出发，展现学生的青春气息，非常受师生的欢迎。学生并不喜欢大段的文字和空洞的理念，这些有画面感的视觉形象非常有冲击力，特别能够抓住学生。学校是抽象的，师生是学校具象的代表。学校的主体是学生和教师，所以学校形象推介应该定位为学生，更多宣传学生和教师，而不是宣传院长或领导。

（二）学院形象片的宣介与展示

随着融媒体时代的到来，互联网生态下的传统主流媒体必须面对新的生态环境进行转型升级，顺应时代发展，创新报道方式与内容载体，策划生产出符合受众收听收看习惯的新媒体产品，让主题宣传内容出新出彩，传得更开、传得更广、传得更深入。[①] 学院形象片的宣介与展示要注意以下几点。

1. 介绍成绩不是推介产品

（1）传统的学院形象是宣介产品，大多注重介绍学院的光荣历史和办学业绩。比如，建院 20 周年有多少学生获得奖励，有哪些杰出校友，学院获得了哪些奖励等。学院不能没有历史，但学院的形象推介重点不在于历史，而应着眼于现在和未来。如果我们去一家餐馆，看它的宣传册，一定是想看看本店的特色菜品，而不是餐馆的经理或者大厨，更不是它曾经获得的奖项。

（2）学院的宣介应是成长的足迹。20 年，光阴不舍昼夜，刻下学院成长的足迹，编织着老师、学生、校友与家国共同成长的故事。这也是人们最想了解的学院的核心产品。每所学校都应当紧紧围绕自己的学术与思想进行重点推介。中山大学政治与公共事务管理学院的形象片成功地借助现代感的画面塑造了师生与家国共同成长的故事。

2. 展示空间还是展示场景

不少学院的形象片为了展示自己的办学硬件，往往着力宣传和渲染学院的豪华空间和高大上的设施设备，如体育馆、图书馆、艺术中心、实验中心、学科教室等，但展示的空间当中却空无一人。见物不见人，这是一个误区。空间不空，学院的空间是为人而服务的，有人才是学院的主体，有人的空间才有生命。

中山大学政治与公共事务管理学院在形象推介时，重点展示的不是空间和设备本身，而是突出学生和学生的活动场景。当空间中有人的活动，也就赋予了空间以生命力。北京十一学校龙樾实验中学展示学科教室的图片，所展现的并不是一个空的环境，而是教师和学生一起学习与探讨的过程。这些场景与画面因为师生的存在而更有吸引力和冲击力。

（三）学院形象片的传播与故事

视觉符号蕴藏着历史的记忆，是一个现实与想象交融的共同体，视觉修辞关注图像信息的含蓄意指，其以丰富的表意性、阐释性和表演性，成为形象媒介传播的工具和手段。从视觉修辞的角度出发，从视觉转喻的象征、视觉隐喻的映射与视觉对照的呈现探讨学院形象片中修辞性意义建构与传播方式，以求对视觉修

---

① 黄世军. 融媒体时代广电新闻产品如何策划［J］. 新闻文化建设，2021（13）：67.

辞的策略进行有效探析。①

1. 是传播不是推销

学院形象片最主要的目的是传播而非推销。推销一般会过多讲成绩、讲理念，有王婆卖瓜、自我标榜的嫌疑。中山大学政治与公共事务管理学院形象片的传播侧重于展示，通过展示校园生活来吸引人和打动人。

（1）展示学生的校园生活和教师风采，尽可能少或不宣传学院领导。学院不是行政机关，而是育人的场所，淡化行政色彩，增加教育意味，低调的风格获得了好的传播效果。

（2）中山大学政治与公共事务管理学院在做宣传时有受众意识，要传播那些别人想知道的，而不仅仅是我们想说的；要站在对方的角度思考：人们希望知道什么，我们应该传达什么；要善于挖掘那些有深度、有价值的信息，而不是泛泛的学校介绍。

（3）对于学校的办学成绩，能够让别人去讲的，自己少讲或不讲。自己宣传自己的成绩，难免有推销的痕迹。第三方传播会更加客观和公允，也会给受众带来更好的心理体验。

2. 讲故事不是讲理念

理念中无故事，故事中有理念。中山大学政府与公共事务管理学院传递学校的办学理念，就是讲故事，而不是空洞的谈理念。人天生就喜欢听故事，对工作报告似的介绍很难有兴趣，也很难留下印象。

中山大学政府与公共事务管理学院20周年院庆形象片重点讲述了一位20岁的学生进校三年的学习成长，通过师生的校园生活展现学院的办学理念和价值追求，展示学校丰富多彩的课程和学习体验，师生真挚的情感流露，深深打动观众。这比起那些概念化、抽象化、总结式的宣传片，更加具有可视性、吸引力和感染性。讲述学院故事是推介学院的重要的手段。讲好学校故事最重要的元素是什么？我认为有四个关键词：角色、角度、情感和创意。

（1）角色。学院选择具有典型性和代表性的人物角色，这个角色可以是不同人物的聚焦。角色会让人有极强的代入感。

（2）角度。合适的切入点，用新颖、陌生的角度去讲熟悉的故事，要给人以新的视角、新的启发、新的思路、新的借鉴意义，新奇才能抓住人，吸引人。

（3）情感。故事要真实、有温度，引发观众的情感共鸣，把观众带到故事当中。故事不仅要有价值，有意义感，更重要的是能引发人的情感共鸣。

---

① 颉满斌，杜娟娥. 手机LOGO用不锈钢在我国研制成功［N］. 科技日报，2021-10-22：1.

(4) 创意。故事要有设计感，别具一格，让人感觉有悬念，有冲击力，在形式和内容上都能打动人心。

院长毫无疑问是学校故事的播种者和讲述者，但他不能孤军奋战。要创造条件和氛围，让广大师生成为故事的生产者和主动传播者。同时，要寻找那些认同学校理念、善于挖掘故事、善于呈现与传播故事的专业人士来帮你讲故事；还要利用多种渠道和手段来讲述学院的故事。懂教育，才能拍好学校宣传片。我们一直在路上。

三、"桃李不言满庭芳，弦歌百年今又始"的院庆LOGO

LOGO是吸引眼球的重要设计，其富有个性的设计往往是品质的体现。[1] 中山大学政治与公共事务管理学院20周年院庆LOGO是形象片不可缺失的一部分，其指导思想是学院"问学·问政·问德"的文化与精神，强调大学能够永恒的是：学术与思想。

（一）院标是学院文化与精神的对外体现

院标是学院文化与精神对外的直接体现，是增强院内师生的凝聚力、归属感的重要元素。2021年，在建院20周年之际，学院特别启动了院庆LOGO征集活动。自2021年4月征集活动开展以来，同学们积极参与。学院收到数十种充满创意和内涵的优秀作品，几十种方案激烈角逐，经多方遴选，最终选定今天大家看到的LOGO版本。

（二）标志释义与整体颜色

策划是用你有的去寻找你没有的！策划是有效地组织各种策略方法来实现战略的一种系统工程。策划是一种从无到有的精神活动。一句话，策划就是透过现象看本质。小问题作"大文章"，提炼出"人人心中有，个个口中无"的"创意"。院庆20周年LOGO设计者：林润苗团队。

1. 标志释义

"三问"：问学、问政、问德。LOGO中树的形象极为简化，近似于放大镜，三个放大镜代表"三问"：问学、问政、问德，放大镜也寓意着学院师生。见微知著，以精益求精的探究精神，依托源远流长的政治学与朝气蓬勃的公共管理学，共同担负关乎善政良治的学术使命。

LOGO形象以树为基本造型，整体图案由三棵树构成；中间较大，两边较小，喻义渐次生长，终而成林，郁郁葱葱。"三"也是在中国传统文化中具有非

---

[1] 颉满斌，杜娟娥. 手机LOGO用不锈钢在我国研制成功 [N]. 科技日报，2021-10-22：1.

现代 | 潜能开发新论

常深远意义的数字,"一生二,二生三,三生万物",一代又一代学人和老师,以及一届又一届优秀的学生,用自己的智慧和汗水,给国家和社会注入生生不息的活力。

2. LOGO整体颜色

20周年,金秋果实,含芬吐芳。LOGO的整体颜色为"中大绿",在树与树的衔接之中,用金色凸显"20"的字样。20年来学院师生共同成长,像是金秋的果实,含芬吐芳。数字"20"深嵌在造型之中,与整个设计融为一体,也体现了政务人的低调、务实。

(三)充满学院特色的院庆标志创意

现代信息技术的高速发展为平面设计元素提供了视觉表达,确保平面设计作品满足审美需求。[1] 院庆标志创意体现的是平面设计多维化,既可以融合多种设计元素,还可以通过现代媒体、多元化设计理念,深入践行现代化发展,注重平面设计多维化发展,优化创新设计手法与方式。同时,院庆20周年LOGO设计的林润苗团队,其创意来源是全方位思考。依照另辟蹊径、返璞归真的本土化设计理念,设计出了具有感染力、创造力的平面作品,以此加强学院理念的现代平面影响力,不仅能够促进学院理念深化发展,还可以满足师生心理、审美需求,促进平面创意设计的长久稳定发展。

建院20周年LOGO传播的是:风雨如歌,唱不尽历史的沧桑;耕耘如虹,

---

[1] 陈黎明. 平面设计元素视觉表现的多维化分析 [J]. 艺术品鉴, 2021 (33): 66.

绘不完政务的画卷。夕落瘦水凝眸处，桃李芬芳溢九州，20 年多少回忆值得我们去梳理。恰逢建党百年的风华，中山大学政府与公共事务管理学院迎来属于她 20 岁的生日。回顾过去，我们无比自豪，展望未来，我们信心十足。二十载风雨，造就精英无数；二十载沧桑，培育桃李满园！

建院 20 周年 LOGO 显示：二十载风雨兼程，转眼，中山大学政治与公共事务管理学院迎来了她 20 岁的生日。廿年来，一代代政务人接续奋斗、追梦不止，成为学院的骄傲，也激励着在校学生不断奋进、不断攀爬新的高峰。"问人间政治之道以善政天下，求公共管理之理为良治中国"，新一代的我们也必将在院训的引领下不忘初心，与学院一道扬帆续航，开启新的华章！热爱可抵岁月漫长，政务与你来日方长！祝政务学院 20 岁生日快乐！

结　语

公关活动的三层次：初级公关活动（日常工作、会议、礼仪类）；中级公关活动（赞助、广告、调查）；高级公关活动（属于公关活动中最高的层次，是公关价值的集中体现，也是公关运作中的飞跃，更是公关竞争的法宝，这就是公关策划）。

作为 30 多年从学系到学院发展的经历者与见证者，看了学院的 20 周年院庆形象片后倍感激动与亲切。这部形象片的创意是"另辟蹊径，返璞归真"。播出后师生反响积极热烈，特别是参与拍摄的主角倪溪阳同学感触良多："拍摄时，有幸近距离接触学院的老师，听他（她）们讲述各自的故事，圆了我自入学起就有的一个梦，每每想到都感觉荣幸之至。参与宣传片制作是我大学生涯非常宝贵的一段经历，很荣幸能作为见证者和参与者，在学院 20 岁的时候，留下 20 岁的我的痕迹~祝学院 20 岁生日快乐，越来越好！"

许多学生反映也很强烈：从形象片体会到了学院的照顾和包容。展示学院文化氛围时，我们对学院有了更深的理解和热爱。对学院的期待和祝福：感谢学院的人文教育，使我们逐渐从多维角度思考问题。中山大学政府与公共事务管理学院老师们的教学在引导学生自我觉醒、认知了解社会方面有着长远而深刻的影响。这样的课程设置和教师胸怀弥足珍贵。祝愿学院秉承传播"善政良治"的理念，不断培养出能够良治社会的学子。

大学生创意的关键点是：透过现象看本质。透过现象看本质就是：大道至简的思维，归根结底，就是重视常识，把复杂事物简单化的思维。策划艺术潜能让我们通过形象片点滴趣事，看到 20 年来学院成长的坚实足印，老师们的敬业乐群，同学们的爱院之心。同时，感慨学院还有很多美丽在等着我们发现。夕阳西下，突然感觉自己仿佛就是青春校园剧的主角，其实这些都得益于学院这20年来的发展——能培养这样良好的师生关系、能营造这样温馨而舒适的生活、学习环境。期待我们的真心、热忱与希冀四处生花！

思考题

1. 如何理解形象片的动人瞬间？
2. 简述学院形象片的传播与故事。
3. 简述院标是学院文化与精神的对外体现。
4. 简述标志释义与整体颜色。
5. 简述充满学院特色的院庆标志创意。
6. 论述述学院形象的本质与要素。
7. 论述学院形象片的宣介与展示。
8. 谈谈公关活动的三层次？

第五章

健康潜能

公共关系管理机制是促进健康潜能开发的重要支撑，更是在健康潜能课程实践中践行育人为本的重要保障。为了个体的终身发展和生命成长，将心理健康教育工作系统化、规范化、成熟化，从制度建设到课程创新，从完善硬件到渗透理念，我们要做大量探索和实践，积累有价值的经验。健康潜能是以人体阴阳学说、经络理论、左右脑分工理论等潜能开发理论为指导，通过非药物能量调理，运用 X 形平衡法、穴位对冲平衡法等潜能开发技术激活人体内强大的"内药库"，达到人体阴阳平衡和健康幸福的目的。

潜能开发作为一门专门研究人的潜能的独立学科，与生物学、心理学、医学、教育学、社会学等学科密切相关，而健康潜能与心理学、医学等学科在人体潜能方面有诸多交集，也存在明显的区别。健康潜能与医学的区别，重点在于健康潜能不处方、不使用药物，属于非药物能量调理；而医学多使用药物治疗。健康潜能与心理学的区别在于，健康潜能提供的是一套系统的、客观可量化的指标，尽可能降低测试者的主观因素，可以通过数学建模、物理建模和化学建模等方式实现；心理学则难以达到这一目标。本章主要介绍中医文化与生命潜能开发、天人相应五运六气、中医应用潜能开发、五运六气与健康的关系、《黄帝内经》实用针灸祖传疗法、观脸知健康、芳香疗身心、中医文化与钢琴艺术。

第一节　中医文化与生命潜能开发

教学目标：

中医文化是中华文化的瑰宝。中医文化博大精深，为人类的发展和进步积淀了许多宝贵的历史文化遗产。"治未病"是中医文化的重要思想之一，其蕴含的价值观念、道德伦理和人文精神具有深厚的文化价值，它不仅对医疗卫生事业有现实指导意义，而且对现代社会的诸多领域都具有一定的理论指导意义。本文从公共关系管理的视角审视中医文化与生命潜能开发的文化价值。

中学生以探索思考为主。开阔自身视野，提高道德修养（养身、养心、养性、养命），巩固、发展对中医药文化的好奇心，知道中医药文化是打开中华传统文化宝库的"钥匙"；学习中医思维，提高识别能力，改变不良行为习惯，选择健康生活方式，提升自治、治理能力（自我保护）和生存能力。

第五章 健康潜能

> 大学生以分析解决实际问题为主。学习、应用中医思维，认识世界，提升自我；了解"上医治国，中医治人，下医治病"道理；指导自己的学习、生活、工作；参与社会实践活动，分析、判断生活中、社会中的热点问题，尝试提出解决或改进的方案。
>
> 成年人以提升生活质量为主。学习传承中医药文化，学习实践中医思维，尝试应用"整体观、辩证观、治未病"思维去认识、解决工作上和生活中的问题，处理家庭、邻居、同事间的矛盾；重点解决"健康"问题，学习健康管理方法，提高生活质量。

一、生命的智慧，瑰宝中医药

人体自身免疫力、康复功能在人类进化蜕变过程中早已完善。人们的健康完全依赖药物、保健品，是人类追求健康产生的惰性，[1] 这更凸显了学习健康潜能的重要性。

中医药是中华民族的伟大创造，毛主席对中医的评价很高，他在 1958 年就指出，"中国医药学是一个伟大的宝库，应当努力发掘，加以提高"[2]。他认为中医中药是中国对世界的一大贡献。人们还把中医药称为中国的第五大发明。今天，中医药已经发展为一个庞大的行业，护佑着亿万人民的生命，成为人类医学领域的重要组成部分。

（一）中医药的起源和发展

中国人的祖先在寻找食物的过程中懂得了食疗，在烘火取暖时发现了灸法，

---

[1] 谭昆智，韩诚，吴建华，刘少廷. 创新潜能开发研究 [M]. 广州：中山大学出版社，2016：229.
[2] 李洪河. 毛泽东关于发展中医药的思想和实践 [EB/OL]. [2020-4-6]. 中国共产党新闻网.

在使用石器时学会了砭石疗法。中医药实际上是人们为了维护自己的健康,在生产实践和生活实践中产生的。

(二) 中医药的发展

1. 中医的四代称

岐黄:岐指黄帝的医官岐伯,黄是指黄帝,《黄帝内经》是黄帝与岐伯讨论医学的专著。其中《素问》是讲生命的本质,讲阴阳平衡能提升生命的能量。《灵枢》是讲生命的枢纽,具体讲经络和针灸,把经络比喻为生命的枢纽。

青囊:华佗是三国时期的名医,因蔑视权贵,拒做曹操私人医生而遭收押,终被杀害。为报答狱丁的照顾,他把毕生行医经验写成《青囊书》赠予狱丁,后人敬重华佗,把中医也称为青囊。

杏林:三国名医董奉隐居庐山,附近百姓找他看病从不收钱,轻病者治愈后要求在门前种杏树一棵,重症者治愈后种五棵,多年后,门前杏树一望无际。后人敬颂董奉,故中医别称为杏林。

悬壶:传说费长房拜葫芦神医为师,学业有成后,出山为民治病,其腰间和诊所前必悬挂葫芦。后人因此别称中医为悬壶。悬壶济世也由此而来。[①]

2. 中医药名副其实姓"中"

中医药学的"中"不仅隐含着中国地域性的信息,也是儒家中庸之"中"。中医药认为人体自身和人与自然社会都应该和谐,太过或不及就是病。"不偏为中,不变为庸。"医生通过辨证论治,以药物的纠偏救弊,用简便易行的方法和自然界万物的偏性来纠正人体的偏性,使之重新恢复到"无太过、无不及"的中和状态,实现恢复健康目的。

中医是中华民族的传统医学,它包括了几十个民族的医学智慧,涉及哲学、人体学、环境学、伦理学、天文气象学、矿物学……"中医"这个名词真正出现是在鸦片战争前后,西医传入中国,1936年国民政府制定了《中医条例》,当时的本意只不过要有别于中西医而已,但中医的本义却慢慢被淡化了。

3. 中国历史也是战"疫"史

从西汉到清末,中国至少发生过321次大型瘟疫。每次疫情都能让当时的社会为之战栗。但是,中国历史上从来没有出现过西班牙大流感、欧洲黑死病、全球鼠疫那样一次瘟疫就造成数千万人死亡的悲剧。(中世纪欧洲的黑死病即鼠疫,死者三四千万,相当于整个欧洲人口的三分之一)我们庆幸拥有伟大的中医药,与瘟疫展开过一次又一次的生死对决,无数次救民族于危难。可以说,中国历史也是

---

① 王永坚. 四代中医传承的是一种责任 [J]. 政府法制, 2013 (18): 36.

一部战"疫"史。也正是那一场场瘟疫，推动着中国防疫和卫生制度化的进程。

1955年前后，我国发生了严重的血吸虫病问题。上海、江苏、浙江、江西、安徽、湖南、湖北、广东、广西、福建、四川、云南12个省市区的37个县市流行血吸虫病，患者约一千万人，约一亿人受到威胁。毛泽东多次开会听取汇报，布置任务，在中央成立了防治血吸虫病领导小组，派出大批医疗队到疫区进行血吸虫病防治工作。1958年6月30日《人民日报》报道了余江县消灭血吸虫病的消息，毛主席看后，欣然写下了《送瘟神》的诗篇。这首诗篇发表后，极大地鼓舞了人民群众的抗疫热情。

绿水青山王子多，华佗无奈小虫何！千村薜荔人遗矢，万户萧疏鬼唱歌。
坐地日行八万里，巡天遥看一千河。牛郎欲问瘟神事，一样悲欢逐逝波。
春风杨柳万千条，六亿神州尽舜尧。红雨随心翻作浪，青山着意化为桥。
天连五岭银锄落，地动山河铁臂摇。借问瘟君欲何往，纸船明烛照天烧。

疟疾是严重危害人类健康的寄生虫病之一，与艾滋病、结核病一起被世界卫生组织列为全球三大公共卫生问题，约20亿人口居住在流行区，特别是在非洲、东南亚和中南美洲的一些国家，恶性疟死亡率极高。16年前，4亿人感染疟疾，两三百万人死亡。2016年，全球仍有92个国家和地区高、中度流行有2.16亿新发病例，约200万人死于疟疾。2015年10月8日，中国科学家屠呦呦获诺贝尔生理学或医学奖，成为第一个获得诺贝尔自然科学奖的中国人。多年从事中药和中西药结合研究的屠呦呦，创造性地研制出抗疟新药——青蒿素和双氢青蒿素，被誉为"拯救2亿人口"的发现，为中医药走向世界指明方向。

非典疫情期间，广州中医药大学第一附属医院以中医药为主的治疗方案取得了令人瞩目的成效。SARS患者73例，全部治愈出院，创造了患者零死亡、零转院、零感染、零后遗症的成绩。

二、中医思维的生命智慧

黄帝是原始社会中后期出现的为人类做出卓越贡献的部落首领，所以后人尊尊称他为"黄帝"。《黄帝内经》提出了一些非常重要的观点：一是阴阳学说——要使生命健康长寿，就要符合阴阳规律，树立平衡、和谐的观念，阴阳学说奠定了中医的理论基础。二是天人合一理论——要敬天畏天，效法自然，顺天时，应季节，实施健康生活方式，以帮助人类健康成长和长寿。三是总结了经络学说——创造性地运用人体自身大药，保养人体的生命。[①]

[①] 王惟恒，孙建新．黄帝内经·养生经［M］．北京：人民军医出版社，2009：38．

（一）阴阳恒动的平衡观

中医的真正本义是要人体阴阳保持中庸，获得平衡，使人健康成长不生病，活天年。

（二）天人合一的整体观

中医思维最大的特点就是整体思维，具体表现在：

1. 中医认为人体是有机的整体

经络脏腑、四肢百骸和身心都是互相联系的，治病不仅着眼局部，更着重考虑整体。

2. 人与社会及自然界互相联系

中医思维的整体观体现了天人合一的思维方式，崇尚自然，强调人与自然要和谐相处，要树立天人合一的理念。

（三）辨证论治的医理观

"辨证论治"是中医认识和治疗疾病的基本原则。中医思维的智慧在于将复杂的事物精练化、系统化，如根据阴阳学说，通过望闻问切，对人体外部现象加以观察，判断人的阴阳体质，知人体的健康状况，再把五行作为模式，分析人体脏腑相生相克的关系，然后辨证施治。

（四）未病先防的养生观

1. 未病先防

在人体未发生疾病前，充分调动人的主观能动性，以增强体质，颐养正气，提高抗病能力，毋"临渴掘井，临斗铸锥"，防重于治。

2. 既病防变

有病早治，防止病变。

3. 愈后防复

疾病治愈后，要采取有效措施，防止复发。

中医思维的智慧在我们生活中处处可用，只要我们按照天人相应的原理，运用自然的原则来调理身心，我们就能健康成长。

三、上医治国与中医治人

（一）中医药学的思想基础

中医药学以天地一体、天人合一、天地人和、和而不同思想为基础，以人为本，深刻体现了中华民族的认知方式和价值取向，蕴含着丰富的中国传统文化精髓，是我国文化软实力的重要体现。"阴阳恒动、天人相应、辨证论治、未病先防"等中医观既可用于临床，以"中国式办法"利于救死扶伤，亦可用于施政，以"中国式办法"利于富民强国。

2016年国务院新闻办公室发布的《中国的中医药》白皮书当中是这样描述中医药的:"中医药在历史发展进程中,兼容并蓄、创新开放,形成了独特的生命观、健康观、疾病观、防治观,实现了自然科学与人文科学的融合和统一,蕴含了中华民族深邃的哲学思想。随着人们健康观念的变化和医学模式的转变,中医药越来越显示出独特价值。"

(二) 中医药学养生之道

作为国医大师邓铁涛的高足,广东省中医院副院长邹旭教授娓娓讲述这位百岁老人的"养生经"。邓老在诊疗之余潜心研究中医药学养生之道,总体有24点,可概括归纳为4大方面:养德、养心、养脾胃和养肾。[①]

1. 养德

高尚的道德可使人心态平和、性情开朗,从而使人体气血通达,有利于防病保健、延年益寿。

2. 养心

首先要开心,"笑一笑,百年少"。做人要有爱好,如书法、音乐,常闭目养神,不要时常盯着手机,保证充足睡眠。

3. 养脾胃

多吃新鲜蔬菜和水果,吃杂不宜偏,尽可能吸收丰富的微量元素。广东人少吃寒凉,动以养脾,邓老从50岁后就开始习"八段锦",常摩腹也可改善肠胃,每天顺逆各50次。

4. 养肾

午间散步,采阳助肾,早上6~10时的太阳有助活血化瘀,下午4~5时的太阳有助补钙。在恩师养生经的基础上,邹旭加入了现代生活的元素:"一定要重视早餐。我会在早餐里加入适量的牛肉、蛋和青菜。"此外,邹旭强调,现代人要多与他人"吹水"(粤语"聊天"),不要吝啬语言沟通,"'吹水'可多出汗,有助脾胃的代谢。"

结　语

随着社会的发展,健康潜能越来越受到人们的重视,如何治疗心身疾病也成

---

① 百岁国医大师邓铁涛教授高徒邹旭开讲:恩师的养生之道[N].嘉应制药,2016-10-20:2.

为大家关注的焦点。在大多数人的印象中,治疗健康疾病靠的是西医西药疗法。其实,中医同样也可以解"心"病。健康潜能与医学的区别,重点在于健康潜能不处方、不使用药物,属于非药物能量调理;医学多使用药物治疗。[①] 中医文化并不单单是中医药,它蕴含着中国哲学思想。千百年来,中医药从原始社会走到现代社会、从夏商周走到元明清、从望闻问切走向了中西医结合。中医药的发展不是一蹴而就的,它在成长中吸收了各个时期的科学技术和人文思想,不断创新发展,形成了鲜明的特点。

中医不仅是一种医疗手段,也是一种为人处世的态度。从中医当中我们可以学习的有很多。学会"顺应自然",日出而作日落而息才是正确的作息时间;学会了"和谐适度",阴阳调和的中医理念提醒我们做任何事情都要适度;学会了"辨证论治",中医诊疗强调因人、因时、因地制宜,在生活中也应学会"辩证"看待问题。博大精深的中医药文化,"阴阳恒动、天人相应、辨证论治、未病先防"等中医观,既可以用于治病,以利于救死扶伤;亦可用于施政,以利于民富国强。

？思考题

1. 中医药学蕴含了哪些中国哲学思想?写下你听课中最感兴趣的问题和见解。
2. 怎样理解"每个人都是自己健康的第一责任人"?怎样做好个人的健康管理?
3. 有说法"药疗不如食疗,食疗不如睡疗,睡疗不如心疗",你怎样理解这个说法?
4. 某同学体重超标,很希望"减肥",请你给做个健康方案。
5. "日落而息,日出而作"在今天有什么意义?
6. 尝试用"中医观"分析现实中的热点话题:
(1) 生活水平提高了,患病的人还越来越多了?
(2) 分析城市中的"交通堵塞"现象,试试提出解决办法?

---

① 谭昆智,韩诚,吴建华,刘少廷. 创新潜能开发研究 [M]. 广州:中山大学出版社,2016:229.

第二节 《黄帝内经》之实用针灸祖传疗法

教学目标：

《黄帝内经》是中华文化的经典之作，也是中国传统医学四大经典之首。《黄帝内经》阐析了"天人相参"是"因时制宜"思想产生的自然基础，提出时间因素与临床各类疾病的"病-证-疗-养"存在密切关联。本节重点从因时养生、因时诊断、因时施治在临床中的运用方面，解析并深入挖掘"因时制宜"的思想内涵，探索其临床应用，对培养中医诊疗思维模式与提高临床疗效，甚至养生防病能力均具有重要价值与意义。通过论述《黄帝内经》和潜能开发的相互关系，引导学生多读多学经典，认识中医对人的治疗作用，学好中医之道，提升对自身健康的追求，促进自身潜在能力的开发和拓展。

引　言

中医人的首要经典非《黄帝内经》莫属，它是一本可以让很多人一辈子都舍不得读完的书，这本书更是被后人敬为"医之始祖"。南怀瑾曾说过：它不只是一部医书，它是包括"医世、医人、医国、医社会"，所有的医的书。潜能，即潜在能力，是人原本具备而又忘却使用的能力。潜能开发就是培养自我意识、突破思维的瓶颈、释放本身所具有的智慧以及升华人性。简单地讲就是学做人、学做事。关于《黄帝内经》与潜能开发有何关系，请让我在下面为大家一一道来

一、学医的作用

中国传统医德思想根植于中国文化与哲学思想的土壤里，反映在中医的实践中，具有完善的理论体系、丰富的思想内容、鲜明的理论特点和独特的理论价值。[1]

（一）文人通医

文人通医由来已久。张仲景在《伤寒论》开篇就旗帜鲜明地指出："怪当今

---

[1] 潘新丽. 中国传统医德思想研究 [D]. 天津：南开大学，2011.

居世之士，曾不留神医药，精究方术，上以疗君亲之疾，下以救贫民之厄，中以保身长全以养其生。"

（二）长辈要知医

为人父母者不知医，谓不慈；为人子女者不知医，谓不孝。① 著名中医学者徐文兵说："为人父母者不知医谓不慈，为人子女者不知医谓不孝。不是说让你们都去当医生，要你们学的不是医术，而是医道。知道大方向，就不会犯那些根本性的错误。"

（三）医之道

上经曰："夫道者，上知天文，下知地理，中知人事，可以长久，此之谓也。"② 学习《黄帝内经》是学习医道，医道不是简简单单的看病治病，《黄帝内经》更全面地从中华文化的基础理论入手，将人体与天文、地理、人、事、情、志连在一起，将四季四时变化规律、不同地域的地形、地貌、物种变化以及民俗、民风、民情都统一到里面。"天人合一"的整体观思想是中国文化中最具本质意义的观念，也是中国人最基本的世界观。

人与大自然不是主客体的对立关系，而是相互包容、相互联系和相互协调的一体化关系。人依赖大自然而生存，人首先必须敬畏大自然，大自然才可能给予人更多舒适的生存环境。潜能开发离不开人，离不开天地自然，没有学会医之道的，上知天文，下知地理，中知人事，潜在的能量必将离经叛道，可能也只有流星般的刹那光辉。

二、学医入门

中医也称道医、易医，它源于道家，也源于易经理论的。学习中医不学易经、五行八卦，不能称之为中医。老子在《道德经》说过："有道无术，术尚可求，有术无道，止于术！"中医作为医术，已经在中华大地流行了数千年之久，没有好的道（理论基础），它是走不远的。中医的道就是易经，学好易经是学习好中华传统文化的重点。至于法理药理，则应该从《黄帝内经》《神农本草经》入手，上述经典是现在民间流传的最古老最好的中医理论书籍。

汉朝刘向整理的《汉书·艺文志》里面明确提到《黄帝内经》有18卷、《黄帝外经》有37卷，《黄帝外经》传闻已失传。然而，2008年白云观的三申道长刘至贤将自己传承七十多代的黄帝学派禁方书《玄隐遗密》公布于互联网，

---

① 孔子.《论语》选读：为政篇第二［N］. 衢州日报，2015-6-29：3.
② 《黄帝内经·素问》气交变大论篇第六十九．［N］. 中医书籍，2018-5-12.

之后自费印刷成书。著名中医专家徐文兵于2012年初得到上述消息,到白云观拜会三申道长并购得此书,后经多年学习研究,他认为《玄隐遗密》就是黄帝学派的禁方书,上承二王伏羲神农,由商朝容成公历时13年编纂成册。《玄隐遗密》的公布让失传两千年的《黄帝内外经》重现于世,是中华文明史上的一件大事。

中医是真正的"道为一,术有三千",在《黄帝内经·素问》异法方宜论中:"故东方之域……故砭石者,亦从东方来。西方者……其治宜毒药。故毒药者,亦从西方来。北方者……其治宜灸芮。故灸芮者,亦从北方来。南方者……其治宜微针。故九针者,亦从南方来。中央者……其治宜导引按跷。故导引按跷者,亦从中央出也。故圣人杂合以治,各得其所宜。故治所以异而病皆愈者,得病之情,知治之大体也。"书中已大致将中医的治疗方法按方位论述了一遍。这都是大类的方法,小类就不计其数了。中医更是无处不在,中医已经融入中华文化体系当中,药食同源、同病异治、异病同治已经深入民间。

在此,我通过过往的实践学习,分享以下几个中医治疗的方法供同学们修身修心。

(一) 针和灸

针刺在中国已经应用了数千年,《黄帝内经》其实就是针灸治疗的书,黄帝与其老师岐伯的对话中不时谈论到针刺穴位。讲针灸就必须讲经络穴位,现代医学中的解剖学至今未发现经络组织结构,而中医在上古时代已经提出并应用经络穴位给患者治病了。

经络理论是中医整体理论的重要组成部分。中医认为,人身体上手足分别有三阴三阳由上至下、下至上纵向行走的经,合共12条正经,经与经之间有细小的分支相联系的,这些分支称为络。经络基本上像地球仪上的经纬线覆盖着整个人体表面。经典中医理论认为,经络里是气在运行,每2刻钟走遍人体一圈。著名中医学者倪海厦认为,经络里走的是水蒸气,是气化了的水。艾灸,简称灸疗或灸法,是用艾叶制成艾条、艾炷产生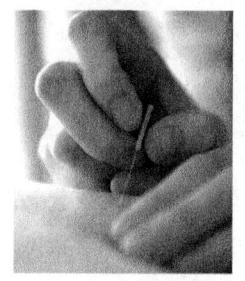的艾热刺激人体穴位或特定部位,通过激发经气的活动来调整人体紊乱的生理生化功能,从而达到防病治病目的的一种治疗方法。

穴位学名腧穴,是指人体经络线上特殊的点区部位,中医可以通过针灸或者推拿、点按、艾灸刺激相应的经络点治疗疾病。下面简单介绍一下常用穴位。

1. 合谷穴

手阳明大肠经的原穴，主治面口合谷收，美容养颜穴，黄褐斑、雀斑、痤疮、酒糟鼻、皮肤过敏、黑眼圈等

2. 内关穴

手厥阴心包经的常用腧穴，主治宁心安神、理气止痛、心痛、心悸、胸闷、胸痛、胃痛、呕吐、呃逆。

3. 外关穴

手少阳三焦经的常用腧穴，主治头痛、偏头痛、颊痛、目赤肿痛、耳鸣、耳聋等头面五官疾患，热病，胁肋痛，上肢痹痛，肘部酸痛，手臂疼痛，肋间神经痛。

4. 后溪穴

手太阳小肠经的腧穴，八脉交会穴（通于督脉），治疗急性腰扭伤、落枕、耳聋、精神分裂症、癔症、角膜炎，奇经八脉的交会穴，通督脉，能泻心火、壮阳气，调颈椎，利眼目，正脊柱。

5. 关元穴

属任脉，足三阴、任脉之会，小肠经的募穴，具有培元固本、补益下焦之功。

6. 三阴交穴

足部的三条阴经（足太阴脾经、足少阴肾经、足厥阴肝经）交会，治疗脾胃虚弱，消化不良，腹胀肠鸣，腹泻，月经不调，崩漏，带下，闭经，子宫脱垂，难产，产后血晕，恶露不尽，遗精，阳痿，阴茎肿痛，水肿，小便不利，遗尿，膝脚痹痛，脚气，失眠，湿疹，荨麻疹，神经性皮炎。

7. 隐白穴

足太阴脾经的井穴，主治月经过多、崩漏等妇科病症，便血、尿血等慢性出血证，癫狂、多梦等神志疾患。

（二）手印

道家手印是道家人士在修炼时特定的一种手部动作，道家手印有着严格的规定，含义非常丰富，每个手印都有其特定的含义。道家手印有帮助修行者的功能，也代表了特殊的经脉通道，可以促进人体气血的畅通。

手印也称手诀，是道教历代祖师口传心授的秘诀，道家养生多以"子午相交"即"心肾相交""水火既济"为修炼之要诀。"午"乃心脉之极处，"子"则肾脉之极处。人有两手，手有十指，十指之中自然也有"阴阳极处"，手指的每一个部位都有与人体内脏、经络等相对应的反射区，可用"子丑寅卯辰巳午未

申酉戌亥"十二个地支来划分，合理运用就能温肾补阳，调理脏腑，强身健体，祛病延年。

手印养生功法就是通过人体各部位在手掌或手指中的反射区，运用道家修炼之法，"神合其气，气合体真"，使人进入虚极静谧之境，让人体中的"生命之气"与自然界的"天地之气"融为一体，从而达到养生之目的。

今天介绍一个手印，是用于增强自身免疫力的，医生是用于防病气，保护自己的。打这手印可预防病气入侵身体。拇指，食指的指尖要向对，但不能搭上。这样肺经与大肠经的井穴才能发生感应，阴金阳金自成循环，就把皮肤呼吸功能关上了。当遇到人多空气污浊环境、有人打喷嚏、医院、电梯内时，都可以打上上述手印，打上手印后会感觉到后背有暖意。此手印只起预防作用，不能用于治疗疾病，使用2~5分钟为宜。

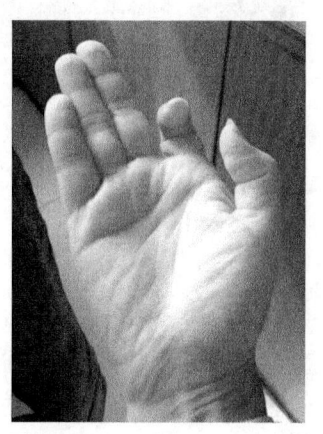

（三）五色疗法

五色是中国中医药学的重要组成部分，不同的颜色分别对不同的脏腑器官有所补益，均衡摄取才是真正治病、防病、保健、养生。五色对人体的五脏有不同的滋补作用。

五色，东方谓之青，南方谓之赤，西方谓之白，北方谓之黑，天谓之玄，地谓之黄，玄出于黑，故六者有黄无玄为五也。这里指的是青、赤、黄、白、黑五色，也泛指各种色彩。古代以此五色为正色。

五色分别对应五行，即金、木、水、火、土，因此对人体的五脏有不同的滋补作用。

青色对应五行为木，入肝，能增强脏腑之气。肝为解毒的器官，所以青色食物有清肝解毒的作用。

赤色对应五行为火，入心，能增强心脏之气，提高人体组织中细胞的活性，可增强人体免疫功能，预防流感及各种病毒的入侵，有清血、补血、通血的功效。

黄色对应五行为土，入脾，能增强脾脏之气，促进和调节新陈代谢，提高脾脏功能的抗病能力。

白色对应五行为金，入肺，可增强肺腑之气，提高肺腑器官抗病毒能力，止咳化痰，治虚劳咳血。

黑色对应五行为水，入肾，能增强肾脏之气，治阳痿遗精，腰腺酸病，补亏损及久病不复者。可保健、养颜、抗衰、防癌，对生殖排尿系统大有好处。

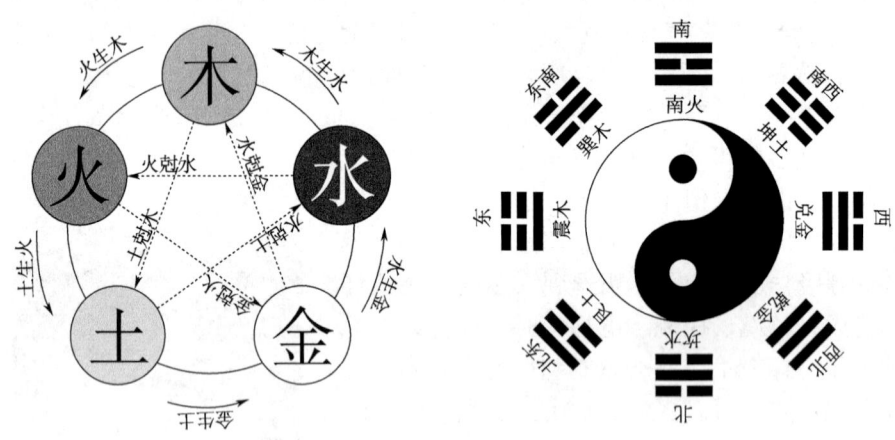

医学实践也证明，色彩确实可以治病。1982年，美国一项研究显示，暴露在蓝色灯光下可以大大减轻罹患风湿性关节炎女性的痛苦；闪烁的红色灯光可以让剧烈的偏头痛得到缓解。色彩疗法的实践还证明，黄色有助于治疗便秘，提高自信心；橙色对治疗抑郁症和哮喘有效果；紫色有助于减轻上瘾症和偏头痛；青色有助于治疗关节疾病和静脉曲张。色彩疗法还经常被用于治疗诵读困难症、阿尔茨海默病以及注意力缺陷。

由于身体五脏六腑是整体运作的，五脏对应五行，五行有生克荣辱的相互影响，单一颜色去管理健康肯定是不妥当的，合理地通过中医辨证了解身体五脏六腑变化，再配合五色管理顾问运用五色对人身体健康进行适当的管理，让过亢的器官恢复到正常水平，才是真正的管理健康。五色管理健康是完全绿色的健康调整，无须药物，无创，无痛，亦无副作用，深受老年人、青壮年人，乃至小朋友的欢迎。

五色管理健康适用范围非常广泛，既能用于妇科（月经不调、痛经、宫寒、子宫肌瘤等）、男科疾病，也能用于慢性病调理，还能应用在儿科诸多常见疾病上，如感冒、发烧、腹泻、疝气、积食、痱子等的调理。

三、简单地判断人的健康情况

学习潜能开发为何要判断人的健康呢？引用著名中医学者徐文兵在接受《新周刊》访问的一句话："先知身体，才知世界。"① 人呱呱坠地就和自己身体必不

---

① 先知身体，才知世界[J]．新周刊，2016-12-12.

可分，你真正认识身体、理解身体和照顾好自己的身体了吗？在不太认识身体、了解身体的情况下，要你将自己潜在的能力开发出来，就好比你去到一间大公司做 CEO，连公司如何运作都不知道就马上去增加公司增长能力一样，不是碰到焦头烂额就是一事无成。开发潜能理应从了解身体健康开始，不是数据上的认知，而是从知和觉上认识，从身体不受你意志左右的情况下向你发出信号上认知。我总结了下面几个相关内容。

（一）睡眠

健康的人应该一觉到天亮，中间不会醒来，除非是生活中发生了特别的事让您暂时很难入睡。如果晚上喝水太多，夜里去小便，那么小便完应该能够立刻继续睡觉。您夜里可能会做梦，但是醒来后不会继续梦魂牵绕、难以忘怀。您醒来后应该感到精神振奋，浑身充满精力，对新的一天充满向往。

身体的能力是受太阳和月亮运行作用而产生的，日夜颠倒就好比人与天地能量的对抗。《黄帝内经·素问》"宝命全形论篇"第二十五："岐伯曰：夫人生于地，悬命于天，天地合气，命之曰人。人能应四时者，天地为之父母"，人是悬命于天地之间，日出而作，日入而息，这是应四时变化规律而活，从能量角度来说是省能。

逆天地变化而活又怎么了？就好比冬天里播种、夏天去滑雪，前者播下的种子根本不生长，都是要熬过了冬天等到春天才发芽；后者大家都知道了，必须建个密不透风的房间，用大量的空调和电力才能实现。换句话来说，就是不按季节要等，不合季节要消耗更多的能量。有人认为睡不好，白天补一觉不就可以了吗？是可以，但你在生长的时间去收藏了，需要多大的能力才能把觉睡回来？

另外，当晚上持续在特定的时间醒来，然后在特定的时间才能回睡，请把时间记录下来，持续时间超过 7 天的，请尽快找中医去调理啦，这是身体发出的信号，告诉你身体某个脏器出现问题了。人体是非常睿智的，为了保证各机构运转正常，人体有一个体检官一天 24 小时地在人体内巡逻，一有问题马上报警。它的巡逻路线是随时间固定的。1 点到 3 点之间，巡逻肝脏部门，3 点到 5 点之间巡逻肺脏部门。每个部门在它那里都有一个标准状态。到了肝脏部门，发现这里有堵塞，可能只是肝的湿热，当然癌症也是堵塞的一种，巡逻官就报警了，你醒来后就睡不着，一直到体检官到肺脏部门。就是这么简单的道理。

（二）胃口

健康的人应该饭是吃得津津有味，到点了就感到肚子很饿，饭量适中。正常的胃口是吃饭以前会饿，想吃东西。胃口分两种：一种是肚子饿，一种是味觉。肚子饿，是脾脏在管，一吃东西如同嚼蜡，酸甜苦辣都没有味道，那是胰脏受伤了，这两个不一样。

正常的胃口不是暴饮暴食，是很正常的量吃下去很满，不是吃了很多，自觉不饱，还要再吃，这表现为脾胃的中焦后天之本的功能正常，也与肝胆大小肠相关。俗话说：人是铁，饭是钢，一顿不吃饿得慌。脾胃后天之本，是我们赖以活在这个世界上的根本。不能吃饭了，生命的过程也就出现麻烦了。不管任何治疗措施，都应该让病人的胃口越来越好才对，否则就是逆生命而行，是错误的。胃口好对人体实在是太重要了。人体免疫力的好坏全指望这个脾胃功能了。很多年轻女孩子要减肥，本身已经非常苗条了，还是吃得那个少啊！这是以身体为代价的愚蠢行为。如果你真的很胖，自然可以借助中医的方法帮助你恢复到正常体型，但是一味地控制摄入，你的身体一定会报复你的。

（三）口渴

健康的人应该稍微觉得有些渴，每天有一些欲望喝点水。您想喝的水的温度在室温比较舒服。我们的胃和肺决定了我们是否想喝水。人体在活动时，胃和肺的津液会有所损耗，需要一些外援补充水分。不想喝水的人说明胃和肺的湿太多了。湿太多在体内是很容易导致许多问题的。所以中医要治疗你直到有一些渴了才行。当你强迫自己喝水的时候，你实际上加重了体内水液循环的负担，使湿加大，没有好处。

有人喝水时就要喝烫的水，凉一点就会导致胃不舒服甚至拉肚子。这对中医生来说是一个极其重要的线索，说明此人胃部太寒了。胃部应该是非常热的器官，可以分解消化吃进去的食物。凉下来的时候，胃的蠕动就慢了，食物还没消化就要往下走，或者沉淀在胃的底部。所以中医马上采取措施将你的胃热起来，将里面不必要的湿清除掉，你很快就觉得不用喝那么烫的水了。另一个极端的人是一天到晚喝水喝不够啊，喝完很快就上厕所小便排掉了。现代医学将这个现象叫糖尿病，中医叫消渴之上消。此人一般流汗很多，要喝的水一般都是很凉、很冰。这就和刚才的情况相反。他的胃和肺太热了，胃蠕动太快。中医认为这是经络太热，一方面将经络的热降下来，一方面补充津液。

（四）大便

健康的人正常的情况下早上起来的第一件事就是要上厕所解大号，每天最起码一次。大便应该成形，大便之后会感觉很舒服、身体很轻松，没有大不完的感觉。大便的过程应该很容易。大便的颜色带点黄。过了更年期的妇女，每天两次大便为佳。

中医认为早上5点到7点是最佳的大便时间。很多人都做不到，因为各种原因。但是如果您有可能，要尝试自己在这个时间段去大便，一段时间之后就完全适应了。

不是每天大便的人要分严重的情形。一般来说两天一次大便的人通过生活习惯的改变可以变成每天大便。但是如果三、四天一次甚至更长时间，就要借助外援了。中医将便秘分两种情形：几天不大便也不感到疼的，和不大便兼有肚子疼的。中医的判断很简单，不疼的人是因为肠胃蠕动太慢、不给力；而疼的人是因为肠子太干燥，移动路线不顺畅，每一次摩擦都会疼。

（五）小便

健康的人正常的情况下一天大概5、6次小便，夏天少一些，因为流汗。小便的颜色是淡黄，早上起床后的第一次小便颜色深一些是正常的。小便时应没有任何疼痛或者烧灼感。

小便也是中医辨证的重要依据。最常见的是尿频，尤其是老年人，夜里老要起床上厕所，很多人认为这是正常现象。非也！即使是老年人也不应该老起夜。尿频最主要的原因是膀胱不够热。膀胱的热来自后面的小肠。小肠在中医里有着举足轻重的地位，它和心脏一样是非常热的。它的热来自心脏——通过一根大的动脉血管，心脏将热注入小肠。膀胱在小肠热的蒸腾下，里面的水就会有水汽，使膀胱像热气球一样升腾起来，所以平常人在尿量积累的时候感觉不到尿意，而一旦小便时，小便的喷射力量很强，这就是来自膀胱的热气产生的力量。但是如果小肠的温度低了，膀胱就不能像热气球升腾了。一点尿量就压下来，病人就觉得要小便，可是小便时又滴滴答答的，因为膀胱里没有热的压强形成喷射力。这种情况下，中医就知道要加强小肠的温度和蠕动力。

（六）手脚温暖

健康的人手心、脚心的温度应该常年保持温暖。将手放到额头上，应该感到脑袋是凉的。手背和脚背应该是凉的。很多人脚心总是凉的，尤其女孩子，冬天一觉睡到天亮脚还是凉的，十个人里面九个半不认为是病，但是中医不这么看。您知道人的心脏不断跳动，运动产生热量，这是真理。所以心脏在向外围喷出血液的时候，它也将热量随血液传导出去了，所以我们有"热血沸腾"的说法。心脏的能力应该可以将热量送达人体各个环节。人的脚趾离心脏最远。如果您的脚凉了，这就说明从心脏到脚这里有问题了，可能是心脏的力量不够了，可能是运送渠道不通畅。总之脚不会无缘无故地冷。

（七）阳反应

健康的男人女人都有早上的阳反应。女人早上起来的时候，乳房很敏感，男人阴茎会勃起，也叫晨勃反应。一般男人到了十几二十岁都会有正常反应，到了五六十岁就没有了。因为它表示你体内的阳气充足。如果你在吃降血压、降血糖的药，或是降胆固醇、降甘油三酯的药，反正举凡任何属于降什么什么的西药，你只要开始吃，那就一定会导致早晨的阳事不举。

结　语

　　闪烁着古老中医睿智光芒的中医文化给人们带来了新希望。中医是中国传统文化的瑰宝，其运用序贯的思维方法，系统梳理了公共关系意识在当今中医学中的应用，以《黄帝内经》之实用针灸祖传疗法精辟阐释中医，重新构建和演绎经典中医疗法，发掘了中医在新时代的新价值，更加充分地表达我国的文化自信。健康潜能是以人体阴阳学说、经络理论、左右脑分工理论等潜能开发理论为指导依据，通过非药物能量调理，运用X形平衡法、穴位对冲平衡法等潜能开发技术，激活人体内强大的"内药库"，达到人体阴阳平衡和健康幸福的目的。[①]

　　《黄帝内经》是中国最早的典籍之一，也是中国传统医学四大经典之首。它奠定了人体生理、病理、诊断以及治疗的认识基础，是中国影响极大的一部医学著作，被称为医之始祖。它源于黄老道家理论上建立的中医学上的"阴阳五行学说"、"脉象学说"、"藏象学说"、"经络学说"、"病因学说"、"病机学说"、"病症"、"诊法"、"论治"及"养生学"、"运气学"等学说，从整体观上来论述医学，呈现了自然、生物、心理、社会"整体医学模式"。

　　学习潜能开发离不开经典，尤其是中国传统文化中的各类经典著作，当你能学好经典，进而用好经典，在潜能开发的道路上就会有经典理论所托付的动能，让您与大自然和谐共处，拥有健康的身心灵。目前，要真正将《黄帝内经》之实用针灸祖传疗法落到实处，就要树立公共关系管理理念，以病人为中心，从健康潜能角度进行管理，以期达到经济效益和社会效益的双丰收。

❓ 思考题

1. 从对中医的理解入手，你觉得用什么方法能应用到潜能开发中去呢？
2. 按中医健康标准逐一说明你健康吗？不健康应该如何处理？
3. 论述闪烁着古老中医睿智光芒的中医文化给人们带来了新希望。
4. 如何理解要真正将《黄帝内经》之实用针灸祖传疗法落到实处，就要树立公共关系管理理念，以病人为中心，从健康潜能角度进行管理，以期达到经济效益和社会效益的双丰收？

[①] 谭昆智，韩诚，吴建华，刘少廷．创新潜能开发研究［M］．广州：中山大学出版社，2016：229.

第三节　观脸知健康　芳香疗身心

教学目标：

在公共关系视角下，健康教育和健康促进是努力使公众摆脱旧观念束缚、增强自我身体保健的能力、建立良好的卫生习惯的有效方法。健康是人类所向往的，而人类潜能的开发、利用是社会发展的重要因素。一般人的健康标准已经不适合现代生产力的发展。所以，观脸知健康显得尤其重要，只有好的体魄而无良好的心境和健康的个性，人类的创造性乃至技能的发挥就难以实现。每个人都是自己的医生，每个人都有自我疗愈的潜能。

通过本节的学习，观脸知病。脸色不好，可能是真的病了。[1] 脸色苍白的人可能是因为大出血和休克引起的，也有可能是慢性肾炎或铅中毒。脸色潮红如果不是因为饮酒过度或运动过量，那就可能是有感染性高热病，比如疟疾或伤寒。观脸知健康能让我们能了解自身的健康状况，并根据自己的身体状况及时调整我们的行为和生活习惯，以达到身心平衡，拥有健康人生。

引　言

本节的观脸，是通过观察人体面部区域的气色来洞察体内健康情况的方法，以获取人体五脏健康的信息，对人体的健康状态、疾病部位及其性质做出相应的判断，并采取相应的方法调理。人脸是人体的全息图，人体内的五藏六脏在脸上都有相应的反射区域，脸上的五官七窍是人体最大、最重要的"腧穴"，也是最直观、最便于观察体内状况的腧穴，我们可以通过洞察自己的脸，直接观察到身体内部脏腑的功能状况。通过本节的学习，让大家掌握粗浅的观脸知识，大致了解自身的情况，掌握一些日常的自我保养方法，以激发学生的健康潜能和自我疗愈潜能，培养自主健康管理意识，做到未病先防，身心安康。

针对上图，请问哪张脸在陌生的见面或者是在重大的约会时容易成功呢？很

---

[1]　观脸知病[J]．新世纪周刊，2007（26）：152．

显然，右边两张脸是比较容易成功。

因为这两张脸给人的感觉是阳光灿烂，身体健康，精力充沛，所以容易被选中。这是人们从观看照片上人的脸得出来的结果。

一、观脸概述

中医四诊：望、闻、问、切，在这四诊里望诊是最重要的，而望诊里的一个重要环节就是观脸。本节课程不是教大家学习中医，而是学习粗浅的观脸知识，让大家学会通过简单的观脸方法，关注自己的身体在脸上反映的信息，及时了解自己的身体状况，并学习用香气和简单的方法进行自我疗愈，实践自主健康管理。古语有云："相由心生"，就是说一个人的相貌是他内心的展现，具体体现在两个层面：一个层面是心灵，内心的柔软，内心的慈悲，让人在脸上会展现出慈祥善良的表情，反之则是一脸恶相。另外一个层面就是体内五脏六腑的变化也能在我们的脸上反映出来，那就需要我们学会观察自己的脸。

面部是人体健康状况的"晴雨表"，通过观察人的脸部情况，可以了解五脏六腑的状况，获取健康方面的信息。察言观色可以说是健康养生和早期发现疾病的一种重要而简便的方法，可为健康管理提供客观依据。要做好观脸，就要知道日常养生观脸的内容。

（一）看脸的大致颜色

脸部呈现的颜色不同，体现着不同的身体状况。病色可以分为赤、青、黄、白、黑五种。不同的脸色见于不同脏腑的健康情况。病色有善恶之分，无论出现哪一种颜色，都以明润含蓄为佳，通常表示脏腑并没有大的伤害。

1. 正常的脸色

中国人正常的脸色是黄红隐隐，明亮润泽。我们的皮肤是黄的，以黄为主调，隐隐约约看到一些红润并且明亮润泽，就是正常面色，表明此时自己的身体是处在相对平衡的状态。这里也要注意自己的先天颜色，每个人的正常脸色也不是完全一样。

2. 脸色过红

脸色过红为血液充盈皮肤脉络而致，所以热证多见红赤色，通常是心火上炎的表现。赤色主心主热，如满面通红，多为阳盛之外感发热，或脏腑实热；若两颧潮红娇嫩，则属阴虚火旺之虚热症等。

3. 脸色发青

脸色发青通常是肝功能下降。青色主肝主寒、痛、气滞、肝风和血瘀。青紫为气血不通，经脉阻滞。发青的脸就是体内有寒有痛，有肝气郁滞住了，也有可能是体内有风所至脸色显青。如小儿高热时，面部出现青色，以鼻柱与两眉及口唇四周较易察见，此为惊风的预兆。无论何种原因引起缺氧，如窒息、先天性心脏病、心力衰竭等，都可能出现面色青紫。当胃部或肠痉挛性疼痛、胆道疾病引起的绞痛发作时，亦可使面色青紫。脸色显青的人，情绪易波动。

4. 脸色发黄

黄色主脾，主虚，体内湿气重。脸色发黄、萎黄，多是脾胃虚弱。鲜黄多见于黄疸病。脾气虚弱脸色就黄，并且脾主湿气，脾气虚弱整个人的湿气就重，总会觉得疲劳、没有精神，脸上没有了润泽的脸色。

5. 脸色发白

白色主肺，主气主虚、主虚寒。脸色白、苍白属于虚症和寒症。苍白枯槁、唇淡为血虚。今年10月8日，我坐在地铁站的凳子上等朋友，突然有一个女孩匆匆走过来，弯着身体坐在我旁边的位置上，我问她情况，她说很冷想吐，当时她的脸色是青白，戴着厚帽，穿着长袖的衣服，却是穿一条比衣服还短的裤子，整双腿是露出来的。

10月8日刚好是寒露节气，古语有云："寒露不露腿"。寒露过后，气温逐渐降低，为防止"寒从足生"，要做好足部保暖。[①] 当天她的穿着就会让寒气从双脚进入体内。当时我身上刚好有精油，我就给了一些生姜等温热的精油给她涂

---

① 刘千. 寒露过后谨防"寒从足生"[N]. 台州日报，2012-10-10：2.

抹腹部增加温度，并且帮她搓热大椎穴和脾胃经部位，经过几分钟的处理，她脸色开始有点微微的红起来，手和身体暖起来了，慢慢恢复了正常，我嘱咐她要注意保持脚的温暖。此案例说明：凡寒虚严重者，脸色都又青又苍白。

6. 脸色发黑

黑色主肾、主虚、寒症和瘀血比较多。脸色发黑多是寒重或血瘀的表现。脸色暗黑多是慢性病的征兆，例如：被门夹伤了手指，表皮没有破，但皮下出血，轻的时候是紫色，严重的时候是深紫色，但是很严重的就是黑了，因此一定要注意。肾关系到人体生殖功能，虚寒和瘀堵太重容易导致不孕不育。

（二）痘印、斑、痣长脸上位置

1. 脸部痘与斑的基本发展周期（见表1）

表1

婴幼儿期	通透水润
儿童及少年期	水润光亮有色素沉着
青年期	开始有痘痘
中年期	开始有斑有痣有细纹
老年期	有斑有痣有皱纹

这里说的基本发展周期，是指比较大众、普遍的现象。婴幼儿期都是通透水润的，因为生活和饮食都很规律，身体状况好，表现出来的脸色与皮肤状态都是非常健康，就是有些功能不足，也因身体需求不太显现未显示出来。

随着年龄的增长，到儿童及少年期，虽然皮肤还是光亮水润的，如果是先天功能不足的，会有一点点的色素沉着，我们会看到他的脸上有很细的一些点点。

到了青年期，由于身体发育旺盛，以及学习或工作压力等问题，身体的器官开始出现疲劳的状态，就开始长痘痘了，特别是高中学生。

人到中年期处在担当的阶段，上有老下有少，家庭和工作的压力就更大了，身体长期处于疲劳状态下，器官也从疲劳走向了衰弱，开始长斑长痣，还有一些皱纹细纹。

到了老年期，由于整个身体已经是走向下坡的状态，就会出现严重的斑、痣和皱纹等，这就是身体衰老的标志。

2. 常见的痘印、斑、痣

（1）脸上长痣、瘊子：表示该部位脏器功能不足，有先天形成的，也有后天形成的。先天形成的，就是由于父母或者家族的遗传问题，会在对应的某些脏腑上有先天不足的现象。后天形成的，就是在成长的过程中有生活习惯、学习工作压力以及熬夜等方面问题，都会影响脏腑功能，所以会出现长痣、长瘊子等。

（2）脸上长斑：表示该部位长期慢性耗损形成的功能不足，这种慢性耗损一般是3~5年时间形成。很多人说祛斑为什么短时间内老去不了，就是因为斑的形成和祛斑都要漫长的坚持的。

（3）脸上长青春痘：表示该部位脏器现阶段正处于疲惫状态，是一个炎症阶段，假如这个痘痘长在肝胆区，说明这段时间你的肝胆区正处于疲惫状态，身体提醒我们要注意休息。

（4）全脸青春痘、斑：是因为压力或情绪等问题比较严重，引起内分泌失调或肝脏免疫功能下降。有些人是整脸的青春痘或痘印，就像下图，那说明内分泌严重失调，他的肝胆免疫功能也在下降的状态。很多高考的学生都会出现这种状况，高考结束后，放松了，旅游回来，上大学的时候脸就恢复正常了，这是因为高考后压力减轻了。

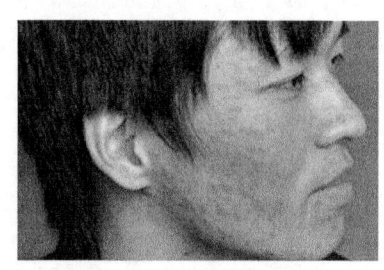

（三）观脸注意事项

通常情况下，脸部气色变化比较轻微，为了能够及时发现面部气色的轻微变化，准确把握健康状况，观脸要注意以下事项，尽量避免一些干扰面诊的因素。

（1）观脸时应先了解自己的常色态，在日常生活中，应多留意观察自己，了解自己正常面色，明辨于心，才能及时发现自己脸色的变化。

（2）光线对色泽有着非常重要的影响，比如，在白炽灯下，脸色会发白发青，因而观面时对光线的要求很严格。建议每天在相同的光线下进行，这样利于对比，否则容易发生误会。

（3）脸部气色很容易受到多种因素的影响而发生改变，如风吹、日晒、雨淋以及各种化妆品等，均可造成假象，从而不能真正反映内在状况。在观脸时，一定要避免这些因素的干扰，认真细致，以免吓到自己。

（4）观察距离也很重要，远距离整体观察的重点是看自己的脸总的气色以及五官的位置形态；近距离是分部观察。养成远望时观察大体、近距离详细观察的习惯，并做分析比较，回想自己近来的生活状况。

（5）注意色泽与部位合参，脸色与手背的肤色相对照，由于二者都是暴露在外面，所处的环境基本相同，因此可以参照手背的肤色来判断面色是否发生了变化。

二、观脸知健康

了解健康个性的特征并培养健康的个性有助于生命的延续。每个人都可以利用自己潜能的成长与发展，达到对社会变革的适应乃至改造社会的目的，这也是成长心理学、发展心理学所强调的。观脸知健康，芳香疗身心就是切入点。

（一）五官与五脏的关系

中医认为，人体五官与五脏之间存在着密切的联系，通过观察五官就可以知道五脏的健康状况。中医所说的五官，即眼、舌、口、鼻、耳；五脏，即肝、心、脾、肺、肾。《黄帝内经》提出，肝开窍于目、心开窍于舌、脾开窍于口、肺开窍于鼻、肾开窍于耳。通过观察五官的情况，就能了解肝、心、脾、肺、肾的情况。

1. 从眼观肝

视力的好坏有赖于肝气的疏泄和营养。肝藏血：若肝血不足，眼睛失去血的滋养，就会影响视力；若肝火过盛，可见眼红肿痛；若肝阴虚，可致眼糊干涩或见眼珠不灵活、斜视等；若肝气郁结过久，则能导致口苦目眩。

2. 从舌观心

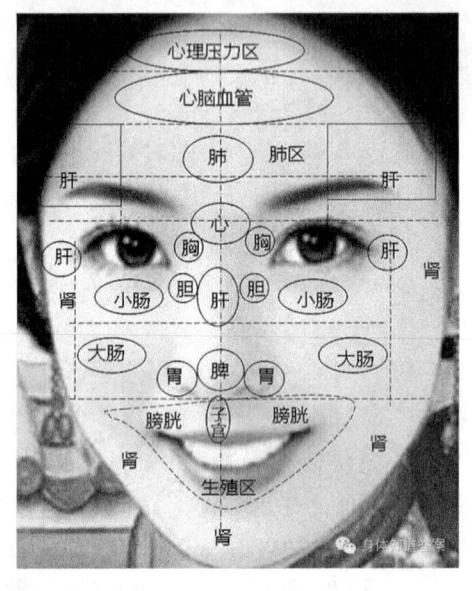

心气通于舌，心气和顺舌能知五味，而舌也能灵敏地反映出心的功能状态。心阳不足，则舌胖嫩或紫暗；心阴不足，则舌红绛；心血虚，则舌暗淡；心火上炎，则舌红烂、生疮、疼痛；心血瘀阻，则舌紫暗或有瘀斑。心主神志功能异常，就会出现语言障碍说话不清；心也主情绪，心情不好的人，语言也不甜美。因此，人说话难听，其实也反映了这个人的内心是痛苦的。

3. 从鼻观肺

肺气通于鼻，肺气和顺，鼻能吸嗅到香臭，呼吸通畅。肺的某些症状也会表现在鼻子上。如外感风寒影响到肺，就会鼻塞流涕；肺有燥热，则鼻孔干涩等。

4. 从口观脾

口唇者，脾之官也。唇被认为是脾的外在表现。当脾气充盈、气血充足时，唇红而润泽；若脾气血亏虚，则唇色淡白或萎黄无光。饮食口味及食欲也与脾的运化功能密切相关。如口淡无味、唇淡白，多为脾气血亏虚；若口中黏腻，饮食不香或嘴里发甜，多为脾胃湿热；若口中泛酸，多是肝脾不和；若唇肿、口疮、糜烂而痛，多为脾热或脾火盛。

5. 从耳观肾

肾气通于耳，肾气和顺，耳聪能辩五音。若肾精亏虚，则脑髓不足，容易出现头晕、耳鸣、听力下降等症状，听力较差的人应考虑养护肾气。

五官与五脏的对应关系十分紧密，养成经常观察自己的脸和五官的情况，及时知晓五脏的状况，可以及时调整身心。

（二）中医是神奇智慧的文化瑰宝

中医是一套微妙玄通但又神奇智慧的文化瑰宝，中医中比较基础的就是阴阳五行理论。按照《黄帝内经》的观点，每一个人都是阴阳和合而生的，每一个人都在五行之中，我们的五脏、五官等都和五行一一对应着，五行之间最典型的关系就是相生相克的关系。所以五行的状态和我们每一个人都息息相关，健康与否，在于五行之间是否平衡。

三、芳香疗身心

我们不是医生，当我们通过观脸，发现自己的身体出现一些细小的状况时，我们不能随便去买药吃，但可以通过一些传统的方法，激发自身内在疗愈的潜能，帮助身体进行自我疗愈。中华传统医学里就有利用各种植物不同的香气特性对人体进行疗愈的方法记载，中医有芳香化浊、芳香祛湿、芳香醒脾、芳香走窜、芳香开窍、芳香解郁、芳香清腹、芳香助眠、芳香理气等等的说法。

（一）芳香理疗法

拥有大自然神奇疗愈力的芳香理疗法，是指将气味芳香的植物，如丁香、藿香、木香、白芷、薄荷等，以原材料或制成适当的剂型，通过各种方法作用于人体以防治疾病的方法。我国用芳香理疗的起源可以追溯到遥远的先夏时期。距今6000多年之前，人们已经用燃烧带有香气的柴火与其他祭品一起祭祀天地诸神。

黄帝神农时代，人们采集树皮草根来驱疫辟秽，这是利用植物的香气来杀虫治病。那时人们对天然植物、花卉、果实的香气就有好感，用来敬神拜佛，清净身心，还用于祭祀、敬天、丧葬等。传说中最早使用复合芳香养生治病的是黄帝的妻子嫘祖。据传说，嫘祖的父亲生病时却不肯吃药，女儿无奈，只好把一些对治疗父亲的病有关的有香气的药材点燃，以熏香的方法让父亲吸入体内，治好了父亲的病。

古人焚香调养身体，调理气血、疏风祛邪、开郁散结、提神醒脑、散寒出痛，既防病养生，又怡情养性。芳香就成了富裕人家治病养生以及生活日常必不可少的日常用品。随着"陆上丝绸之路"和"海上丝绸之路"的开拓，世界各地的许多香料也开启了互相交流之路。

（二）芳香疗法的作用

芳香疗法的作用是运用芳香植物的治疗力量来进行养生、美容、疗愈身体和稳定情绪。芳香的植物可以通过视觉、触觉和嗅觉来刺激大脑皮层，启发思维，解除心理和精神上的压力，令人身心舒畅。芳香气味可以营造氛围，增强创造力和提升工作效率，芳香疗法不仅能使人建立积极的人生态度，还增强了人与人之间的沟通能力。

（三）君子佩剑与君子佩香

讲到芳香，就会让人联想到"君子佩香"和"君子佩剑"。古人的生活离不开香，每天的计时、学习、生活都要燃香，但君子为什么一定要佩香呢？

"君子佩剑"我的理解是：天行健，君子以自强不息；地势坤，君子以厚德载物。君子是德强兼备的，只德不强，不足以称君子。君子要精于六艺：礼、乐、射、御、书、数。这是中国古代君子的六门必修课，用现在的话说，合格的君子要懂礼仪，会音乐，精于射击，会驾驶（不是说开普通的房车，而是制式装备比如坦克），会书法，数学还要好！君子平时是翩翩有礼的博士；当路见不平时，是能出手相助的侠士；见国家有需要时，是能征骁战的勇士。"君子佩剑"讲的是明明能通过武力解决，却说服你以显其德，但必须保留能动武的实力。

对"君子佩香"的真正理解，则是在新冠疫情开始以后才豁然明白。在新冠疫情刚刚开始的时候，我为自己和家人配制了增强呼吸系统免疫功能的精油，每天出门前必须涂抹。当时各处街道因需要非常多的志愿者，我报名参加了志愿者。上岗前我涂抹了防护精油才出门，但在我第一天上岗的时候，发现除了我，还有其他志愿者和我一起守护。当天晚上我就配了很多小瓶的呼吸系统养护油，第二天发给和我一起守护的志愿者们，因为大家有免疫力我才能真的有保障。在这个值班守护的过程中，我和我的搭档们一直使用增强呼吸系统免疫功能的精油。我的目标是：在做好志愿者工作，守护好社区的同时，也要保护好自己的身体，不要染病，更不能把感染带给我的家人。这就是担当，这就是责任。

同时香气还能调节人的情绪，可以帮助人们保持头脑清晰，增强明辨是非的能力，在关键的时候能保持情绪稳定和思路清晰。在志愿者工作中会遇到街坊们不理解、情绪波动以及种种误会等，香气能帮助我们调节好自己的情绪，做好解释与安抚工作，这样就不至于让君子在忍无可忍的状态下成为一个莽撞的勇士。"君子佩香"是利用香气让君子保持清醒头脑与稳定的情绪，时刻保持厚德载物的品格。

> 实践练习：有利于提升呼吸道免疫力的精油配方
> 10毫升滚珠空瓶一个，滴入侧柏15滴、柠檬16滴、茶树12滴、保卫复方12滴、牛至10滴，剩余的部分填满椰子油。摇晃均匀后，每天出门或视需要随时可以涂抹在喉咙、胸口、脊柱和脚底。如果是幼儿、老人、免疫力低下者，要减少精油的用量，加大稀释比例，让身体循序渐进地去接纳和代谢。

（四）现代芳香理疗的宠儿——精油

古代使用芳香，多数都是采用原材料或用原材料制成成品。而现代的芳香疗法多数是采用精油。现代科技能更好地将植物中的挥发性芳香物质萃取出来，称之为"精油"。植物精油是植物的浓缩清华，是植物的激素、血液和灵魂，每一滴精油都是植物生命能量的浓缩。当人们接触到精油馥郁香气的那一瞬间，植物强大的生命力量已经开始在心中滋长，这就是芳香力量。经过萃取的精油，分子细小，被吸收的能力却很大，它具有迅速且显著效果。

（五）芳香疗身心

用精油享受芳香疗法，把植物直接拿来使用的香草疗法，二者都是让植物的天然成分作用于我们的身心，帮助我们预防和改善日常生活中身体不适的方法。[1] 下面我们可以对照自己脸上的情况和脸部全息一起来学习。

1. 脑门的痘痘——与情绪和压力有关

（1）多闻香气，多吸嗅自己喜欢的香气或适合情绪调理类的植物或精油，帮助缓解压力和不良情绪，帮助大脑放松，同时对失眠、头疼及祛痘等有非常好的调理效果。

（2）要多运动和多揉揉上肢，或用可以缓解情绪的精油去按摩上肢，疏通手上的六条经脉，特别是肺经、心经和心包经循行之处。

（3）生活中，通过涂抹精油或房间插花，既能美化环境，又能疗愈身心。

推荐使用的芳香植物有：檀香、乳香、玫瑰、香蜂草、迷迭香、罗勒、薄荷、柠檬草、依兰依兰、马郁兰、薰衣草、野橘、柠檬、佛手柑等。

2. 两眉之上的痘痘——是肺及呼吸道的问题，同时也与情绪有关

（1）闻香是最好的调理肺气和情绪的方法，也是最常用并且历史最悠久的

---

[1] 桥口玲子. 医生推荐的芳香疗法 [M]. 王尤，译. 吉林科学技术出版社，2014：51.

方法，可以选择有利于肺与呼吸道健康的植物或精油进行薰香吸嗅。

（2）选用几种适合呼吸道和脸部护理的精油进行复配后涂抹脸部皮肤以及前胸后背心肺的对应区域，同时加以轻柔的按摩。推荐使用的芳香植物有：薄荷、茶树、迷迭香、侧柏、雪松、冷杉、尤加利、野橘、柠檬、莱姆等。

3. 太阳穴和眼睛周围——肝胆在呼救

（1）早睡是关键。早睡是指子时之前入睡，"子"时是人体经气"合阴"的时候，有利于养阴养肝气，晚上11点以前入睡，对于肝、眼睛的养护可以起到事半功倍的作用，同时也是祛斑的关键。

（2）选择几种适合养肝护肺利胆的植物精油进行复配，涂抹肝胆区和肝胆经，按摩至吸收。

（3）按揉后溪穴可以调理腰和眼部的不适，同时白天也可以多闭目养神，也是非常好的养肝护眼的方法。

（4）日常多去吸嗅闻适合情绪类植物香气或精油，帮助缓解压力和不良情绪，疏通肝气，排解肝郁。

推荐使用的芳香植物有：佛手柑、葡萄柚、柠檬、柠檬草、薄荷、罗马洋甘菊、小野菊、木兰、天竺葵、玫瑰。

4. 生殖反射区——关乎生命的大事

（1）女生要注意身体保暖，特别要注意腹部保暖，不穿露脐露腰的衣物。男生和女生都要注意下半身和双腿脚的保暖。

（2）选择适合的精油复配稀释后，涂抹小腹和后腰按摩至吸收。

（3）多吃多喝温热和温平的食物，不吃寒凉冷冻的东西。

（4）每天抽时间踮脚尖数10次是很好的护肾方法。少玩刺激性的机动游戏也能护肾。

推荐使用的芳香植物有：所有的种子类和花类以及树木类的香气都适合，如芫荽、肉桂、黑胡椒、雪松、檀香、乳香、杜松浆果、没药等。

四、肺与皮肤

肺与皮肤都是人体的重要防御和免疫器官，在观脸中看到皮肤比较好的人，肺功能也比较好，身体的状况也是比较理想的。

（一）肺与皮肤的作用

《黄帝内经》谈道："肺者，气之本，魄之处也，其华在毛，其充在皮，为阳中之太阴，通于秋气。"

1. 肺的作用

肺是人体和外界直接进行物质交流的器官，也是气体交换的场所。肺主气，肺气伤而百病蜂起。肺的作用是：

（1）主呼吸之气，有呼吸的功用，通过肺的呼吸作用，能够不断地吸进新鲜空气，排出浊气，维持生命的运动。

（2）主一身之气，肺朝百脉的生理作用是推动血的运行，调节全身的气机。"人之一身，皆气血之所循行，气非血不和，血非气不运。"（《医学真传·气血》）肺贯通心脉，以行血气而布散全身，温养各脏腑，维持它们的正常功能活动，在生命活动中占有重要地位。

2. 皮肤的作用

皮肤在身体最表层，直接与外界环境接触，具有保护、排泄、调节体温、感受外界刺激等功能。皮肤是人体最大的器官，是人的对外防御系统的最前线。

（二）肺与皮肤的关系

皮肤的光泽是肺气来滋润的。一个人肺气足的时候，皮肤就会很润泽，连汗毛都很柔美。皮肤不好有两个方面原因：

1. 干燥粗糙

皮肤干燥粗糙的时候是肺气不足、正气不够的表现，推动不了血的运行，让血液不能很好地到达皮肤表层，滋养皮毛。

2. 比较黄，比较污浊

肺主管皮毛的通畅和排泄。皮肤比较通畅的时候，体内垃圾容易排出，不至于在皮肤堆积。如果恰好肺气不太通畅，垃圾排不出去，皮肤就发黄和污浊。同时，肺与大肠相表里，大便不通畅，也会加重代谢产物的堆积，从而表现在皮肤上。

结　语

本节探讨公共关系理论在"观脸知健康，芳香疗身心"中促进健康的作用。我们在观察自己的脸部情况、对应调理身体的状况时，会注重自己脸部皮肤的保养。但很多时候会忽略全身大多数皮肤的保养。在日常讲养生时，总想着饮食养生、运动养生，而往往会把保暖养生给忽略了，经常让身体受寒而伤了肺气。

我们在调养身心、落实自主健康管理时，一定要从整体的观念进行思考，通过观脸辨症，了解自身脏腑的情况，调理的时候要从多方面综合调理，特别是注意身体的保暖，身体有足够的温度，气血才能运行起来，体内的脏腑才能得到很好的滋养，反映到人的脸上，才会有润泽与光彩，人才能展现出精足气盈神有采的良好状态，才能让我们在任何时候都能展现光彩照人的神韵，让大家在茫茫人海中一眼就看到我们。

思考题

1. 观察这两幅图，选取一张图为例，简单分析一下他（她）的身体健康状况，提出调理方向和有利于自己的身心发展的生活时间表。

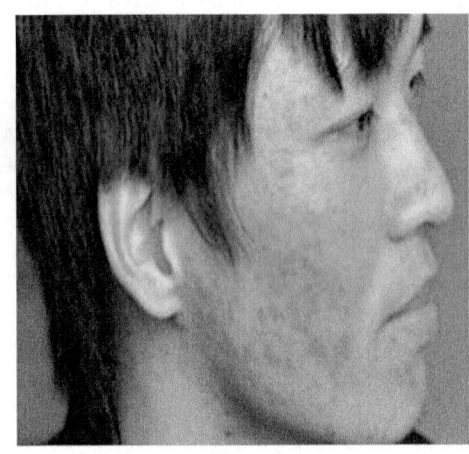

2. 运用所学，用镜子观察自己的脸，对应自己的现状进行分析，概述出原因，提出调理方向和有利于自己身心发展的生活时间表。

第四节　中医文化与钢琴艺术

教学目的：

钢琴艺术为中医文化传播提供了新的路径选择，学生在成长、成熟、成功的路上，要跟上当今世界高速发展的步伐，除了掌握知识和技能外，重要的是要有健康的体魄。为了使大家在成功的路上顺利到达终点，不辜负自己的一生。在这几十分钟的课程里，能给大家带来什么呢？我想了很久，今天我就当个红娘，介绍你们与《中医文化和钢琴文化》结缘，让同学们通过学习中医文化，增长智慧，激发生命潜能，学会欣赏钢琴艺术而健康快乐一辈子。

引　言

文化是一种社会现象，是人们长期创造形成的产物，同时也是一种历史现象，是社会历史的积淀物。文化是指一个国家或民族的历史、地理、风土人情、传统习俗、生活方式、文学艺术、行为规范、思维方式、价值观念等。中医文化，也就是指有关中医的思维方式、传统习俗、行为规范、生活方式、文学艺术，甚至一些影响深远的事件等。

一、中医文化

中医药是包括汉族和少数民族医药在内的中国各民族医药的统称，反映了中华民族对生命、健康和疾病的认识，具有悠久历史、独特理论及技术方法的医药学体系。[①] 中国浩瀚的历史长卷无非是在表明我们对传统的尊重和对历史的执着，我们既是传统的捍卫者，也是文化的诠释者。如此强烈的历史意识表现在中医文化当中，造就了中医学浩瀚的注释、发挥之作。

（一）伟大的中医

中医源于天地，有天人相应、天人合一的大格局。人从的出生那一刻起就打下来天地的烙印。月亮的磁场引力改变着地球表面海水的运行，引起了潮汐，同时也改变着人体液体的运行，如血液循环、尿液代谢等。

中医有《黄帝内经》大智慧："法于阴阳，和于术数，食饮有节，起居有常，不妄作劳，故能形与神俱，而尽终其天年，度百岁乃去。"拥有这法宝，人们从出生到百岁，再也不是梦。更有历代像扁鹊、华佗、李时珍、张仲景这样的大医家，他们跨越时代的传世大作，《黄帝内经》奠定了中医的理论基础，《伤寒论》确立了中医临床的基础。他们为中医的发展做出了伟大的贡献。

（二）神圣的中医

中医是中国的瑰宝，是中华传统文化中的"和"文化，是探索人与自然和谐、人与人和谐、民族与民族和谐、国家与国家和谐规律的科学。尤其是对于人体，非常讲究阴阳和谐，以保正气激发生命潜能而活到天年。[②]

中医是一种思想，是一种文化，是一种精神，是一种人性的科学。中医的整体观、辨证观、人文世界观必将指导自然科学、社会科学的发展。因为中医药是中国的又一大发明，其意义远大于我国的四大发明。我们相信，中医药将能解决

[①] 让世界看见中医文化：中医药大学盘点 [J]．求学，2022（08）：48.
[②] 孙楚榕．神奇的中医 [J]．基础教育，2020（28）：57.

人类健康长寿、无疾而终的问题。而且中医药的养生保健、简单高效和人性化服务等功效，代表着未来医学的发展方向。

中药又是神奇的万岁药，当今越来越多的国家向中国申请中药专利。近十几年前来中国研读自然科学的外国留学生中，学习中医药的人数名列第一。中医文化的启蒙教育迫在眉睫。

（三）神秘的中医

人们把自然界一切神奇的、不易掌握的运动变化规律都看作是神秘的。特别是中医的望、闻、问、切，比现代的先进检测手段还要准确，我们现在所看到的中医只是冰山的一角，这一切有待我们通过学习中医文化去揭开她神秘的面纱。

用意念调病，意念点穴，意念止痛，神秘而又神通。特别是中医的象数疗法，默念一组数字，几乎可以调理上百种疾病。

（四）神奇的中医

中医的神奇在于它不治病，只调阴阳。[①] 它的学说虽然精深博大，但中医的调理手法却在我们衣食住行中处处可见。我是因为见证了中医的神奇，而从一个病号，到学习中医，迷上了中医，爱上了中医，走上了传播中医文化的道路。

神奇在自疗，而不是治疗，就能把身体调好。我曾得了四个炎，看病花了不少钱。患脑膜炎与死神擦肩而过；患中耳炎差点失聪；患肾炎休学；胃炎经常看病吃药。后来通过一本赤脚医生的中医书，开始了自学自疗自救，把自己的身体调养好，成为一名赤脚医生。

通过药食早餐糊就调好了我妈妈十几年的高血压和心脏的病。退休后，源于对中医的热爱，2008年我创立了中医食疗方法，用药食同源的中药打成糊作早餐，帮助很多人调理好身体，因为具有特色和神奇的疗效，被《广州电视台G4》《羊城地铁报》《新快报》《新望食经》等媒体报道。

（五）中医三养

中医养生是指通过各种方法颐养生命、增强体质、预防疾病，从而达到身心健康、延年益寿的方法。养，即调养、补养之意；生，即生命、生存、生长之意。现代意义的"养生"指的是根据人的生命过程规律主动地进行物质与精神的身心养护活动。[②] 古人云："善养生者，上养神智、中养形态、下养筋骨。"在

[①] 傅育宁. 中医真的很神奇! 既擅调理还治"急病"[J]. 经济参考报·中医·新华健康周刊, 2021 (05): 12.

[②] 张明玉. 保健三言 [J]. 解放军健康·精品科普, 2008 (01): 24.

对的时间做好养生，效果事半功倍。

个人健康是一种美德，助人健康是一种功德。我通过不停地学习探索，取得了国家劳动部门认证的高级健康咨询师、高级按摩师、高级针灸医师的资格，还自创了"中医三养"——食养调脏腑、体养通经络、乐养调情志的调理方法。

1. 食养调脏腑

脏腑的功能：脏能储藏营养，维持生命。（仓库）肝、心、脾、肺、肾、心包。同时，腑能受纳消化，吸收排泄。（进出）胆、小肠、胃、大肠、膀胱、三焦。

民以食为天，食养是人类维持生命的根本。《黄帝内经》中说："五谷为养，五果为助，五畜为益，五菜为充。"食养是综合的，但在这里，我只提醒大家，适量的温饮温食可补充体能，维持生命，暴饮暴食反而危害生命。因为过量饮食，身体就要调动大量的气和血来消化你多吃的食物，所以得不偿失。

2. 体养通经络

经络的功能：联系脏腑，沟通内外，运行气血，营养全身，抗御病邪，保卫机体。经络是人体气血运行的通道，是人体的生命线。中医的经络是一个庞大的系统。为了方便大家掌握和运用，这里只要遵循中医"上病下治，下病上治，左病右治，右病左治，前病后治，后病前治和全息疗法"的原则。例如：上病下治：头痛医脚，要看痛在哪条经上，再在小腿上找到痛点按压，下病上治：脚痛医头，腿脚抬不起来，就在后脑勺风府的地方找到痛点或突出的包包进行按揉，腿即可抬起。左病右治：左手腕痛，就在右手腕找到痛点按压就能缓解。右病左治：右腿痛治左腿。前病后治：胃痛，就在胃对应的后背找到痛点按揉，或在腿上足三里的上下找到痛点按压。后病前治：腰痛，震颤腹部气海；或在腰痛对应腹部位置上找到痛点后，用手指按压震颤，腰痛即可缓解。

【思维拓展】

分享高效的食疗和通经络方法

下面分享自己践行多年，几个简单高效的食疗和通经络方法：

①头痛：一热水泡手，二按合谷穴。温通手三阴三阳经而止痛。②增视：一敲后溪穴，二按光明穴，自觉心明眼亮。③眼异物：一深呼吸，二吼咳几下，因五官相通异物立消。④寒咳：三个生核桃，三片生姜慢嚼咽下。⑤热咳：三个生核桃，三个生马蹄慢嚼咽下。⑥喉咙痛：一刺激少商穴，二用伤湿膏贴涌泉穴，三弹钢琴刺激十宣。⑦牙石：可乐蘸盐刷牙，一周左右牙石变沙。⑧失眠：睡

前，一按印堂，二捏脐周，三深呼吸。⑨颈椎：一不用枕头，二自制颈枕，三按揉承山。⑩肩周：一敲手臂四周，二推掌则处。⑪腹部：一拍打腹部，二捏脐边，可减肥、养颜、通便、壮腰。⑫腰背：一按手背，二按印堂，三震气海，四摇中脉。

3. 乐养调情志

"音乐调情志，故而有之。"①《黄帝内经》中早就探讨了音乐与人体生理、病理和防病治病的关系："天有五音，人有五脏；天有六律，人有六腑。"中国古代的五音：宫商角徵羽，可愉悦心身。音乐可以调和气血，疏通经络，促进微循环，增强新陈代谢。

中医的乐（樂）就是药（藥），是说药源于乐。所以，唱歌、弹琴就可以治病。一位赵世民老师通过唱"巫"，治好了自己身上的七种疾病，还帮助多位歌唱家调好了身体，创立了"世民学堂"，在喜马拉雅上传播音乐疗法。另一位张放老师吹唢呐，治好了自己的股骨头坏死，调好了自己的八高，创建了"张放内动健康法"，治愈了很多奇难杂症。

【思维拓展】

用双手弹钢琴来代替敲指尖

我也像以上两位老师一样，在实践中有幸与钢琴相遇，从抢救一个心绞痛朋友开始了从学习钢琴到教授钢琴之路。

2013年，我遇到了一位朋友因伤心过度引发心绞痛，家人给她吃了救心丹见效不大，我就帮她扎了几针，她慢慢起来可以走了，但她说胸口还是痛，我再用针扎了她双手的中指尖还放了点血，只见5到10分钟时间，她就好像什么事都没发生过一样，可以去吃饭了。

这个病例一直在我心中挥之不去，手指尖就是中医的十宣穴位。刺激指尖能增强心肌动力，缓解心绞痛。那么，经常刺激指尖就可以有强心和防止阿尔茨海默病的作用？

我就用双手指尖对敲，用十指尖敲在桌面上来增强心肌动力。这样敲固然不错，但比较枯燥。于是，我就想用双手弹钢琴来代替敲指尖，一来刺激十宣穴强心；二来琴声能愉悦心身，故可调情志。这就是"用钢琴乐养的由来"。

---

① 章原. 江南诗性文化与海派中医 [J]. 文化中医, 2021 (10): 22.

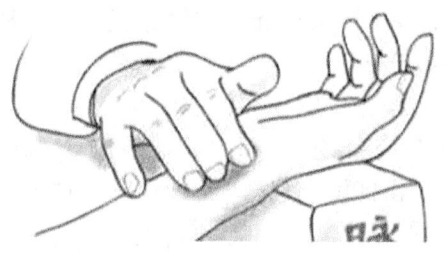 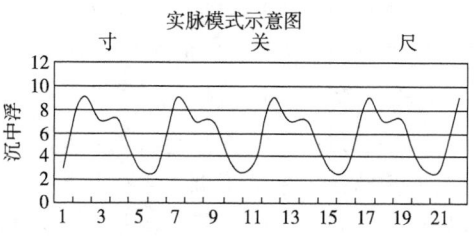

脉诊即切脉，俗称"号脉"。中医望闻问切，切脉诊病由来已久。司马迁在《史记》中记载了医家诊脉治病的内容，而1973年在湖南长沙马王堆汉（西汉）墓中出土的简帛医书中已有"脉法"的内容。学中医脉诊，真的比学弹钢琴还难吗？

中医文化是中华文明的重要组成部分，是中华民族具有强大生命力、创造力和凝聚力的文化基因之一。习近平同志指出，中医药学是"祖先留给我们的宝贵财富"，是"中华民族的瑰宝"，"凝聚着深邃的哲学智慧和中华民族几千年的健康养生理念及其实践经验"①。这些重要论述凸显了中医药学在中华优秀传统文化中具有不可替代的重要地位。中医药文化既是"打开中华文明宝库的钥匙"，又是开启青少年智慧的金钥匙。传承中医文化，促进生命健康发展。

二、钢琴艺术

钢琴作为乐器的一种，在与多种乐器合奏的情况下，通过突出不同的乐器演奏来体现音乐情绪的变化，使音乐情感更鲜明。② 在器乐指导上除了要自身对作品演奏技巧完全的掌握、对于音乐的整体风格和作品中所含有的情绪变化应能精准把控，更要与其他乐器演奏者默契配合。

（一）钢琴乐器

钢琴是西洋古典音乐中的一种键盘乐器，有"乐器之王"的美称。简单说来，钢琴就是一种键盘敲击乐器。同时钢琴的完美音效有行云流水的浪漫情怀，有排山倒海的气势，有充满活力的激情，有舒适自在的柔情，还有出神入化的意境。这都展示了钢琴旋律和节奏艺术的无限魅力。用钢琴作为练脑乐养、慰藉心灵的伴侣，从而达到心身健康的效果。

（二）中医十宣穴

中医十宣穴具有开窍醒神、清热解毒的作用。人的五指对应五脏，指尖通手三阴三阳。拇指对应肺，食指对应脾，中指对应心，无名指对应肝，小指对应

---

① 王国强. 以高度文化自信推动中医药振兴发展 [N]. 人民日报, 2017-2-24: 2.
② 徐锦艳. "注意"与儿童钢琴教学 [J]. 宁波大学学报（教育科学版）, 2002 (05): 49.

肾，刺激指尖可以调理脏腑。古人云："十指连心，心脑相通。""心灵手巧，耳聪目明。"说的就是手的灵巧和视觉听觉都源于心。

（三）弹琴的目的

弹琴的目的是培养兴趣开发潜能，并不是为了弹一首曲子，而是弹心弹脑。通过零基础速成钢琴培训，年少学琴，开发了潜能增了智慧；年老学琴，愉悦了心身防了痴呆。于是，弹琴、弹心、弹脑、弹歌、弹唱，样样不落下。

1. 健康养生

健康的文化概念是中华文化的重要组成部分，是以协调人与自然和疾病斗争为核心，在防治疾病、维护和增进健康的实践中所形成的精神成果与物质成果总和。经常弹钢琴，短到几分钟，长到几十分钟，都能够起到养生的作用。一次全新投入的弹钢琴过程，好处不亚于走步、游泳、打拳、吃保健品等。弹钢琴还能使人血液成分发生变化，有助于提高人体免疫力。

2. 抒发情感

弹钢琴时可以借音乐倾吐心声，抒发情感，从而使大脑和身心感觉轻松愉快，增强身体的免疫功能。弹钢琴不仅手指动、四肢动，而且需要运气，弹快节奏的时候需要一口气憋下来，而且重要的是，手里动着，脑子也得不停地想，想着下面的音乐。用手、用脑、用气，这是特殊的锻炼。

（四）钢琴乐养

初学指定的两首曲子，其余由学员自选，再根据学员的个性和弹奏水平来选择歌曲。对自信的学员，选弹与其水平相当的曲子，使其有成就感，自娱自乐；对自卑的学员，选弹旋律欢快的曲子，使其不与他人攀比，开心快乐；对自卑的学员，选弹抒情的小夜曲，使其对琴如歌如泣，悲喜而乐；对自负的学员，选弹难度大的曲子，让其知道有所不及，苦练中乐。

1. 钢琴有健脑、增强记忆力的功效

乐曲段落成千上万，不用心很难记得清楚。即使看曲谱，也要有敏捷、准确的思维能力。因此，弹钢琴更是一种脑力劳动，要从脑海中数以亿计的信息中搜索、恢复并重现旋律相关的内容，脑筋真的必须高速运转一番。由于习惯于重复对音符的记忆，长此以往，弹钢琴还有健脑、增强记忆力的功效。

2. 训练视、听、触的综合能力

弹钢琴对人们的视、听、触、运动觉的能力训练是综合性的。在练琴过程中，手指的触觉、运动觉的反应要与视觉对乐谱各种符号及强弱等的把握相一致，[①]而听觉则马上检验这三者的准确程度，这是一种多种感觉器官同时产生反

[①] 徐锦艳．研究性学习在高师钢琴教学中的实施探索［J］．艺术探索，2007（06）：15.

应、相互配合、协调运动的过程。经常运用左手可以大大促进大脑右半球的发育，提高大脑储存与传递信息的能力，提高思维通路的运动速度和容量。而双手的运动对提高整个大脑皮质的兴奋性都极有益处，能促使两个脑半球都得到发育。由于演奏是诸多感知器官有规律、有节奏的协调工作，可以促进各个组织器官的均衡发展，尤其有利于开发智力。这种影响是长期的、潜移默化的，效果极为显著。

3. 消耗热量，使机体增加代谢

弹钢琴改善了心脑血管的功能，降低了高血压、心脏病、糖尿病发生的可能性。当你全心投入弹钢琴时，神经会变得紧张起来，但弹完一段后会随即放松下来，这样一松一紧的循环可以刺激自律神经，纾解身心。烦闷苦恼的时候，没法排遣郁结，但只要一进琴房，一上舞台，坐在琴凳上，一会儿就感觉心情轻松了许多。全身心地沉浸在演奏的意境中，尽情享受艺术带来的美感，从而摆脱心理束缚，让自己感到心旷神怡。

（五）弹琴方法

我们选择了辛笛①教授应用钢琴的教材，重在应用。通过实践，我们摸索了一套简单易学、15分钟就可以双手合弹的方法，通过弹奏两首曲子，掌握基本的和弦，就能弹奏100首曲子了。一练心脑，二练技巧，三练指尖身体好！触觉，视觉，听觉，感觉，弹唱都学到。既然学习钢琴有那么多好处，又简单易学，今天我们就用15分钟时间体验体验，学会双手弹奏一首曲子。

结　语

从公共关系的角度看，中医用指尖来诊脉，即切脉，而弹钢琴也是用指尖，所以脉诊与弹钢琴既有区别，又有联系。钢琴艺术为中医文化传播提供了新的路径，这也是我们研究健康潜能的切入点。

健康潜能是以人体阴阳学说、经络理论、左右脑分工理论等潜能开发理论为指导依据，通过非药物能量调理，运用X形平衡法、穴位对冲平衡法等潜能开发技术，激活人体内强大的"内药库"，达到人体阴阳平衡和健康幸福的目的。②

如果艺术需要极端，需要超出常人的训练量，会导致部分职业演奏家受到身心的损耗，那么作为业余爱好的钢琴练习者们，更多地认识到音乐美好的一面。

---

① 辛笛，1985年毕业于安徽师范大学音乐系，1992—1994年在上海音乐学院作曲系进修学习，1994—1996年任教于广州华南师范大学音乐系。

② 谭昆智，韩诚，吴建华，刘少廷. 创新潜能开发研究[M]. 广州：中山大学出版社，2016：230.

生命在于运动,坚持弹琴活动,不仅可以增进健康,而且可以预防疾病。对于工作压力日趋加重的现代人来说,适当地进行弹琴训练对身体锻炼是有好处的,不仅可以提高运动素质,还可以做到劳逸结合,使智力水平得到充分的发挥。今天,我们播下中医和钢琴文化的种子,使大家在艺术人生中发现与过去不一样的生活,从传统中医文化中领略到古人的生活境界,学习古人道法自然的生活智慧,为自己的成功做准备,取得无人能及的成就。

思考题

1. 简述伟大的中医文化。
2. 简述中医三养。
3. 谈谈你对钢琴乐养的理解。
4. 中医文化与钢琴艺术有何关系。
5. 从公共关系的角度剖析中医脉诊与弹钢琴的联系与区别?

第五节　华丽转身——职业规划之优势测评

教学目标:

公共关系管理过程,就是协调过程;其管理之责,也就是协调之责;其管理能力,也就是协调能力。对于现代公共关系管理来说,心理潜能是公共关系管理的重要基础。

生理潜能的发挥离不开心理素质,要想达到人体潜能所蕴藏的潜能极限,必须具备良好的心理素质。稳定的人格,没有偏激、猜疑,拥有积极向上的生活态度和心态,都是开发人体潜在健康力量的前提。

对于心理潜能,人们一般都狭隘地理解成意志的激发。的确,意志最能够体现人的意识能动性,有恒心、有毅力、有信心的人往往能够做到很多看起来不能做到的事情。对于绝大多数人,能力发展是不均衡的,潜质也不均衡。每个人都各有其特点。当今社会,职业生涯规划的好坏可能影响整个生命历程,这也是发挥健康潜能的过程。在全球化的竞争之下,每个人若能发挥出自己的特长,从事热爱的工作,这样的人才是最幸福、最快乐与最健康的人,也最容易在事业上取得最大的成功。

引 言

职业规划要遵循一定的原则，若能使用科学工具，事先进行优势测评，了解自己的发展优势与劣势，扬长避短，顺势发展，激发潜能，将会事半功倍。同时，加深对自己的认识，找准自己的角色定位，才能取得最大的成功，做自己喜欢的事情，做最好的自己，提高优质就业、创业率。

一、优势测评

优势测评法是为组织和人才之间找到快速与精准匹配的方法。该方法有别于传统的人才评估，它不需要冗长的准备和培训过程，由组织外部/内部的候选人通过网络评估，准确度高。[1]

（一）优势的概念

优势是指比对方有利的形势，泛指处于较有利的形势或环境，或在某些方面超过同类。能力是完成一项目标或者任务所体现出来的综合素质。人们在完成活动中表现出来的能力有所不同，能力是直接影响活动效率，并使活动顺利完成的个性心理特征。优势能力是指能力中占优势或突出地位的能力。优势能力是在许多能力的结合中占据主导地位的能力，那些处于从属地位的能力则称为非优势能力。[2]

管理心理学认为，优势能力在一个人的工作实践中占有重要地位，管理者应该使它得到充分的发挥，使人尽其才，才尽其用；同时也应该重视非优势能力的作用，因为非优势能力往往对优势能力的发挥起着加强和辅助作用。一般能力和特殊能力，优势能力和非优势能力，在一个人身上并不是独立地存在着，而是互相联系、互相作用，有机地结合在一起。

如果说潜能是指人自身所具有的但又未表现出来的能力，那我们可以笼统地把潜能分为心理潜能和生理潜能，不过生理潜能的发掘和发挥绝大部分情况下都是由心理因素激发的。比如说，一个平时最多只能做10个引体向上的人，如果做到20个引体向上，通常都是靠意志力在坚持，如果做到50个以上，超常发挥，往往要靠心理潜能的激发。

从广义上来说，任何潜能都属于心理潜能。心理潜能时时刻刻在影响着每一个人，如果对心理潜能激发和运用得当，可以帮助我们提高生活品质，提升

---

[1] 全新力．现在，发现你的优势［M］．北京：中国青年出版社，2016：87．
[2] 查克·马丁，佩格·道森，理查德·奎尔．发现你的能力优势［M］．苏昊，译．北京：中信出版社，2008：15．

生命境界，可以突破自己，超越自己，成为更好的自己。但心理潜能的非外显性使很多人不懂得如何合理激发心理潜能，利用心理潜能的方式获得自己想要的结果。而且对于绝大多数人而言，每个人都存在潜质的差异、能力发展程度的不同和独特的个性特点，这就使得想要找到适合当事人的最佳潜能激发方式变得特别困难。所以，建议想要激发心理潜能的人，要么找专业人士帮自己，要么自己学足够多的理论和方法，否则可能无法恰当的激发潜能，达到预期目标。

优势测评就是通过科学的手段或工具，对优势进行测定评价，帮助我们了解和分析自我优势及心理潜能，从而为学业、职业发展提供决策依据。

（二）常用的测评工具

常用的人才优势测评工具主要分为三大类[①]：

第一类：智力测验（intelligence test）。

智力测验测的是个体的智商。目前最流行和权威的是韦克斯勒智力量表（Wechsler Intelligence Scale）和瑞文标准推理测验（Raven's Standard Progressive Matrices）。瑞文标准摔倒是测验既可以考察候选人的智力水平，也能够考察智力结构。例如，有的人擅长言语理解、加工、表达，有的人擅长数字加工、分析，在组织内，不同的岗位对这些智力结构的要求也是有差异的。

美国有个测验叫分化能力性向测验（Differential Aptitude Test，DAT），分别从语言理解、语言推理、数学推理、抽象推理、空间推理、机械推理等六个方面检测人的智力水平。这是基于假定组织中的工作对能力的要求也都可以划分为这六类能力，而且不同的职位对六类能力的要求有差异。国内大部分测评公司也都是基于 DAT 的理念，引进或自己开发针对具体能力的测验，如数量分析能力、逻辑推理能力等。智力测验是最早常模参照（Norm referenced）的测验，测试一般会经过大样本的测得数据集统计出某一区域（及细分到某一年龄段）的智力平均分和标准差（$Xbar = 100$，$S = 15$），当然，这要结合正态分布来看。当一个人的智力超过平均数+2S 的时候，这个人几乎就可以放在天才之列了。在所有的测验中，智力测验是最容易实现标准化的，拥有较高的信效度，也被心理学界、工业组织、个体大众所广泛接受。

第二类是人格测验（personality test）。

人格的定义在学术界至今还没有定论。一般来说，人格主要指的是个体所具有的与他人相区别的独特而稳定的思维方式和行为风格。人格会影响个人对事物

[①] 见 http：//www.askpsyc.com/start/23？associate=ebDcR&bd_ vid=7143790279277428082。

的理解、处理事务的方法、与他人沟通的方式以及个体独特的表现方式,和个人绩效也息息相关。

DISC 就是一个非常流行和简便的人格测验。它把人格分为支配型、交际型、稳妥型、服从型,对每个类型又区分出 6 个亚型。由于它能给出较细的分类,同时又能对每种人的特征、团队价值、适宜的工作环境给出详细说明,因此相当受欢迎。DISC 测验题目的优点是简单快捷,缺点是缺乏科学的心理学理论支持,测评缺乏信度。MBTI 源于荣格的理论基础,认为人格分为四个维度,每个人的性格都会落在标尺的某个点上,这个点靠近哪个端点,就意味着个体就有哪方面的偏好。如在第一维度上,个体的性格靠近外倾这一端,就偏外倾,而且越接近端点,偏好越强。大五人格测评(BFPI)是基于大五人格特质理论的测评,相对其他测评工具来说,它在学术圈内的地位最高。因为关于人格,这个是唯一一个获得广泛认可的理论。大五人格理论经过语义学分析和统计学验证,发现人的性格由 5 种特质组成,分别是神经质(N)、外倾性(E)、开放性(O)、宜人性(A)和尽责性(C)。

第三类是职业适应性测验(occupational aptitude)。

职业适应性测验主要是测验工作与人的兴趣的匹配程度。霍兰德职业兴趣测验(Holland Vocational Interest Test)是比较知名的职业适应性测验,主要用于校园招聘和初入职场新人,为了帮助了解其职业生涯规划使用。

动机测验包括生活特性问卷,风险动机、权利动机、亲和动机、成就动机,主要用于发展与培训,不太适合用于选拔。

二、职业规划

根据中国职业规划师协会的定义,职业规划是对职业生涯乃至人生进行持续的、系统的计划的过程,它包括职业定位、目标设定和通道设计三个要素。职业规划(career planning)也叫"职业生涯规划"[1]。

(一)职业规划的原则

1. 喜好原则

只有这个事情是自己喜欢的,才有可能在碰到强大对手的时候仍然坚持;在遇到极其困难的情况也不会放弃;在面对巨大诱惑的时候也不会动摇。

2. 擅长原则

做你擅长的事,才有能力做好;有能力做好,才能解决具体的问题。只有做

---

[1] 金环,林则宏,张海玉,蔡永鸿. 职业生涯规划 [M]. 北京:清华大学出版社,2013:145.

自己最擅长的事情，才能做得比别人好，才能在竞争中脱颖而出。

3. 价值原则

你得认为这件事够重要，值得你做，否则你再有能耐也不会开心。

4. 发展原则

首先你得有机会去做，有机会做还得有足够大的市场、足够大的成长空间，这样的职业才有奔头。

（二）职业生涯规划的意义

职业生涯规划的好坏可能影响整个生命历程。职业生涯规划需要遵循一定的原则，对自己的认识和定位是重要的。在全球化竞争下，每个人都要发挥出自己的特长。从事热爱的工作，这样的人才是最幸福和最快乐的人，他们最容易在事业上取得最大的成功。"知己"十分重要，"知彼"也同等重要。

有自我生涯规划的人会有清晰的发展目标，每个人的人生不仅与收入有关，还与自己的生涯规划发展有关。有目标的人才能抗拒短期的诱惑，有目标的人才会坚定地朝着自己的方向前进，有目标的人才会感觉充实。每个人只有找准自己的角色定位，才能取得最大的成功，做自己喜欢的事情并做到极致，最容易成功。很多时候失败的人不代表没有能力，而是角色定位的失败。

个人生涯规划正是对个人角色的有效定位的方式。在今天这个竞争激烈的时代，职业生涯规划成为人才争夺战中的另一重要利器。当代大学生若是带着一脸茫然踏入这个拥挤的社会，怎能满足社会的需求，使自己占有一席有利之地？机遇总是降临于有准备的人身上的！一份职业生涯规划，对于大学生在校期间的学习和未来发展都有莫大的帮助。它是人生理想高峰上的灯塔，它鞭策我们向自己的理想加快脚步。不为模糊不清的未来担忧，只为清清楚楚的现在努力，期待在不远的前方遇见更好的自己！

（三）大学是职业生涯规划的重要时期

大学，是一个打造个人品牌的绝佳时期。大学时期是人生中的一个非常重要的阶段，首先要认识到生涯规划的重要意义，职业生涯将伴随我们的大半生，拥有成功的职业生涯才能实现完美人生。因此，职业生涯规划具有特别重要的意义。

1. 职业生涯规划可以发掘自我潜能，增强个人实力

一份行之有效的职业生涯规划将会：

（1）引导你正确认识自身的个性特质、现有与潜在的资源优势，帮助你重新对自己的价值进行定位并使其持续增值。

（2）引导你对自己的综合优势与劣势进行对比分析。

（3）使你树立明确的职业发展目标与职业理想。

（4）引导你评估个人目标与现实之间的差距。

（5）引导你前瞻与实际相结合的职业定位，搜索或发现新的或有潜力的职业机会。

（6）使你学会如何运用科学的方法采取可行的步骤与措施，不断增强你的职业竞争力，实现自己的职业目标与理想。

2. 职业生涯规划能增强发展的目的性与计划性，提升成功机会

生涯发展要有计划、有目的，不可盲目地"撞大运"，很多时候我们的职业生涯受挫就是由于生涯规划没有做好。好的计划是成功的开始，凡事"预则立，不预则废"就是这个道理。

3. 职业生涯规划可以提升应对竞争的能力

当今社会处在变革的时代，到处充满着激烈的竞争。物竞天择，适者生存。职业活动的竞争非常突出，要想在这场激烈的竞争中脱颖而出并保持立于不败之地，必须设计好自己的职业生涯规划。这样才能做到心中有数，不打无准备之仗。而不少应届大学毕业生不是首先坐下来做好自己的职业生涯规划，而是拿着简历与求职书到处乱跑，总想撞到好运气，找到好工作，结果是浪费了大量的时间、精力与资金，到头来感叹招聘单位有眼无珠，不能"慧眼识英雄"，感叹自己英雄无用武之地。

这部分大学毕业生没有充分认识到职业生涯规划的意义与重要性，认为找到理想的工作靠的是学识、业绩、耐心、关系、口才等条件，认为职业生涯规划纯属纸上谈兵，简直是耽误时间，有那时间还不如多跑两家招聘单位。这是一种错误的理念。实际上，未雨绸缪，先做好职业生涯规划，磨刀不误砍柴工，有了清晰的认识与明确的目标之后，再把求职活动付诸实践，这样效果要好得多，也更经济、更科学。

三、优势测评是职业规划的良好助推器

做好一份优势测评，对每个人尤其是对大学生的职业规划有重要的作用，可以说，优势测评是职业规划的良好助推器。

（一）优势测评能实现正确的自我评估

正确的自我评估是大学生成功设计职业生涯规划的内部支撑，直接关系着职业生涯设计的现实性。具体包括：

1. 认清并关注自身兴趣爱好

兴趣是一种对外界特定事物的好奇心，它使人对有趣的事物给予优先注意，

并且带着积极的情绪和向往的心情不断进行探索。如果一个人对某种职业产生兴趣,就会迸发出强大的动力,推动着他以极大的热情向既定目标不断前进。大学生进行职业生涯设计时,一方面要客观分析并充分考虑,自己的兴趣爱好;另一方面,在兴趣、爱好与其他因素产生矛盾冲突时,综合平衡,必要时调整原有兴趣爱好或培养新的兴趣爱好。

2. 熟悉并分析自身的性格特征

性格是在对现实的稳定的态度和习惯化了的行为方式中所表现出来的个性。人的性格一般可分为内倾型和外倾型两种。内倾型的人与外倾型的人在对外界事物的关心与兴趣、表露自己的情感与行为、与他人交往等方面表现出截然不同的特点,因此,这两种性格类型的人适合从事的职业也是不同的。

3. 了解自身的气质类型

气质是人生来就有的典型的、稳定的心理活动的动力特征。气质类型一般可分为多血质、黏液质、胆汁质和抑郁质四种。气质类型并没有好坏之分,但类型都具有独特的气质特征,可谓各有所长。如抑郁质类型的人一般适合从事研究工作和艺术造型工作。

4. 知道并研究自身的能力倾向

能力倾向是指先天或者遗传的且不直接依赖于专门的教学或者训练的潜在的能力趋势,它显示了个体在各种能力上的强弱分布,没有绝对好坏之分。每个人往往具备与别人不同的能力特点,这种倾向性一般难以改变。从事一定的工作,必须具备相应的能力。因此,分析自身能力倾向,可以帮助大学生弄清自身能力的优势所在,尽量选择那些"扬长避短"的工作,而不是一味改变自己适应工作的要求。

5. 清楚自身知识结构

知识结构是个人所拥有的各种知识体系的构成情况和结合方式,它对大学生从事某种职业影响很大,尤其是在选择入行以及入行初期具有举足轻重的作用。当代社会的各类职业对于大学生知识结构的要求愈来愈高,一般情况下,知识面宽、基础知识扎实、专业知识深厚的大学生,就业时更受用人单位欢迎,开始工作时更容易上手。因此,大学生进行职业选择时,必须清楚自身的知识结构,特别是经过大学专业训练后所具备的某些专业知识和技能,然后选择进入相关行业,同时把大学学习与今后的工作紧密联系起来,不断优化知识结构,以适应将来工作岗位的要求。

6. 明确自身价值取向

当代社会价值取向呈多元化发展态势,在当代大学生身上显得尤为突出。不同价值取向的大学生在面对工作时表现得十分明显：有的选择城市，有的挑选单位；有的在乎权力，有的看重待遇；有的偏好稳定，有的喜欢挑战；有的重眼前，有的期待发展。因此，在职业生涯设计中，大学生应明确自身的价值取向，制定适合自己的职业发展路线，摆正就业、择业、创业的关系，既考虑经济收入，又考虑个人发展，努力使个人需要与社会需要相统一。

(二) 优势测评能促进有效的社会评估

社会评估是大学生成功设计职业生涯的外部依据，直接影响着职业生涯设计的可行性。社会评估，即对社会环境进行客观全面的分析，通过充分认识与了解外部环境因素，分析家庭背景、职业状况、行业环境等因素的特点与变化，分析自己与环境的关系、自己在这个环境中的位置、环境对自己提出的要求以及环境对自己发展的帮助与限制。只有充分认识了解这些环境因素，才能做到在复杂的环境中趋利避害，使职业生涯设计具有可行性。

1. 深入认识家庭背景

家庭的社会地位、社会关系、经济状况以及家庭成员阅历等方面一定程度上会影响大学生的职业选择。不同家庭背景的学生，由于各种影响因素对个体作用程度有所不同，其职业期望与职业选择也明显不同。一般而言，家庭期望值高的，大学生更倾向于选择社会地位和收入等较高的职业；期望值较低的，大学生则容易选择那些与自己爱好、能力等相匹配的职业。家庭成员社会地位较高，社会关系较广的，大学生职业选择受家庭因素的影响力度较大。此外，家庭成员所从事的职业及其发展状况也会直接影响大学生的职业选择。因此，家庭背景是大学生进行职业生涯设计时必须考虑的一个外部因素。

2. 充分了解职业状况

随着知识经济的深入发展，职业一直都在变化，关于职业的信息也瞬息万变。"象牙塔"内的大学生对职业的了解来自成长过程中吸收的知识和接收的信息，与现实还存在一定的差距，因此，在形成明确的职业倾向、做出准确的职业选择前，必须充分了解就业市场上对应自己倾向的职业情况，包括该职业市场上的需求情况、就业竞争程度、从事该职业的基本要求以及发展前程、收入状况等信息；然后分析该职业是否与自己当初的理解有偏差，是否与自己的兴趣、个性、能力等相一致，是否能利用自己的某些潜质，发挥天赋，能否满足自己对薪水、福利等的需要与价值追求，达到自己的生活目标。

3. 积极分析行业环境

一个行业的扩大或缩小，直接影响着其劳动力的吸纳数量、劳动力质量以及薪酬水平。例如，IT电子、建筑房产、生物化工、医疗保健、物流等行业近几年内发展迅速，需要大量人才，故大学生进入这些行业就业相对较容易，薪酬水平也相对较高。另外，我国一些高职院校的就业率大大高于某些本科院校的一个重要原因，就是立于地方行业，为地方行业发展服务。在当前就业形势日益严峻的今天，分析行业状况，进一步了解该行业在国民经济中的地位、形势以及发展趋势，了解该行业的人才供给变化、平均工资状况等，对大学生职业生涯设计具有重要指导意义。

案例1

《合适的才是最好的》
——做自己喜欢做又擅长做的事、事半功倍、自信又幸福

方芳985大学研究生毕业后，留校在校机关做行政，过着朝九晚五的安稳生活，四年后，近30岁的她感觉工作没有了动力，干什么都提不起劲，对身边的人和事也越来越没有兴趣，甚至觉得自己还没有找到自己的位置，从读书到就业，都没有好好想过自己喜欢做什么、适合做什么？好像一切都是水到渠成顺其自然，在外人看来，这份工作有头有脸、待遇不差、还比较安定，而且基本上就是一些事务性的工作，这对方芳来说没有太大的难度和压力，也是父母和亲友们公认的好工作、好去处，可是不知为什么，她却在这个岗位上越来越找不到价值感，越来越没了工作的热情和动力，进入了倦怠感。

后来在导师的帮助下，她开始探索自己、分析自己，通过职业优势测评，她了解到自己是属于SIA型（社会型、研究型、艺术型）人才，追求职业的价值取向，喜欢钻研思考，适合做研究型的工作，如教师、心理咨询等富有爱心的职业。不太喜欢按部就班服从指令的事务性工作，所以在那个在别人看来那么好的位置上，她依然不容易找到成就感，也不容易感受到快乐，所以说，合适自己的才是最好的。最后方芳在导师的帮助下确认了个人的发展目标，并围绕这个目标开始了自己的提升之旅。在博士毕业后，方芳放弃了行政岗位，选择了学科教研工作。

方芳的优势测评结果

"人与专业"的科学匹配
（与未来职业发展有关）

第五章 健康潜能

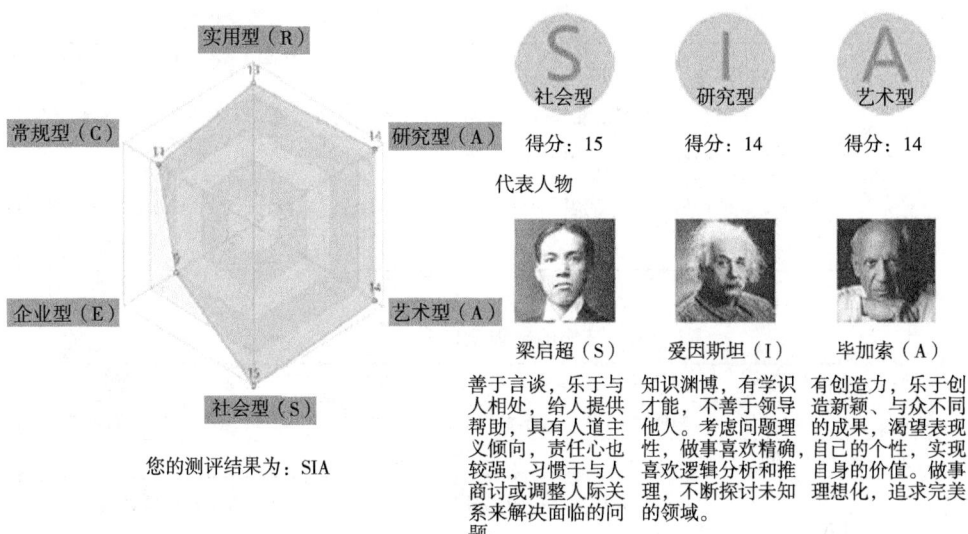

您的测评结果为：SIA

社会型 得分：15	研究型 得分：14	艺术型 得分：14
梁启超（S）	爱因斯坦（I）	毕加索（A）
善于言谈，乐于与人相处，给人提供帮助，具有人道主义倾向，责任心也较强，习惯于与人商讨或调整人际关系来解决面临的问题。	知识渊博，有学识才能，不善于领导他人。考虑问题理性，做事喜欢精确，喜欢逻辑分析和推理，不断探讨未知的领域。	有创造力，乐于创造新颖、与众不同的成果，渴望表现自己的个性，实现自身的价值。做事理想化，追求完美。

合适的专业：
地质学类、心理学类、计算机类、水产类、公共卫生与预防医学类、医学技术类、护理学类

合适的工作：
法学研究人员、社会学研究人员、教育科学研究人员、社会学家、心理咨询者、学校心理学家、政治科学家、大学或学院系主任、大学或学院的教育学教师、大学农业教师、大学工程和建筑课程教师、大学（教学、医学、物理学、社会科学和生命科学）教师、研究生助教、成人教育教师。

神经结构类型对应的优势专业	
右脑型思维者的优势学科	您的优势专业
教育学	√
体育学	

类型	详解
技术型（TF）	愿意展示自己的技能，不断提升自己的技术，发挥更为专业的能力。希望通过施展自己的技能以获取别人认可，并乐于接受来自专业领域的挑战
管理型（GM）	追求组织中的管理职位，喜欢发号施令，领导众人，能够整合其他人的工作，并对组织中某项工作的绩效承担责任
自主型（AU）	希望可以按照自己的方式工作和生活，总能提供足够的灵活性，无法忍受公司种种的约束，追求无拘无束
安全型（SE）	喜欢稳定的职位，更强调财务安全和就业安全，关注五险一金、养老金以及税收，对组织忠心耿耿，可以长久地从事某一行业

续表

类型	详解
创造型（EC）	冒险能力强，手腕强硬，希望向周围的人证明你有能力创建一家企业，并且能够全方位的学习，以此来实现自己的创业计划
服务型（SV）	追求职业的价值取向，希望可以做一些利于他人的事，如教育、环保、公益、慈善等，富有爱心

您的兴趣测评分

类型	现实型	研究型	艺术型	社会型	经济型	事务型
特征	使用工具	钻研思考	艺术创作	人际活动	经济活动	执行任务
得分	0.50	0.80	0.50	0.50	0.60	0.40
分数说明	最大值为1；您在某种兴趣类型上的得分越高，表明您越倾向于选择该兴趣类型方面相关的专业，反之亦然					
测评结果得知：研究型是最适合您的职业兴趣类型					
典型职业：法学，公安学，材料，电气，电子信息，纺织，航空航天，核工程，化工与制药，环境科学与工程，计算机，建筑，交通运输，力学，能源动力，生物工程，生物医学工程，食品科学与工程，土木，化学，生物科学，数学，物理学，心理学，历史学，公共卫生与预防医学，基础医学，临床医学，药学，口腔医学，哲学					

职业生涯规划带你了解优势测评。有一句话："最好的玫瑰花丛不是那些长刺最少的，而是开花最绚丽的。"我们应该根据自己可能成为的那个人的样子来衡量自己。越少去和别人比较，并集中精力于自己，就会越多地发现自己的独特性和长处。优势测评带我们更好地认识自己，了解自己，给迷途中的我们指点迷津。我们每个人都带着使命而来，一定有其独特的天赋来完成这个使命。不为模糊不清的未来担忧，只为清清楚楚的现在努力！顺势发展，华丽转身，遇见更好的自己！

案例2

《兴趣是最好的动力》
——爱他，就支持他去做他喜欢的事！

晓阳，一个帅气又暖心的男孩，学校里的物理高手、篮球男孩！高二选科时本人想选体育，可是父母却认为作为物理课代表的他不读理科很可惜，还觉得孩子读体育没有选物理更利于就业，于是就软硬兼施把他从训练场拉回了物理班！并且说为了不影响学习，强迫他退出了学校篮球队。

从那之后，晓阳不能做自己喜欢的事，也慢慢开始不再愿意做父母和老师让他做的事！好不容易熬到了高三，晓阳却厌学了！父母百般不思其解之下，陪着孩子来到咨询中心做自我探索，从优势测评中父母看到了孩子的发展优势和性格特质，终于明白了这个一直品学兼优的孩子为何会厌"学"，最后选择尊重孩子的意愿，让孩子为自己的未来做主，选了自己想走的路，念了体育教育，成为一名优秀的体育老师。因为喜欢，才会奋不顾身地投入其中；因为热爱，不顾一切地想去做好每一个当下……

★以上两个案例均是作者张缦莉自己的研究所（广东社会学学会潜能开发研究专业委员会心理潜能开发研究）的内部咨询案例，还没有公开发表。

结　语

在公共关系学界，关于人类的潜能及其展望一直是人们热衷于探讨和谈论的话题。尽管观点不尽相同，但有一点是公认的，即人的确有各种天赋和潜在的心理能量与能力，也就是说，心理潜能开发是具有科学依据的。

心理潜能不仅是意志，任何心理活动都有相当多的能量没有被挖掘。也就是说，在一般情况下，任何心理活动都存在潜能，这些潜能往往能够通过特殊的训练逐步释放出来，转化为健康潜能。职业生涯规划是个人与组织、社会的结合，职业生涯规划不会限制个人发展，相反，它让人更清楚地了解自己的目标，鞭策我们为之努力。

规划就是设计自己的未来，是将未来生活及实现过程更为直观地展现出来，让人清醒。做好优势测评，就是在对一个人职业生涯的主客观条件进行测定、分析、总结的基础上，对自己的兴趣、爱好、能力、特点进行综合分析与权衡，结合时代特点，根据自己的职业倾向确定其最佳的职业奋斗目标，并为实现这一目标做出行之有效的安排。

在优势测评的基础上进行职业生涯设计的目的绝不仅是帮助个人按照自己的资历条件找到一份合适的工作，达到与实现个人目标，更重要的是帮助个人真正了解自己，为自己定下事业大计，筹划未来，拟定一生的发展方向，根据主客观条件设计出合理且可行的职业生涯发展方向。

人的特质是天生和环境结合的产物，所以像性格测试、优势测评等分析方式，同一个人在不同的阶段完成也会有不同的结果，所以优势测评或者职业规划都是需要不断总结，对我们的事业发展起到锦上添花的作用，但是真正的砥砺前行、攀登事业高峰还需靠我们自身的努力。

思考题

1. 何谓优势？
2. 如何发现自己的优势？
3. 简述如何扬长避短，帮助自己顺势发展成为更好的自己。
4. 简述优势测评能实现正确的自我评估。
5. 简述优势测评能促进有效的社会评估。
6. 在公共关系学界，关于人类的潜能及其展望一直是人们热衷于探讨和谈论的话题。尽管观点不尽相同，但有一点是公认的，即人的确有各种天赋和潜在的心理能量与能力，也就是说心理潜能开发是具有科学依据的。谈谈你对这个问题的理解。

后　记

　　为进一步推动公共关系学术研究，开展公共关系理论建设，我们将"潜能开发理论与实务"课程作为公共关系学专业的系列课程引入到中山大学新华学院公共关系学专业课程中来，已为12、13、14、15、16、17、18、19、20级公共关系学专业学生开设了这门课。

　　《现代潜能开发新论》教材书稿是在《潜能开发理论与实务》课程的基础上完成的。2012年9月，中山大学新华学院行政管理学系（即公共治理学院的前身）开设公共关系学专业时，公共关系学专业定位与办学思路："培养服务地方经济发展，具有扎实的公共关系专业理论知识，具备调查研究、策划咨询、传播沟通、文案写作等能力，创新意识强，善策划、懂管理、会传播的高级复合型应用人才"，突出"静下来能够想、坐下来能够写、站起来能够讲、跑出去能够干"的专业特色，我就想到了将《潜能开发理论与实务》课程引入中山大学新华学院，作为我们公共关系学专业的限选课程。

　　潜能开发课题在中国还是一个新的课题，目前已经发表的成果与实践只是在儿童培训层面，没有在学术上深入的研究。现在进行系统研究的只有广东社会学学会潜能开发研究专业委员会的一批专家与学者。为了做更多的实证研究，我们选择《潜能开发理论与实务》课程首先在高校开设，其中第一站就是中山大学新华学院公共关系学专业。

　　《潜能开发理论与实务》课程是邀请26位广东社会学学会潜能开发研究专业委员会专家为校外导师授课，让"潜能开发研究"产生"开天窗，接地气"的效果，这门课已实施了八年（12、13、14、15、16、17、18、19、20级公共关系学专业均有开设），在不断地探讨中，让学生在理论与实务上学习到潜能开发的真正知识。课程以"教学相长"为目的，从一个新的角度指导我们从自身的潜力着眼，从自己的心态、观念和日常行为中寻求成功的途径。潜能开发在本课程中涉及四大内容：教育潜能、艺术潜能、心理潜能和健康潜能。

　　2021学年度第一学期，我们为19、20级学生开设《潜能开发理论与实务》课程（2021年9月13日—2021年12月27日），受疫情影响，是最困难的一次，但是经过大家共同努力，克服了困难，26位老师都圆满完成了自己的教学任务。一门课程由于26位老师来承担教学，在全国高校中并不多见，并且还坚持了八年，课程在组织与安排上要进行无数次的沟通与协调，如果没有对公共关系学专业的热爱与情怀，是根本做不到的。

正是抱着这种执着、热爱的情怀，我们决定把八年宝贵的教学课程的研究结果与经验提炼，撰写出一本从理论—实践，再从实践—理论的《潜能开发理论与实务》。经过三个月的不断沟通与交流，兄弟同心，其利断金。今天，这一本30万字的书稿已经完成。我们内心蓦然升腾起一种前所未有的清新，书稿的魅力体现的是知识与成就，使我们在潜能开发研究的环境中，催化自己发奋图强而更加卓越，让自己在发光发热中不断思考、学习与进步，自强不息，真正做到博学为师，厚德为范。大家感悟到：潜能开发教育要来源于生活，更要回归于生活。要与生活紧密结合。

《潜能开发理论与实务》课程已经结束，为了大家更好地理解，26位授课老师根据自己课程特色，"言简意赅"提炼金句赠给同学们，也作为《现代潜能开发新论》教材的结语吧！

1. 品茶、品情、品人生。——邓妙音（茶道）
2. 世间万物本具馨香，气味相投，终会相遇。——罗永坚（香气情绪开发）
3. "医之道"：上知天文，下知地理，中知人事。——何志翔（《黄帝内经》针灸疗法）
4. 文雅博学，丰盛人生！——杨爱民（激发学习潜能的研究与实践）
5. 魔术技术佳、背后哲理深、通才广全才、人生更精彩——何德胜主任（魔术潜能开发）
6. 名声定台曲、五字记心里、潜能速启航、登台必辉煌——许丽华（荣耀登台 潜能启航）
7. 在运动中认识自己，打造自己，改变自己——黄海欣（运动与潜能开发）

后　记

8. 星星掉进海里，糖果掉进梦里，蛋糕掉进肚里。盐于律己，甜以待人。——梁姬莉（蛋糕制作与潜能开发）

9. 扬长避短，顺天地，聚人和！——陈向平（潜能生活化）

10. 相由心生，观面知人、香养身心——薛爱晶（观面知健康　芳香疗身心）

11. 手法为引，运动为药，回归本我，可治百病——高俊（徒手康复学——初级评估及改善）

12. 健康是心身合一、形神合一、天人合一、知行合一；中医治未病、健康早预测、调养早先行；大医治无病、上医治未病、中医治欲病、下医治已病。——吴少华（中医五运六气潜能开发）

13. 纹知人生，指定未来，善用天赋，自我完善！——陈秋芸（将天赋运用在职业生涯的价值）

14. 发现天赋，发展优势，遇见未知的自己，成就更好的未来！——张缦莉（心理潜能开发——顺势发展，华丽转身）

15. 运气体质在手，把握人生好运———黄海涛（中医药文化及生命潜能开发）

16. 父母学懂亲子心理，孩子必定阳光自信——李新异（易经应用心理学）

17. 笔迹心理，火眼金睛——刘少廷（笔迹心理潜能——笔迹修炼处方）

18. 食养调脏腑，体养通经络，乐养调心身——小龙虾（中医文化与钢琴艺术）

19. 认识自己，绽放生命———周瑾雯（易经应用心理学）

20. 打破定式，敢于开创——林成智（成功方程）

21. 搭建大脑宫殿，连接记忆碎片，解密属于你的"超过目不忘"——邝源（激发潜能，高效记忆）

22. 陪伴我们成长的音乐，让人生在大千世界不迷航——许一峰（音乐潜能开发让我们成长）

23. 学医学文，学做新人。守正创新，开发潜能——吴建华（中医药文化）。

24. 诗歌的傲慢与歌词的和蔼，让我们对诗歌创作更热爱——朱明（诗歌的傲慢与歌词的和蔼）。

25. 视觉笔记是未来智囊元素和创新的雏形，是时代精神转变和生活方式思维的原发记录——焦梦扬（视觉笔记艺术）。

26. 教育是提高生命价值的事业，归根是关注个体生命的发展——卢桂珍（生命潜能价值开发）。

27. 策划就是要"人人心中有，个个口中无"——谭昆智（策划艺术）

潜能开发理论与实务课程是把社会上的挑战在学校里打包浓缩。教学是把学生天生的禀赋激发出来。潜能的本质是激发禀赋；教育的本质是人点亮人。开天

297

窗，接地气；仰望星空，脚踏实地；用眼睛去观察，用心灵去感知，用头脑去思考，用双手去实践。收获的是精彩，难忘的是记忆。在潜能开发学术研究的道路上，我们永远在路上！

广东社会学学会潜能开发研究专业委员会
《现代潜能开发新论》教程课题组
2024 年 4 月 7 日

参考文献

著作与教材

［1］谭昆智，陈家义．潜能开发指南［M］.北京：清华大学出版社，2011.

［2］谭昆智，韩诚，吴建华，刘少廷．创新潜能开发研究［M］.广州：中山大学出版社，2016.

［3］孙广仁，郑洪新．中医基础理论［M］.北京：中国中医药出版社，2012.

［4］李淳廉．中医芳疗应用全书［M］.台北：城邦文化事业股份有限公司，2019.

［5］谭小春．图解面诊大全［M］.太原：山西科学技术出版社，2011.

［6］成为品．芳香疗法学》［M］.北京：民族出版社，2018.

［7］姚春鹏，校注．黄帝内经（上）［M］.北京：中华书局，2010.

［8］曾培杰．中医民间传统治病妙招［M］.沈阳：辽宁科学技术出版社，2021.

［9］徐锦艳．钢琴艺术鉴赏［M］.合肥：安徽文艺出版社，2021.

［10］胡西淳，庄雅稚．应变能力的提升与自测［M］.北京：中共中央党校出版社，2006.

［11］宋丹．在潜意识中发现更强大的自己［M］.北京：企业管理出版社，2020.

［12］葛操，申景玉．与孩子一起成长：亲子关系中心理学智慧［M］.北京：清华大学出版社，2013.

［13］霍涌泉．意识心理学［M］.上海：上海教育出版社，2006.

［14］杨永青．司马光砸缸［M］.北京：新蕾出版社，2013.

［15］王娅楠．艺术潜能开发［M］.北京：金盾出版社，2015.

［16］王冰．黄帝内经·素问［M］.北京：人民卫生出版社，2012.

［17］徐文兵．字里藏医［M］.海口：海南出版社，2018.

［18］徐文兵，梁冬．黄帝内经系列丛书［M］.南昌：江西科学技术出版社，2021.

［19］刘力红．思考中医［M］.4版．桂林：广西师范大学出版社，2018.

［20］彭子益．圆运动的古中医［M］.北京：中国医药科技出版社，2016.

[21] 林伟. 视觉笔记 [M]. 长沙：湖南大学出版社，2007：124.

[22] 赵晓东. 人力资源开发与管理 [M]. 杭州：浙江大学出版社，2009.

[23] 楼必生. 科学教育：先学前期儿童潜能开发 [M]. 西安：陕西师范大学出版社，2001.

[24] 张喆. 安全屋 [M]. 沈阳：辽海出版社，2018.

[25] 武穴涂，玉霞. 潜能是这样开发出来的 [M]. 北京：光明日报出版社，2019.

[26] 陶涛. 卡尔·威特经典教育：潜能训练 [M]. 北京：中国人口出版社，2014.

[27] 中医药文化知识读本 [M]. 北京：中国中医药出版社，2020.

[28] 易经图文百科1000问 [M]. 西安：陕西师范大学出版社，2010.

[29] 赵向欣. 中华指纹学 [M]. 北京：群众出版社，1997.

[30] 劳耐尔. 职业能力与职业能力测评 [M]. 赵志群，吉利，译. 北京：清华大学出版社，2010.

[31] 胡蓓. 职业胜任力测评 [M]. 武汉：华中科技大学出版社，2012.

[32] 唐纳德·克利夫顿，马库斯·白金汉.《现在，发现你的优势》[M]. 方晓光，译. 北京：中国青年出版社，2007.

[33] CLARKE G. CARNEY，CINDA FIELD WELLS. 找到适合你的职业 [M]. 5版. 曹书乐，肖奔放，译. 北京：中国轻工业出版社，1999.

[34] 闫绪娴. 如何进行人才测评 [M]. 北京：北京大学出版社，2005.

[35] 张莹. 如何进行职业生涯规划与管理 [M]. 北京：北京大学出版社，2006.

[36] 张敏强. 大学生职业规划与就业指导 [M]. 广州：广东高度教育出版社，2005.

[37] 肖鸣政. 寻找人生最佳坐标 [M]. 北京：兵器工业出版社，1997.

[38] 郑日昌. 笔迹心理学 [M]. 沈阳：辽海出版社，2013.

[39] 叶紫. 闹市听花开 [M]. 广州：暨南大学出版社，2009.

[40] 霭理士. 性心理学 [M]. 北京：商务印书馆，1999.

[41] 尹凤霞. 学生心理保健 [M]. 广州：书艺出版社，2003.

[42] 龙建国. 中国古代雅文化与俗文化 [M]. 南昌：江西人民出版社2001.

[43] 劳伦斯·莱文，雅，还是俗 [M]. 郭桂堃，译. 上海：译林出版社，2017.

[44] 余振东，曹焕荣，高仲选，谢君国. 中国香道 [M]. 兰州：甘肃文化

出版社，2008.

[45] 苏弘毅．香道［M］．北京：中国商业出版社，2015.

[46] 李思屈．文化产业概论［M］．杭州：浙江大学出版，2007.

[47] 简·尼尔森．正面管教［M］．玉冰，译．北京：京华出版社出版，2009.

[48] 托马斯·戈登．P.E.T.父母效能训练［M］、北京：中国发展出版社，2015.

[49] 马歇尔·卢森堡．非暴力沟通［M］．北京：华夏出版社，2019.

[50] 王鹏．高效沟通［M］．成都：四川文艺出版社，2018.

[51] 谭昆智．组织文化管理［M］．上海：华东师范大学出版社，2014.

[52] 蒋楠，谭昆智，主编公共关系实务［M］．北京：科学出版社，2018.

[53] 谭昆智．人际关系学［M］．5版．北京：首都经济贸易大学出版社，2020.

[54] 苗雨．人体内的健康密码［M］．北京：中国画报出版社，2007.

[55] 徐子平．渊海子平［M］．西安：陕西旅游出版社，2007.

[56] 苏颖．中医运气学［M］．北京：中国中医药出版社，2012.

[57] 杰克·斯佩克特．弗洛伊德的美学：心理分析与艺术研究［M］．郑州：河南大学出版社，2019.

[58] 安东·埃伦茨维希．艺术视听觉心理分析：无意识知觉理论引论［M］．北京：中国人民大学出版社，1989.

论文

[1] 邱钰玲，孙连月，林汲．成长型思维评价体系与旷课行为干预的研究［J］．秦智，2024（2）．

[2] 谌艳珩．玉不琢，不成器；人不学，不知道：读"礼记·学记"有感［J］．作文成功之路，2020（31）．

[3] 徐文．从行政哲学角度看新媒体环境下政府公共关系策略选择：以《易经》泰、否两卦为例［J］．安徽行政学院学报，2015（5）：6.

[4] 姚凤鹏．经营之圣"的成功方程式［J］．宁波经济，2020（2）．

[5] 马卫红．观念、制度与繁荣：深圳经济特区的发展经验与启示［J］．深圳社会科学，2020，（05）．

[6] 冯颜利．习近平对推进中华优秀传统文化创造性转化和创新性发展的贡献［J］．贵州省党校学报，2021，（05）．

[7] 林绿洋，冯伊．激发同伴潜在能量打造自信德育品牌［J］．中国德育，2019，（15）．

[8] 章原. 江南诗性文化与海派中医 [J]. 文化中医, 2021-10-22.

[9] 张明玉. 保健三言 [J]. 解放军健康. 精品科普, 2008 (01).

[10] 孙楚榕. 神奇的中医 [J]. 基础教育, 2020 (28).

[11] 徐锦艳. "注意"与儿童钢琴教学 [J]. 宁波大学学报（教育科学版）, 2002 (05).

[12] 徐锦艳. 研究性学习在高师钢琴教学中的实施探索 [J]. 艺术探索, 2007 (06).

[13] 石君玉. 浅谈成功机制在教育教学中的运用 [J]. 广西教育, 2003 (Z2): 12-13.

[14] 黄小清. 心理效应在教育潜能生中的作用初探 [J]. 当代教育论坛（上半月刊）2009.

[15] 吴可. 视觉笔记在服装设计中的应用研究 [J]. 大连工业大学工程科技Ⅰ辑, 2020 (6).

[16] 刘金福. 论视觉笔记在视觉传达设计教育中的作用 [J]. 艺术教育, 2015 (11).

[17] 白灵. 从商禽之梦看台湾新诗的跨领域现象：基于左右脑与语言、非语言的关系》[J]. 宁江汉学术, 2014, 33 (06).

[18] 赵海涛. 思维导图在高中语文写作教学中的应用研究 [J]. 大理大学, 2021 (6).

[19] 伲华栋. 职前语文教师课堂观察力提升策略研究 [J]. 东北师范大学, 2021 (6).

[20] 沈贞. 视觉笔记：提升小学生美术表现素养的一种好途径 [J]. 少儿美术, 2020 (11).

[21] 李钐钐. 唤醒学生学习的动能, 激发学生内在的潜能 [J]. 江西教育, 2021 (9).

[22] 李学丽. 加强研究性校园文化建设, 提高青少年科技创新能力 [J]. 山东省团校学报, 2011 (2).

[23] 林顺梅. 青少年发展视角下科技创新教育工作的实践与探索 [J]. 甘肃科技, 2020 (8).

[24] 陈劲, 尹西明. 中国科技创新与发展 2035 展望 [J]. 科学与管理, 2019; 39 (1).

[25] 沈建良. 青少年组应积极参与创建学习型社会 [J]. 浙江青年专修学院学报, 2003 (2).

[26] 王全营. 简述五行与八卦 [J]. 决策探索（上）, 2020 (02).

[27] 徐山. 释"直方" [J] 周口师范学院学报, 2003 (03).

[28] 刘恒. "周易"坤卦"直方大"的心理学含义探微 [J]. 周易研究, 2008, (06).

[29] 张澄宇. 认识"五行" [J]. 小学生学习指导, 2021, (Z6).

[30] 孙惠民. 中华文化元素的魅力 [J]. 内蒙古人大, 2019, (07).

[31] 十天干十二地支寓意 [J]. 中国中医药现代远程教育, 2012, 10 (21).

[32] 白兆麟. 国学与"易经" [J]. 中国语言文学研究, 2015, 17 (01).

[33] 张永成. 社会实践活动中的德育渗透探索 [J]. 成才之路, 2021, (32).

[34] 孙卉. 对新时代中小学心理育人之认识 [J]. 中小学班主任, 2021, (16).

[35] 曾莉, 吴玉婷, 罗英. 高校新生的自我意象特点分析：绘画投射技术在心理健康测量中的探索 [J]. 大家, 2012, (11).

[36] 孙杰远. 教育之本真：尊重人, 理解人, 发展人 [J]. 教育家, 2021 (35).

[37] 张建. 如何正确认识自己？[J]. 党员干部之友, 2021, (10).

[38] 冉雪. 改革开放新时期以来文学领域英雄书写研究现状与思考 [J]. 西南大学学报（社会科学版）, 2021, 47 (06).

[39] 王文菁. 心手相通, 字如其人：浅议写字教学中的心理辅导 [J]. 大众心理学, 2015 (05).

[40] 崔昊. 笔迹心理分析技术的应用研究 [J]. 甘肃政法大学, 2018 (4).

[41] 方霞, 刘茂华, 熊齐. 基于NLP的信息管理类课程案例教学探讨 [J]. 林区教学, 2021 (09).

[42] 程康, 尹哲芳, 王峥. 复方香气对大学女生身心健康状态的影响 [J]. 中国医药导报, 2017, 14 (10).

[43] 朱博文, 许伟. 大数据时代情绪对社交媒体信息传播影响的研究进展 [J]. 国外社会科学, 2019 (4)：133-140.

[44] 许修芹. 家庭教育中如何培养孩子的健康心理 [J]. 当代家庭教育, 2021, (27).

[45] 莫菲. 意识的片段：浅谈荣格的"人、艺术与文学中的精神" [J]. 名家名作, 2021 (07).

[46] 付小平. 提升孩子的自尊爸爸需要知道4的个秘密 [J]. 母子健康, 2016 (08).

[47] 宋振韶, 张志萍. 营造孩子心灵的港湾发挥家庭心理支持功能 [J]. 创新人才教育, 2020, (03).

[48] 姜静. 父母的心理控制与幼儿心理社会功能的关系 [J]. 读与写, 2019, 16 (01).

[49] 黄皓明. 破裂与纠葛：离异家庭子女的关系自我及其与家庭互动的叙事探究 [J]. 社会科学Ⅱ辑, 2019 (02).

[50] 蔡秀兰. 用心灵沟通架起音乐的桥梁：新课程改革教学随想 [J]. 小学教学, 2009 (21).

[51] 何建蜀. 音乐艺术的抒情性与表现性研究 [J]. 艺术品鉴, 2021 (17).

[52] 刘格. 解析音乐艺术的抒情性与表现性 [J]. 艺术品鉴, 2021, (30).

[53] 许梦珂. 音乐疗法对大学生人际关系的促进作用：以某高校为例》黄山学院学报, 2021, 23 (01).

[54] 秦兰珺. 回归现实主义，释放游戏的艺术潜能 [N]. 中国艺术报, 2021-11-08.

[55] 李婧. 浅谈音乐与情绪的关系：以"斑鸠调"为例. 音乐时空, 2013, (06).

[56] 魏月雯. 浅谈音乐对情绪的影响及调节方法 [J]. 北方音乐, 2017, 37 (07).

[57] 张金松. 音心相映 [J]. 北方音乐, 2017, 37 (07).

[58] 科尔沁夫, 邹勇, 韩玲, 贺娟. 烟台地区1393例高龄死亡病例出生时间的五运六气分析 [J]. 中华中医药杂志, 2019 (2).

[59] 黄世军. 融媒体时代广电新闻产品如何策划 [J]. 新闻文化建设, 2021 (13).

[60] 赵锐, 赵欢, 柯安民. 重大主题宣传如何出新出彩：以外交部湖北全球特别推介活动宣传报道为例 [J]. 当代电视, 2021 (8)

[61] 陈睿姣, 万应圆. 转喻、隐喻、对照：城市形象片的视觉修辞策略探析 [J]. 兰州文理学院学报（社会科学版）, 2021：37 (4).

[62] 陈黎明. 平面设计元素视觉表现的多维化分析 [J]. 艺术品鉴, 202 (33).

[63] 尹炜, 潘笛. 融媒体时代新闻记者的核心能力提升对策探析 [J]. 新闻文化建设, 2021 (10).

[64] 彭丽娟. 融媒体时代"双高院校"新闻宣传工作的路径探析 [J]. 文

化产业，2021（27）．

[65] 陆树程，朱晨静．敬畏生命与生命价值观》[J]．社会科学，2008（2）．

[66] 唐英．价值·生命价值·生命价值观：概念辨析 [J]．求索，2010（7）．

[67] 刘博通，张明雪．浅谈冠心病的中医时间医学研究 [J]．中华中医药杂志，2019（1）．

[68] 任玥，王燕青，胡海波．肺间质纤维化患者的出生日期与五运六气相关性分析 [J]．中医药临床杂志，2019，31（8）．

[69] 王莉，吴波，韩晓春，郭良清．出生时间五运六气与高血压的数据挖掘研究 [J]．天津中医药大学学报，2019：38（4）．

[70] 郝宇，汤巧玲，韩玲，等．出生时干支运气与白血病罹患的关联性研究 [J]．中华中医药杂志，2020：35（1）．

[71] 张静，李丽娟，邓健，等．中枢性性早熟患儿出生日期的五运六气规律探究 [J]．中华中医药杂志，2020：35（9）．

[72] 郭宇，张怡，曾进浩，等．出生时五运六气禀赋与结直肠息肉罹患的趋势性分析 [J]．中华中医药杂志，2020：35（4）．

[73] 王梦琪，王冉然，贺娟．先天五运禀赋与抑郁罹患关联性研究 [J]．辽宁中医药大学学报，2020：22（4）．

[74] 徐方易，苏颖．基于五运六气理论对吉林省延边地区冠心病患者先天运气禀赋的研究 [J]．中华中医药杂志，2019（4）．

[75] 翟桂鋆，梅建，马缃锟．20年43719例皮纹与智力测量的研究报告 [C]．遗传学进步与人口健康高峰论坛论文集中国遗传学会会议论文集．

[76] 读懂孩子，成就未来，选择比努力更重要！：大脑多元智能皮纹检测，打开你了解孩子的一双慧眼 [J]．好家长，2012，（Z1）．

[77] 孙新会．易学阴阳五行推类研究 [D]．秦皇岛：燕山大学，2012．

[78] 刘新平．易学中的五行思想研究 [D]．长沙：湖南师范大学，2014．

[79] 严育洪．教学中的"金木水火土"[J]．新课程研究（上旬刊），2015（10）．

[80] 陈东光，莫伟，汪何，等．五运六气学说临床应用验案举隅 [J]．湖南中医杂志，2021，37（11）．

[81] 李爽姿，王勤明．对五运六气学说的逻辑思考 [J]．中华中医药杂志，2021，36（10）．

[82] 宗春红．小议学生潜能的开发 [J]．中国校外教育，2018（31）．

[83] 李志军．挖掘创新潜能培养创新意识 [J]．甘肃教育，2008（09）．

[84] 申永贞．创新：人类进步的灵魂 [J]．安徽电力职工大学学报，2003

(02).

[85] 张蓝月. 浅析有益于儿童潜能开发的几个理论 [J]. 散文百家（新语文活页），2017（12）.

[86] 赵宇. 魔术的魅力 [J]. 戏剧之家（上半月），2010（7）.

报纸

[1] 孙晋升，辛奇峰. 信任激发潜能 [N]. 解放军报，2021-11-09.

[2] 冯春天. 精准科学选人用人育人 [N]. 东方烟草报，2021-11-4.

[3] 王国强. 以高度文化自信推动中医药振兴发展 [N]. 人民日报，2017-02-24.

[4] 傅育宁. 中医真的很神奇！既擅调理还治"急病" [N]. 新华健康周刊，2021-5-12.

[5] 赵星月. 不同的笔迹书写同样的承诺 [N]. 健康报，2021-8-5：1.

[6] 用烘焙点亮心智障碍者的人生 [N/OL]. 搜狐新闻，2019-4-14.

[7] 那一座城. 从德国辞职，他在长沙开了一家"无声"面包店 [N/OL]. 网易，2020-8-28.

[8] BUNTLEMAN. 烘焙减压法 [EB/OL]. [2019-6-6]. https://weibo.com/ttarticle/p/show.

[9] 颉满斌，杜娟娥. 手机LOGO用不锈钢在我国研制成功 [N]. 科技日报，2021-10-12.